本著作的出版得到2021年贺州学院教育硕士专业

守望乡愁

贺州乡土文化教育传承与创新

韦祖庆 著

九州出版社

JIUZHOUPRESS

图书在版编目（CIP）数据

守望乡愁：贺州乡土文化教育传承与创新 / 韦祖庆
著 . -- 北京：九州出版社，2022.11
ISBN 978-7-5225-1329-4

Ⅰ . ①守… Ⅱ . ①韦… Ⅲ . ①地方文化—贺州 Ⅳ .
① G127.673

中国版本图书馆 CIP 数据核字（2022）第 206803 号

守望乡愁：贺州乡土文化教育传承与创新

作 者	韦祖庆 著	
责任编辑	杨宝柱 周 春	
出版发行	九州出版社	
地 址	北京市西城区阜外大街甲 35 号（100037）	
发行电话	（010）68992190/3/5/6	
网 址	www.jiuzhoupress.com	
印 刷	北京亚吉飞数码科技有限公司	
开 本	710 毫米 × 1000 毫米 16 开	
印 张	14.25	
字 数	226 千字	
版 次	2023 年 6 月第 1 版	
印 次	2023 年 6 月第 1 次印刷	
书 号	ISBN 978-7-5225-1329-4	
定 价	98.00 元	

前　言

有一首歌唱道："让血脉再相连,擦干心中的血和泪痕,留住我们的根。"确实,一个人不能断根,一个民族更加不能断根,否则就如漂泊的浮萍,只能四处漂荡,没有精神家园。不忘初心,方得始终。乡土文化是民族文化之根的重要生存平台,只有守住乡土文化,才能记住乡愁,才能感知来时之路。对乡土文化的坚守,当然不能完全守旧,还需要创新,这是现代社会面临的一个重要课题,需要我们积极探索。

一、贺州悠久且丰富的乡土文化

贺州于汉武帝时就已经立郡,至今已有 2000 多年的历史,一直作为县城的贺街镇直至 1951 年才结束县治,搬迁到现在的八步镇。贺街镇由此成为广西四大古城中唯一保存较好的一座历史古城,被列为全国重点文物保护单位。绵长悠久的历史必定孕育着丰富的乡土文化,因为其从未中断过文化传承。

贺州主要位于南岭山脉萌渚岭南麓,属于中国三大民族走廊经过之地。正因如此,由东西方向往来迁徙的族群都会落脚于此,也会选择生活于此。同时,作为南北交往重要通道的潇贺古道,其主要路段也位于贺州,成为商贾往来的驻足之地,也接纳过往人员的留驻生活。从总体趋势看,生活于此的民族流转情况,大致先是百越民族之西瓯、骆越等族群生活于此,后有壮族,再为瑶族,最后才是汉族,他们先后成为贺州区域的主体民族。现今,贺州依然居住着三个主要的民族,汉族、瑶族和壮族,以及其他一些少数民族,如苗族、侗族等,在一个民族之下还分布着不同的族群,汉族之下就有"本族人"、客家人、都人、梧州人、广府人、民家人、保庆人、山阳人、桂柳人、湖南人、闽人、鸬鹚人等 20 多个族群,瑶族有土瑶、平地瑶、盘瑶等,壮族有生壮、熟壮等,形成众多的族群文化。每个族群都有自己的方言,目前贺州保存着 29 种活态语言,其中有中国十大汉语方言中的粤语、客家话、官话、湘语、闽语、土话六大方言;有壮语、勉语、标话三种少数民族语言;本地方言主要有白话、标话、本地话、客家话、桂柳话、鸬鹚话、七都话、八都话、九都话、钟山话、宝庆话、大宁声、开建话、六周声、街话、梧州话、铺门话、连滩声等,有的方言已经成为珍稀濒危方言;因此,贺州被称为"语言博物馆"。语言是文化的重要载体,每一种语言都代表着一种族群文化,因而也就意味着贺州具有丰厚的乡土文化。这样的文化宝藏不但值得我们挖掘,而且需要我们及时挖掘,否则将有可能逐渐消失。

二、乡土文化正在异变

进入 20 世纪,由于交通工具不断更新换代,人们相互之间的往来已经非常便利,于是世界逐渐变成了地球村。中国则是在 20 世纪 80 年代改革开放后,人流物流的限制不断解除,全国逐渐形成一个开放流动的大市场,国内各个区域之间的阻隔基本上消除,于是加速了族群文化之间的融合。

首先,普通话已经成为全国通用语言,且逐渐被人们所接受。这种情形有利于全国大市场的形成,也有利于加强与巩固民族共同体意识,更能够促进政治经济的有利发展。但是,所有区域通行普通话以后,也给方言的传承带来了一定的挑战。年青一代从小便习得普通话,对于母语方言则逐渐陌生,以至于方言逐渐消失,这也必然带来族群文化的弱化,影响乡土文化的传承与发展。从前,贺州本地民众,除客家人以外,其他族群基本上每人都能够掌握四五种方言,但是,现在能够讲四五种方言的年轻人越来越少,有的甚至连母语方言也不会讲了。这就意味着乡土文化正在发生异变。

其次,服饰是一个民族的外显标志,外显的民族服饰也逐渐被工业生产的通用服饰所替代,少数民族独有的民族服饰不再被当作日常服装,只在特定的节庆时刻,才有民众穿着,且主要以妇女穿戴为主。民族服饰被闲置,且逐渐不被年轻人喜欢,必定与相关审美追求的流失有关,族群文化特色也会逐渐淡化,乡土文化异变已然成为事实。

这些都只是看得见摸得着的事实,许多隐性的乡土文化内涵除一部分存留外,其余或转入潜意识,或被置换,这是历史发展的必然。对于这种发展必然,我们只能顺应,不能阻止。但是,对于乡土文化内核,对于体现族群文化精神的本质部分,对于驻留民族精神家园的因子,必须加以有效传承与创新,使之永远都能够成为"我之为我"的根基。

三、守住乡愁、守正创新

一个永恒的哲学命题——"我是谁,我从哪里来,到哪里去"始终萦绕在我们心头。这时,就需要头脑清醒的人士从事乡愁的守望工作,致力于把根留住,防止失根丢魂。乡土文化的守望,无非两条路径,一是守旧,甚至完全抱残守缺,显然这是不可取的行为;二是创新,但不能是丢掉根本的所谓"创新",那是无本之木、无源之水,最终只会是海市蜃楼。创新只能是守正基础上的创新,在创新中发展,在发展中注入时代内容,引导乡土文化向着未来发展。

目　录

第一章

辉煌：悠久历史文脉

贺州于汉武帝元鼎六年（公元前111年）立郡，许多历史文化名人都曾留迹于此，如马援、陶侃、罗隐、李商隐、宋之问、柳宗元、马殷、周敦颐等，为古老的贺州文化增光添彩。同时，贺州还具有非常世俗的乡土文化，寓人伦教育于日常生活，驻于乡，落于土，具有顽强的生命力。

第一节　贺州自然风貌

一个族群总是生活在特定的自然环境中，自然环境必定会以这样或那样的方式影响着族群的生活，甚至参与族群民性的构建，虽然这种参与是隐性或潜移默化的，然而的确是存在的。如果一个族群占据着优越的自然地理环境，不仅有助于增强族群生存的安全性，还有利于获取物质财富，从而在族群历史发展进程中拥有相对有利的条件。反之，则会在某种程度上影响着族群的发展。正因如此，我们在考察一个族群发展的时候，往往会同时考察其生存的自然地理风貌。

贺州市位于广西东北部北纬23°39′—25°09′、东经111°05′—112°03′，地处湘、粤、桂三省（区）交界地带。东与广东省连山、怀集两县毗邻，北与湖南省江永县、江华瑶族自治县相连，西北与桂林市接壤，南与梧州市交界。市区距广州 330 千米,距桂林 210 千米,距梧州 170 千米,距南宁 560 千米,是桂东北、桂西南进入珠江三角洲和香港、澳门较为便捷的陆路通道,水路则可从桂江、贺江通往广东。全市总体上属于山地丘陵地貌,其间夹杂着盆地与平原,这些盆地与平原就成为贺州人主要的生活场所。

贺州地势东北高,西南低。山岭连绵,石山广布,丘陵起伏,平原盆地狭小,地形复杂。全市总面积 11753.00 平方千米,山地面积为 8137.75 平方千米,占总面积的 68.65%;丘陵面积为 753.91 平方千米,占总面积的 6.36%;平原面积为 1568.28 平方千米,占总面积的 13.23%;盆地面积为 711.23 平方千米,占总面积的 6%;其余为水网田、河流,占总面积的 5.76%。

贺州山脉属南岭山系,主要山脉有萌渚岭、都庞岭,呈东北—西南方向排列。东部山脉处于昭平、平桂、八步区、苍梧的边界,是贺州大桂山西伸的侧脉,呈东北—西南走向。中部山脉从钟山县境伸入,直达马江镇北部及九龙、北陀。西部有两支山脉,一支自平乐境伸入,盘踞七冲并延至松林峡,与来自荔浦的山脉会合,绵亘 20 多千米;另一支自荔浦伸入茅坪,沿昭平、蒙山、藤县边界向东西延伸,长 106 千米。海拔 1000 米以上的山峰有 23 座,位于富川富阳镇的北卡顶主峰海拔 1857.1 米,属都庞岭山脉,是贺州第一高峰,砂石土质结构,主要植被是针叶藤木。

贺州山地多,海拔相对较高,一般在海拔 800—1500 米,许多山岭具有切割深、坡度陡的特点,一般在 30°—50°,局部达 60°,呈现悬崖峭壁。

凡山脉前缘或谷地、盆地边缘均有丘陵分布。贺州丘陵与山岭交错,山高一般在海拔 100 米以下,切割轻微、起伏中等,坡度一般在 5°—50°。江河水流平缓,河面较宽,河道弯曲,多浅滩,地形起伏零乱复杂。丘陵上多为茶林、竹林、灌木丛和草丛,部分地区有土坡和断绝地,山脚多为水稻田、梯田。居民聚落多依山傍谷,大的村镇多在广阔的谷地和水陆交通要冲,其交通发达程度仅次于平原盆地。

贺州的平原、盆地面积占总面积的 19.23%,平原多为河流冲积形成。贺江、马尾河、大宁河、富江、思勤江、桂江贯穿贺州大地,在河流及沟谷两岸,溪沟注入干流的河口段,形成河谷盆地或带状河谷平原。这部分地域虽然所占面积不大,却是贺州各族群最主要的生活依托之所,聚集了贺州大部分的人口,可以说,贺州的历史文明就建立在这些平原与盆地之上。

贺州河流属珠江流域,西江水系,有大小溪流646条;其中八步区、平桂404条,钟山17条,富川20条,昭平205条。集雨面积在50平方千米以上的河流有58条;其中属八步区的贺江、大宁河、都江河、新寨河、黄洞河、高林河、龙槽河共7条,属平桂的马尾河、大平河、望高河、马峰河共4条,属钟山的思勤江、珊瑚河、富江、红花河、白沙河、花山河、黄宝河共7条,属富川的富江、秀水河、麦岭河、石家河、白沙河、黄沙河共6条,属昭平的桂江、思勤江、桂花江、富群江、临江、富裕冲、西南冲、穴口冲共8条,此共32条河流集雨面积均在100平方千米以上。集雨面积最大的是贺江5022平方千米,其次为桂江3215平方千米,大宁河1561平方千米,它们是贺州境内主要的三大河流。总体而言,贺州河网密度,以八步区、昭平县较高,在0.3千米/平方千米左右。此外,在岩溶地区平桂的黄田新村、水岩坝、沙田、鹅塘、望高,昭平的凤凰,富川的白沙等,地下河、暗井亦有所见。

贺州地处广西东北部,属亚热带季风湿润气候。夏长冬短,四季分明。春季阴雨连绵,夏日高温多雨,秋天干旱气爽,冬天寒气逼人。夏秋季多台风,冬季多寒潮。

贺州气温南高北低,温差夏小冬大,年平均气温为19.60℃。最冷的1月,大部分地区气温为8℃—9℃。最热的7月,大部分地区气温在28.30℃。极端最高气温为39.05℃,极端最低气温为零下3.60℃。

贺州山多林密,植被广厚,降水丰沛,年降雨量1500—2000毫米,五县(区)平均降雨量为1674毫米,是广西降雨量较多的地区之一。但由于降雨时空分布不均,常有旱、涝发生。

贺州位处湘粤桂接合部,属于古代百越之地,是古代中原进入百越的重要通道,自古以来就有"三省通衢"之称。在长期的历史演变过程中,形成了一些著名的古道,如潇贺古道、桂岭通楚古道、贺街通信都古道、贺街通沙田古道、铺门通长安古道、沙田通公会古道、桂岭通里松古道、钟山燕塘通榕津古道、昭平古道等,这些古道为贺州文明发展做出了重要贡献。

贺州大部分位于北回归线附近,属于亚热带气候,距离西太平洋仅几百千米,能够承接太平洋水汽,因此具有宜于动植物生长的良好气候条件。由于贺州还有南岭山脉,因此拥有山区的基本地形地貌,总体上属于山区。山区虽然有交通不便之弊，但水系比较发达，可以沿水路东出广东，北上长江水系，转而到达中原。在陆路，潇贺古道联通海陆丝绸之路，打通中国与海外的联系，承接着中外文明的交融。山区之间的平原与盆地虽然所占面积不大，但背靠山地丘陵的茂密森林，形成相对肥美的地力。贺州正是靠着这些平原盆地养育着这块土地上90%以上的人口，养育着贺州汉、壮、瑶三大主要民族，以及由此划分出来的20多个族群。

第二节　瑶族历史影像

众所周知，瑶族是一个迁徙的民族。"瑶族是我国历史上迁徙较多的民族之一。秦汉时期（公元前3世纪初—2世纪），瑶族先民主要集中在湖南的湘江、资江、沅江流域的中、下游和洞庭湖一带。进入南北朝时期（5—6世纪），沅江流域的部分少数民族向北迁移至长江、淮河之间的广大地区，其中可能也有瑶族的先民在内。后来，因统治阶级不断压迫，又逐步向南返迁。瑶族民间流传着漂洋过海的传说，可能是人们对这一次迁徙时越渡长江、洞庭湖的追忆。隋唐时期（6—10世纪初），瑶族主要居住地在长沙、武陵、零陵、巴陵、桂阳、衡山、澧阳、熙平等郡，即湖南大部分和广西东北部、广东北部等地区。五代时（10世纪），湖南资江的中、下游和湘、黔之间的五溪地区，仍有较多的瑶族居住。到了宋代（11—13世纪），湖南西南部的辰、沅、靖诸州以及湖南南部、广西东北部和广东北部的韶州、连州、贺州、桂阳、郴州等地，都是瑶族的主要分布地区。这时广西的清江府（桂林）所属各县和融州（今融安、融水）等地区，也有瑶族在活动。元明时期（13—17世纪），瑶族被迫继续南迁，不断深入两广腹地。特别是明代，两广已成为瑶族主要分布地区；当时的瑶族，已占全省人口的3/10，有的地区高达7/10。广东11个府的54个州县都有瑶族居住。进入明末清初（17世纪），部分瑶族又由广东、广西分别迁入贵州和云南的南部山区。这时，遍及南方六省区的瑶族已基本和今天分布一样，形成了'大分散、小集中'的局面"。① 其实，没有哪个民族没有迁徙的历史，至少从目前所掌握的历史资料看，没有一个民族，自其生成之初，直到现在依然生活在同一个地域，从来就没有任何迁徙。可以说，迁徙曾经是每一个民族的现实，但是并非所有民族都被认为属于常态迁徙的民族，只有部分民族被视为属于迁徙的民族。这里涉及"迁徙"的界定，从字面看，迁徙就是从一个地域移向另一个地域，显然这不能定义迁徙民族。能够标示迁徙的民族，一般说来，应当具有三个基本特征，一是具有某种主动迁徙特性，二是属于一定意义的常态迁徙，三是两次迁徙时间间隔较短，诸如吉卜赛人和瑶族都具有此类特征，因此他们就是迁徙的民族。

一、主动迁徙：游耕生产的必然

一个民族的族性，大都可以在其祖源上寻找到某种根据。作为一个民族总有维系个体使之生成民族心理归属感的文化符号，在中国传统文化熏陶下，最能够聚合个体心理使之生成内在认同感者莫过于民族始祖。在政治上，传统社会实行家国一体的政治体制，从建立正式国家的夏朝开始就实行了家国政体，国家政权由家族继承，直到清朝覆灭才彻底改变这种格局。在民间信仰上，大力推崇祖先崇拜，各个族群各个姓氏各个家族，都努力寻找本系历史始祖，且这个始祖一定具有某种光环，并将辐射的光芒福泽后人，从而使得整个民族都在某种程度上携带着祖先的印迹。

瑶族人民的祖先是槃瓠（即盘瓠）。有专家考察，"从文献资料记载来看，盘瓠神话传说最早见载于东汉时的《风俗演义》"。② 其载云：

昔高辛氏有犬戎之寇，帝患其侵暴，而征伐不克。乃访募天下，有能得犬戎之将吴将军头者，购黄金千镒，邑万家，又妻以少女。时帝有畜狗，其毛五彩，名曰槃瓠。下令之后，槃瓠遂衔人头造阙下，群臣怪而诊之，乃吴将军首也。帝大喜，而计槃瓠不可妻之以女，又无封爵之道，议欲有报而未知所宜。女闻之，以为帝皇下令，不可违信，因请行。帝不得已，乃以女配槃瓠。槃瓠得女，负而走入南山，止石室中。所处险绝，人

---

① 高其才.国家政权对瑶族的法律治理研究[M].北京：中国政法大学出版社，2011：5-7.
② 玉时阶.瑶族文化变迁[M].北京：民族出版社，2005：61.

迹不至。于是女解去衣裳，为仆鉴之结，着独力之衣。帝悲思之，遣使寻求，辄遇风雨震晦，使者不得进。经三年，生子一十二人，六男六女。槃瓠死后，因自相夫妻。织绩木皮，染以草实，好五色衣服。制裁皆有尾形。其母后归，以状白帝，于是使迎致诸子。衣裳班兰，语言侏离，好入山壑，不乐平旷。帝顺其意，赐以名山广泽。其后滋蔓，号曰蛮夷。外痴内黠，安土重旧。以先父有功，母帝之女，田作贾贩，无关梁符传、租税之赋。有邑君长，皆赐印绶，冠用獭皮。名渠帅曰精夫，相呼为姎徒。①

查阅电子图书应劭《风俗演义》(中国古典精华文库)，还有与瑶族密切相关的"武陵蛮夷"两处："会车骑将军冯绲南征武陵蛮夷，绲与伯起同时公府辟，瓒为军曲候"②；"会武陵蛮夷黄高攻烧南郡，鸿卿以威名素著，选登亚将，统六师之任，奋鸠虎之势"③。其他地方只出现"蛮"字者，亦有三处。此之"蛮"，据三国之《魏书》云："蛮之种类，盖盘瓠之后，其来自久。"④ 由此可以间接说明，盘瓠之称于汉朝已经形成，这应该没有什么疑义。从蓝万清先生的研究文章中看到："《山海经》说：'有人曰：大行伯把戈，其东有犬封国，犬封国曰犬戎国，状如犬。'郭璞注：'昔盘瓠杀戎王，高辛以美女妻之，不可以训，乃浮之会稽东海中，得三百里地封之生男为狗，女为美人，是为狗封之民也。'应劭《风俗通义》：'高辛之犬盘瓠，讨灭犬戎，高辛以少女妻之，封盘瓠氏。'郭璞《玄中记》也载：'高辛时代，犬戎为乱。帝曰，有讨之者，妻以美女，封三百户，帝之物曰盘瓠，去三月，杀犬戎，以其首来，帝以女妻之，不可以训，浮之会稽东海中，得三百里封之，生男为狗，女为美女，是为犬封民。'"⑤这就更加可以确证，盘瓠之名在东汉已经出现，相关的民间神话传说应当也已出现。

南朝人范晔撰写了记述汉朝事象的《后汉书》，对于应劭所述盘瓠之事也进行了长篇转载，只增加一句"今长沙武陵蛮是也"，明确了盘瓠又称武陵蛮夷。

较早记载盘瓠神话的当是三国时期魏国的鱼豢，他于《魏略》中记载："高辛氏有老妇，居王室。得耳疾，挑之，乃得物，大如茧。妇人盛瓠

---

① ［东汉］应劭.风俗演义·佚文［M］.(电子版)，17.
② ［东汉］应劭.风俗演义·佚文［M］.(电子版)，31.
③ ［东汉］应劭.风俗演义·佚文［M］.(电子版)，72.
④ 《魏书·列传第八十九》.
⑤ 蓝万清.论畲族盘瓠传说的演变［J］.民族文学研究，1991：3.

中，复之以槃。俄顷，化为犬。其文五色，因名'盘瓠'。"①其神性之处在于盘瓠非常人之母腹产道出生，而是耳窝所生，显现其出生就异于常人，也就预示着其人必将具有超常的能力。西晋郭璞在他的《房玄记》中述及："高辛帝时，犬戎为乱，帝曰：'有讨之者，妻以美女，封三百户。'帝之狗曰盘瓠，去三月而杀犬戎，以其首来。帝以女妻之。不可教训，浮之东南会稽中，得地三百里，封之。生男为狗，女为美人，是为犬封氏。"②

东晋干宝的《搜神记》中不仅记述了盘瓠的来历，还记述了盘瓠的神奇经历，展现了作为瑶族祖先应有的光辉形象，盘瓠神话基本上完善于干宝。其述曰：

高辛氏，有老妇人居于王宫，得耳疾历时。医为挑治，出顶虫，大如茧。妇人去后，置以瓠篱，覆之以盘，俄尔顶虫乃化为犬，其文五色，因名"盘瓠"，遂畜之。时戎吴强盛，数侵边境。遣将征讨，不能擒胜。乃募天下有能得戎吴将军首者，赠金千斤，封邑万户，又赐以少女。后盘瓠衔得一头，将造王阙。王诊视之，即是戎吴。为之奈何？群臣皆曰："盘瓠是畜，不可官秩，又不可妻。虽有功，无施也。"少女闻之，启王曰："大王既以我许天下矣。盘瓠衔首而来，为国除害，此天命使然，岂狗之智力哉。王者重言，伯者重信，不可以女子微躯，而负明约于天下，国之祸也。"王惧而从之。令女从盘瓠。盘瓠将女上南山，草木茂盛，无人行迹。于是女解去衣裳，为仆竖之结，著独力之衣，随盘瓠升山入谷，止于石室之中。王悲思之，遣往视觅，天辄风雨，岭震云晦，往者莫至。盖经三年，产六男六女。盘瓠死后，自相配偶，因为夫妇。织绩木皮，染以草实，好五色衣服，裁制皆有尾形。后母归，以语王，王遣使迎诸男女，天不复雨。衣服褊裢，言语侏离，饮食蹲踞，好山恶都。王顺其意，赐以名山广泽，号曰"蛮夷"。蛮夷者，外痴内黠，安土重旧，以其受异气于天命，故待以不常之律。田作、贾贩，无关繻、符传、租税之赋：有邑君长，皆赐印绶；冠用獭皮，取其游食于水。今即梁、汉、巴蜀、武陵、长沙、庐江郡夷是也。用糁，杂鱼肉，叩槽而号，以祭盘瓠，其俗至今。故世称"赤髀横裙，盘瓠子孙"。③

盘瓠神话可以解读的层面很多，这里只从迁徙的视角加以必要的解

---

① 袁珂.中国神话传说词典[M].上海：上海辞书出版社，1985：419.
② 蔡邦.瑶族源流史[M].梧州市政协文史资料委员会编印，1999：16.
③ 干宝：《搜神记》卷十四。

读。瑶族奉盘瓠为祖先,盘瓠即为犬,是为犬崇拜。犬即为祖先,于是食犬就成为禁忌。"1911年前后,瑶族同胞,特别是妇女,一律禁食狗肉,更不准用狗肉菜肴作祭品供奉祖先。据传,昔日瑶族部落酋首与其他部落战争时,瑶首战败失利,生命受到威胁时,家养猎狗突然参与助战,咬死了对方;另一说是瑶族始祖刚降生,父母即双亡,家养一雌一雄猎狗,将其喂养长大成人,嗣后为了尊狗之恩德,所以忌讳。又有解释说,狗带秽,一小孩吃狗肉后会破相(即五官损伤),手足抖颤;妇女吃了狗肉,生小孩时会难产;'度过戒'的人吃了狗肉,以后作法会不灵,甚至加重罪罚。"① 这是贺州市富川瑶族自治县瑶胞的风俗,并且以民间传说解读禁食狗肉的原因,这种解读当然有一定的道理,其实最为重要的原因就是狗是瑶族祖先。具有慎终追远情结的中国人,从来都是对祖先怀有无限的崇敬,不仅自己不会玷污祖先,也不允许别人玷污自己的祖先。这种玷污既可以是直接作用于祖先,诸如刨挖祖坟、辱尸首等,也可以是祖先的象征物,诸如祖宗牌位、图腾等,不管是哪种玷污,都为族人所不能容忍。由此可以更好地说明瑶族同胞为何拒绝吃狗肉了,因为狗是他们的图腾,是他们的祖先,因此绝对不能吃。

以犬为图腾崇拜的瑶族,不仅不能食犬,还要美化神化祖先。这种美化始于祖先的诞生,盘瓠的出生与其他民族始祖诞生一样,都有其神奇色彩。盘瓠非产道出生,而是耳生,耳出顶虫,顶虫化为犬,是为瑶族始祖,显示其诞生之异。禹则是男人腹生,更为神奇。《山海经》记载:"洪水滔天。鲧窃帝之息壤以堙洪水,不待帝命。帝令祝融杀鲧于羽郊。鲧复生禹。帝乃命禹卒布土,以定九州。"《山海经·海内经》郭注引《归藏·启筮》:"鲧死,三岁不腐,剖之以吴刀,化为黄龙。"《初学记》卷23、《路史·可后纪》注引作:"鲧殛死,三岁不腐,副之以吴刀,是用出禹。"禹不仅有男人腹生之传说,还有吞物破胁而生之说。《吴越春秋·越王无余外传》:"鲧娶于有莘氏之女,名曰女嬉,年壮未孳,嬉于砥山,得薏苡而吞之,意若为人所感,因而妊孕,剖胁而产高密(禹)。"《三国志·蜀书·秦宓传》注引《帝王世纪》:"修己……臆坼胸折,而生(禹)于石纽。"鲧甚至还可以像孙猴子那样生于石,使之更迫于神话。《淮南子·修务训》:"禹生于石。"高注:"禹母修己,感石而生禹,柝(拆)胸而

---

① 富川瑶族自治县志编纂委员会.富川瑶族自治县志[M].南宁:广西人民出版社,1993:498—499.

出。"《竹书》沈约注："修已背剖而生禹于石纽。"李氏祖先李耳（老子）则是腋下而生，据《史记·老子韩非列传》的《正义》中称"《玄妙内篇》云：'李母怀胎八十一载，逍遥李树下，乃割剖左腋而生'"。只要收集神话人物和各个族群始祖，其出生之神异者还会有许多。之所以有如此传说，初始可能是由于生殖知识缺乏而导致认知不足，在已经明白人之繁衍基本常识之后，民间依然流传且相信这样的出生传奇，那就不能简单归之于生殖知识的蒙昧了，肯定有着更为深刻的文化因素在起作用。其中之一应当是通过神化祖先的出生，达到强调本族群异于他族的神异，由此占据心理高地取得心理优势。

广西民谚："高山瑶，半山苗，汉人住平地，壮侗住山槽。"贵州民谚："苗族住河边，布依住田间，瑶族高高在山巅。"云南西双版纳民谚："汉族住街头，傣族住坝头，瑶族住山头。"广西三江侗族自治县民间俗谚："汉人住平原，壮人住河边，侗人住山冲，苗人住山腰，瑶人住山顶。"这些民间谚语形象地说明了各个民族对于周边生活环境的选择，虽然侗族、苗族和瑶族都是深居山林的山地民族，但居所选择还是有所不同。广西富川瑶族自治县也流传着相类似的一首民谣："民人①住中央，瑶人住两旁，富川立得好，两边白水流。"这首民谣介绍了富川主要民族居住分布，即汉族居住在县中部的平原地带，瑶族居住在县东西两侧山脚或山腰，乃至山顶。在瑶族与其他民族杂居的区域，都具有类似的现象，各个民族居住分布呈现出某种规律。只要仔细考察这些居住分布，瑶族的居住选择基本上都是山林，这是一个基本事实。这个事实的形成，有专家认为，那是统治者驱赶的结果，是瑶族同胞的被迫选择，应该说确实有这个因素，但也不全然如此，从盘瓠神话传说中也可以窥见，居住山林也是盘瓠的自主选择，或者说，这是更为重要的选择，这是瑶族同胞自主选择的生活环境和生活方式。这种选择对于瑶族有着奠基性的意义，深刻地影响着瑶族同胞其后的生活方式与生产方式，一定程度上也就决定着瑶族成为一个迁徙民族。

依照常识，平原较山林具有更优越的生存环境，在可自由选择的前提下，人们应当倾向于选择平原而非山林作为生活环境，但盘瓠却主动地选择山林作为生存环境，这是为什么呢？这一点很值得深究。瑶族祖先盘瓠是一只龙犬，犬的祖先是狼，狼是继人类之后，分布最广的群

---

① 民人：富川瑶族自治县民家人（族群）的简称，汉族。

居群猎野生动物。狼属于肉食动物,主要生活在平原与山林,在过去很长一段历史时期,祖国大地各处都有它的踪迹。在南方,更多的地形地貌属于山地丘陵,因此山林就成为狼的主要生活场所。以犬为图腾的瑶族,狼的生活习性也会在潜意识里积淀于民族意识记忆深处,从而潜在地影响其生活方式的选择,于是与瑶族人民选择山林生活也就有着一定的内在关联。"我们根据经验发现,潜意识的心理过程本身是无始无终的。这就是说,首先,它们不是按年代顺序编排的,时间在它们身上不发生变化,时间的观念也不适用于它们。"① 据此,山林生活之存在于潜意识不仅来源于瑶族祖先,也来源于他们开始山林生活之后的历史,两者叠加达到不断强化的效果,从而成为瑶族挥之不去的情结。即使能够在平原生活,也还是流露出向往山林生活的心理情结,表现为还是选择具有丘陵山地的地形地貌区域生活。狼作为野生动物,其性在于"野",虽然它也有自己的生活势力范围,但人们通常认为野生动物是居无定所的,也就是处于迁徙状态。实际上,狼的生活范围通常很广,可以达到方圆 100 千米以上,因此在人们的生活视野中,狼就是一种迁徙动物,这种迁徙状态也积淀成为人们的潜意识。狼生活于山林且处于迁徙状态,这种犬图腾崇拜所生发的潜意识共同作用着瑶族同胞,于是一定程度上也就影响着瑶族成为迁徙民族。

瑶族始祖盘瓠"好山恶都",还在于山林能够给人身心自由,这正好与瑶族人爱好自由不喜约束的自由个性相吻合。山与都,在某种意义上具有对举特性,"山"代表着自然未开发,"都"代表着人文礼制。"都"的含义是人工营造的聚居场所,最早是聚落村庄,后来发展为城和都。"远古时代的人出于生产和生活的限制,都采用群居的生活方式,这就产生了多座建筑组合而成的聚落,这些聚落不是随便形成的,在建造之前对于聚落的选址、布置、分区和防御性都做了规划,这在母系社会时期的遗址中已经得到了验证。这些聚落就成为后来城市的雏形。"② "都"作为人的本质力量对象化的产物,它是社会组织系统的物化,必然要体现社会的秩序和理念,如此才能有效地聚合居住者,也就必须伴随着对居住者某种程度的控制,形成对人身心某种有形无形的约束。换句话说,"都"既是人们征服自然改造自然的文明象征,也是束缚身心限制自

---

① 车文博.精神分析导论[M].长春:长春出版社,2004:21.
② 王其钧.华夏营造:中国古建筑史[M].北京:中国建筑工业出版社,2005:22.

由的物化意象。"山"是自然的产物,不说在远古时代,就算是当下时代,人类对于"山"也还是不能完全掌控使之变成人类的自为之物,还是以自然性存在,因此"山"就与"都"相对而成为自由的象征。"好山恶都"隐含的信息就是远离基于文明外衣之下对于身心的控制,向往能够自由放飞身心的原生态生活。环境造就人,人也创生环境。瑶族祖先不仅将瑶族同胞引领到山林生活,而且还教诲瑶胞应该保持自由个性,各个版本的《评皇券牒》(《评王券牒》)和《过山榜》都有类似规定,王瑶子孙"迁徙外出择山,途中逢人不作揖","见官不下跪"①,要求保持纯真的原生态为人品性,由此确保身心处于自由状态。反观在"都"城生活的人们,从可查阅的文献看,夏朝就制定了非常繁复的礼节,作揖下跪成为文明礼貌的基本标志,但也是控制身心的基本方式,从而使人处于受控的不自由状态。瑶族选择的山林生活,既提供了有形的开放性生活环境,又解放了无形的身心束缚,创造了有利于个性自由的社会环境,因此瑶胞心仪山林生活且倾向于主动迁徙。

山林生活之所以为瑶族同胞所追求,精神层面的自由当然是其重要原因,但依然不排除形而下的现实诉求,那就是免赋税、免徭役。对此,不同的文献,包括官方史书,以及民间抄本,都大同小异地记述瑶族同胞拥有赋税和徭役豁免权。《后汉书》:"以先父有功,母帝之女,田作贾贩,无关梁符传、租税之赋。"《搜神记》:"以其受异气于天命,故待以不常之律。田作、贾贩,无关繻、符传、租税之赋。"《过山榜》:"任深山之处,鸟宿之方,自望青山活躬养生。并无皇税,官不差,兵不扰,斩山无税,过渡无钱。"②《评王券牒》:"过渡不费钞,耕山不纳税。"③赋税和徭役的豁免得益于瑶族始祖盘瓠,后人是承阴功享清福,瑶胞就以此为尚方宝剑,持续不断地证明自身行为的合法性,要求永世不缴赋税不服徭役。回顾历史,任何朝代都给予皇族或大臣一定的赋税和徭役豁免权,但是基本上都不能永世享受如此待遇,在改朝换代之后或大臣犯事之时,相应的豁免都会被取消,能够跨越朝代变迁而永久获得一定豁免者,恐怕只有曲阜的孔府。瑶胞在获得豁免权之初,就一直享有这个权利,这与

① 《过山榜》编辑组.瑶族《过山榜》选编[M].长沙: 湖南人民出版社,1983: 11.
② 《过山榜》编辑组.瑶族《过山榜》选编[M].长沙: 湖南人民出版社,1983: 1.
③ 《过山榜》编辑组.瑶族《过山榜》选编[M].长沙: 湖南人民出版社,1983: 11.

其自主选择山林生活密切相关。任何朝代统治者都有行政控制力的问题,其控制力并非均等地播撒到每一个行政区域,一般而言,其控制力呈现波纹效应,越是靠近行政中心的区域,中央的控制力越强,反之,则越弱;越是效能便利的区域,中央的控制力也越强,反之,则越弱;越是具有战略意义的区域,中央的关注度就越高,控制力也相对越强,反之,则相对较弱。

瑶族发源于长沙武陵,处于南方的长沙长期以来都处于政治的边缘,由于长江阻隔,加上武陵险峻的地形地貌,就是之后的向南迁徙,也是迁往群山峻岭的五岭山脉和云贵高原,它们更属于天高皇帝远的区域,中央的行政控制力一直以来都相对较弱,因此依照惯例本该取消的豁免权而不能及时取消,由此生成瑶胞可以一直享受豁免的心理。其实,只要是山高皇帝远的地区,都有可能由于行政控制力减弱的因素,而出现避税的现象。相对较弱的行政控制力,就松懈了社会的政权约束,他们更多地实现内部自治,与其他民族或族群相比,也就获得了更多的身心自由。这不仅使得山林成为自由的意象,而且更坚定了瑶族坚守山林生活的心理欲求,即使迁徙,也是在山林之间流转。

传统社会,瑶胞比较典型的生产方式是狩猎和游耕,耕作形式是刀耕火种,向往吃尽一山过一山的生产形式。关于瑶族的耕作方式,《后汉书》记述瑶胞"好入山壑,不乐平旷",《搜神记》记录他们是"好山恶都",这两本史籍文献虽然没有直接记述瑶族最初就选择刀耕火种的生产方式,但是隐含其中,因为在山林中开展规模化的水田农耕,其难度还是相当大的,而狩猎与游耕则顺理成章。各地瑶胞珍藏的民间文本,则基本上都对刀耕火种的游耕生产方式予以记载。《评皇券牒》有大量如下内容:"良瑶永管山场,刀耕火种""王瑶子孙,居住山林。搬移家眷,刀耕火种营身活命""久居人众山穷,开支发展,迁徙外出择山""一十二姓王瑶子孙,任从浮游天下,随风渡浪,逢山食山,逢水食水,有山砍山,有田种田。田土吃完了,一山又过一山,这山无鸟那山飞,这山无地那山种"。《过山榜文》:"管山吃山,管水吃水,有底开田。除免王税。"[1]《榜文》:"任便犬龙子孙,刀耕斧种,斩畬养活。"[2]广西富川县志记载:"天子将公侯送入青州县会稽山七贤洞青竹林白云山脚下,

---

① 《过山榜》编辑组.瑶族《过山榜》选编[M].长沙:湖南人民出版社,1983:4.
② 《过山榜》编辑组.瑶族《过山榜》选编[M].长沙:湖南人民出版社,1983:6.

任游普天之下。鸟不识人之处，四方无邻，高山石壁有水低处开田，瑶田在山，尽力开种。不种不耕民田，望青山斩杓，刀耕火种作田养活，除免王税夫役、钱米等件各物。""原瑶人祖居青山，以瑶人田头三锹泥为界，任便龙犬子孙刀耕火种，诸色人等不许强取。"① 这些文献一来记载了瑶胞实行游耕的历史事实，二来也论证了刀耕火种的历史合法性，这是承继了祖训，遵旨行事。山林、盘王券牒、犬崇拜三个层面共同作用，生成了瑶族难以割舍的游耕情结，也成为瑶族主动迁徙的内在动力和经济基础。

一定的生产方式决定着一定的生活方式，传统的农耕方式必然带来定居生活，游牧生产必然是逐草而居，游耕的刀耕火种必然要求迁徙，这是历史的必然。"物质生活的生产方式制约着整个社会生活、政治生活和精神生活的过程。"② 生产力水平越低，生产方式对于社会生活的制约力越强，反之，则制约力越弱，人们越能够克服生产方式的限制，越能够具有自由选择生活方式的能力。反思古代人们的活动范围之所以更多地受制于生产方式，主要取决于生产力水平，且主要受制于交通水平、通信水平和机械化水平，在工业化社会之前，人的活动范围极其有限，基本上以人之一天往返体力为尺度。在这样一个生产活动半径内，人们就倾向于定居生活，如果超出这个半径尺度，则倾向于迁徙生活，也就是随产而居。很显然，游耕的生产方式就决定了人们不能采取长久定居的生活方式，那样将不能有效地管理农作物，只能采取随产而居的方式生活，即耕作到哪里，人就居住到哪里，于是瑶族的迁徙就具有自主性特征。

牧民的逐草而居，其迁徙取向肯定就是草原，相应地，瑶族居住山林，其随产而居的迁徙取向自然就会是山林。盘瓠"好山恶都，不乐平旷""帝顺其意，赐以名山广泽"（《后汉书》）。"王顺其意，赐以名山广泽"（《搜神记》）。其意即为帝王已将崇山峻岭赐给瑶胞，那么生产生活的迁徙自然应该在自己的地盘内进行，而不应该越出地界迁徙到他人之所。这是一个基本的自然法理。山林拥有丰富的物产资源，不仅可以通过人力的刀耕火种获取生活资料，还可以直接向山林索取，获取自然状态下

① 富川瑶族自治县志编纂委员会.富川瑶族自治县志 [M].南宁：广西人民出版社，1993：663.
② 马克思，恩格斯.马克思恩格斯选集（第 2 卷）[M].北京：人民出版社，1995：32.

的生活资源,于是采集和狩猎也是瑶胞不可或缺的生产方式。相比较而言,在南方的平原与山林,山林中的自然物产资源远胜于平原,因为众多的自然动植物更多地生存于山林中,且人类活动的深广度也较之平原低,可以更多地保存自然资源,因此不管是瑶族,还是其他民族,采集与狩猎都倾向于向山林索取。瑶胞原本就居住在山林,其占地利优势,自然不会放弃这个优势,于是也就于山林中从事采集与狩猎的生产活动。这样的生产活动,也同时会影响刀耕火种的地域选择取向,因为这两种生产方式所提供的生活资料不相上下,因此刀耕火种的迁徙必须充分考虑有利于采集和狩猎,这也促使瑶族的迁徙倾向于山林。

刀耕火种虽然属于人力生产,但是比较偏向于靠天吃饭,广种薄收,收成不多且不稳定,因此不能仅仅依靠游耕生产满足生存需要,必须依靠采集和狩猎予以必要的补充。自然,采集和狩猎也是属于靠天吃饭的生产方式,但其资源更多地存在于山林,山林就成为这种生产方式的主要场所,如果居住其间,那么就可以有更为充裕的生产时间,也就可能获取更多的生活资源,于是也就有了更多的山林迁徙的内在冲动。南方平原面积相对较少,山林面积广阔,由此可以为采集和狩猎提供更多的机会,因此游耕迁徙不会发生在平原。不仅如此,平地往往已被汉族民众开垦为定居生活的生产农田,因此瑶胞已经没有向平原(平地)进行生产迁徙的机会和可能。不仅由于土地资源利用方面受到客观限制,就是有着闲置的土地资源,且可以从事刀耕火种进行生产,瑶胞也没有向平原(平地)迁徙的内在动力,因为平原地带属于统治者行政控制力的有效范围。由此看来,刀耕火种的生产迁徙,其内在取向也是山林,同样具有自主性特征。

既然刀耕火种的游耕生产方式注定要表现为生产迁徙,那么瑶胞就摆脱不了迁徙的宿命,必然是处于不断迁徙的状态,短则三五年一迁徙,长则十来年一迁徙。"以种山场为主的过山瑶,在中华人民共和国成立前,大部分是处于被剥削的地位。他们没有占有土地,纵然是占有,为数也不多,其余大部分是向山外其他民族的地主批租,也有批租公共山场的。他们所批租的土地,一般是草木丛丛的荒山野岭,他们的房舍也随山场而设,三三两两地建筑在山岭上面。中华人民共和国成立前,他们的耕作技术比较落后,不习惯于施肥,而且还存在'刀耕火种'的落后耕作方式,这就使得土地肥力不断消失,三四年后,耕地就贫瘠下来,于是又不得不翻山越岭地迁移他处,另寻新地开垦,故有'过山瑶'

之称。"① 瑶民"无定居，视山之可种作者，即篱茅为屋。聚处，焚山布镳一二年，地力尽。又徙别山，谓之过山瑶"。② 湖南《桂阳直隶州志》上说："……'自云瑶耕山，民耕田，凡山则群瑶世业也。过山瑶依山为食，一二岁辄弃去，更治他山，……'许多曾居住过瑶人的州县地方志，大都有类似记述。"③ "1981 年我们在广西大瑶山调查六巷区大岭村的 78 岁老人郑志才时，知道他在中华人民共和国成立前的 46 年中，曾搬迁 24 次之多，平均不到两年就迁居一个地方。"④ 如果从一定时间长度回顾历史，瑶族确实处于不断迁徙的状态，从长沙武陵不断迁往南方，迁往广西、广东，再迁往云贵高原，直至迁往东南亚之越南、老挝和缅甸等，但是如果以 10 年左右为一个时间段，则瑶族并不总是处于迁徙状态，甚至在一个区域内生活二三百年。《富川县志》（光绪版）载："瑶族'来自黔中五溪''散居富川'。瑶族各姓氏族谱、始祖源流记则分别说他们来自灌阳、道州、永明。从时间上说，瑶族入富，始于北宋，一般宋末明初，最晚是清末。"⑤ 这部分瑶族现在依然生活在富川，居住时间都在 100 年以上，其间没有大的迁徙。"考察江永瑶族，大多数于唐宋时期就居于此，谓之高山瑶、平地瑶。后来从江华、富川、恭城等地迁来一些，也有从江永迁往江华、富川、恭城以及各省各国的，其历史族源是很清楚的。"⑥ 如此看来，居住江永的部分瑶族同胞远者达到上千年历史。

可见，迁徙与定居，也是相对而言的，瑶族的整体迁徙游耕，并不代表每个瑶族聚落或每个瑶人，都必然每隔几年或十余年一迁徙。所谓游耕，就是一处新开垦的山地，在耕作三五年之后，待其地力耗尽，又重新于他处寻觅山地再行开垦耕作，如此反复，就是游耕。后世的游耕一般都采取刀耕火种的方式进行生产，在新开垦的山地上将杂草树木砍倒，待其风干枯干晒干后，用火将它们烧成灰作为肥料，未经松土就直接把粮食种子播撒上去，中间最多除一次草，之后只等收获，这就是刀耕火种。刀耕火种的生产方式，第一年因土地肥力足，农作物往往丰收，第二年平产，第三年减产，第四年只得丢荒，另谋出路，故有"一丰、二平、三

① 广西壮族自治区编辑组.广西瑶族社会历史调查[M].南宁：广西民族出版社，1985：98.
② 黄成助.贺县志[M].台湾：成文出版社，1933：70.
③ 蔡邨.瑶族源流史[M].梧州：梧州市政协文史资料委员会编印，1999：42.
④ 胡起望.瑶族研究五十年[M].北京：中央民族大学出版社，2009：56.
⑤ 盘承和.富川瑶族的分布及其源流[A].富川文史（第6辑）.1991：5.
⑥ 江永县政协编印.江永文史[M].1991（2）：34.

减、四丢"之说。贺县狮狭乡（今并入贺州市平桂沙田镇）瑶族的耕作制度："木山的种植期至多不超过五年，以后就要丢荒。芒山一般可种三年，至于茅草山往往只能种植粮食二年。在习惯上，木山第一年都种黄粟，第二年种苞谷，第三年可种芋头或木薯，第四年种苞谷，第五年也种苞谷。芒山第一年种红薯，第二年种芋头或地禾(旱禾)，第三年种地禾。茅草山第一年种红薯，以后则种植茶叶去了。"[1] 很显然，只要是刀耕火种，那是肯定要迁徙的，除非改变这种生产方式。但这并不等于就一定需要大跨度的地域迁徙，可以是区域内以一天内人的活动半径为尺度的小跨度迁徙，表现为生产耕地的轮休，属于一种生态迁徙。轮休的耕作方式，早在周朝就已经开始。《周礼·地官·大司徒》说："凡造都鄙，制其地域而封沟之，以其室数制之。不易之地，家百畮；一易之地，家二百畮；再易之地，家三百畮。"由此可见，很早以前就存在着耕地轮休的耕作制度，正是这种轮休，才使得瑶胞在生产生活半径内相对定居生活，不必过于劳神的远途迁徙。

轮休耕作的刀耕火种生产方式，属于地转人不转的耕作制度。之所以能够实现人不转，是因为刀耕火种的轮休具有生态迁徙的特点，虽然一处耕地在耕作三五年之后，地力被耗尽，但并没有被根本破坏，土地依然处于自然生态自我修复能力之内，因此在轮休弃耕之后的几年内，这些旧有土地依然能够恢复地力，依然可以重新被瑶胞所耕作。这种轮休引发的迁徙，就是一种生态迁徙，既保持瑶族原有刀耕火种的生产方式，又能够基本定居，而不至于远途劳顿迁徙。

二、被动迁徙：生存斗争的无奈

刀耕火种的游耕生产方式成为瑶族不断迁徙的内生力，但是，历史上的瑶族迁徙并不总是表现为自主性，其中还包括相当一部分的被动性，实在是迫于生存斗争的无奈。"明朝为了镇压瑶族人民的反抗斗争，千方百计在瑶区边缘戍军屯垦，封锁瑶区，禁止售予铁质农具，同时不断抢占瑶族劳动人民开垦出来的田地。于是，瑶族被迫迁徙他处另行开垦。"[2] 瑶族虽然希望自立于社会之外，建立只属于自己的社会形态，为

[1] 广西壮族自治区编辑组.广西瑶族社会历史调查（第3册）[M].南宁：广西民族出版社，1985：224.
[2] 杨绍猷，莫俊卿.明朝民族史[M].成都：四川民族出版社，1996：354.

此选择山林居住,但是其所选择的生产生活居住地域,依然还是处于统治者控制的区域范围之内,于是必然还会受到统治力的辐射和影响。有诗云:"任是深山更深处,也应无计避征徭。"这个时候的迁徙,就没有任何田园牧歌式的诗意浪漫,也不具有内生的自主性,而是迫于生存需要的无奈迁徙,这是历史上的各个民族都存在过的迁徙现象,不独瑶族所特有。

瑶族也不是铁板一块地一直生活在崇山峻岭,有的生活在高山,就被称为"高山瑶",有的转入高山与平原交界的浅山区或山边的平坝上生活,被称为"平地瑶"。

平地瑶因为"一般不迁徙,生活相比过山瑶要安定一些,富裕一些。他们不同程度地存在着汉化现象,如失去了本民族的语言等,所以常常也被称为'民瑶''良瑶'。平地瑶主要分布在湘西南与桂东北地区,以江华、江永、恭城、富川等县的人口数量最多。"① 平地瑶就是因为坚持在最初原住址生产生活,没有遵循随着汉文化深入而进行被动的迁徙,于是就出现被以汉文化为主体的中华文化所同化的现象。贺州市富川瑶族自治县"大围村的瑶族,属平地瑶,据说其祖先是由千家峒迁来的,到大围村聚居已有数百年的历史。至今尚有本族语言,即使十来岁的小孩亦懂瑶语。但在民族服饰方面,无论男女老幼,基本上已和附近汉族无别"。② 按理说,服饰是最具民族外在特性的表征,也是民族文化最为直观的表现,应当为民族所据守,但由于生活在以汉族为主体的富阳镇周围,因此出现了汉化现象。

"居住在平坝或乡镇、圩集附近的瑶族,和汉族及其他民族接触较多,受汉文化影响较大,其民族文化变迁就较快,故被封建文人称为'熟瑶'或'良瑶';而居住在高山上的瑶族,由于和汉族及其他民族接触较少,受汉文化影响不深,其民族传统文化保留较多,文化变迁进程较慢,故被称为'生瑶''山瑶'。"③

《天下郡国利病书》说:"听招者有想念抚瑶领之",或听招者,调之攻守,纳粮当差,与民为一,谓之良瑶;背招者,势穷则降,稍利则摄;险恶者,赋不可与化。《广东通志》也说:"洪武三十一年(1398年),西山

① 官哲兵.千家峒运动与瑶族发祥地[M].武汉:武汉出版社,2001:94.
② 广西壮族自治区编写组.广西瑶族社会历史调查(第3册)[M].南宁:广西民族出版社,1985:257.
③ 玉时阶.瑶族文化变迁[M].北京:民族出版社,2005:12.

瑶人盘穷肠为暴,官兵捣其巢穴,设立瑶首,统领抚瑶甲总,每岁来朝。"《广东新语》卷七又说,瑶族"以避赋役,潜窜其中,习与性成,逐为真瑶"。① 基于保存民族文化的迁徙并不具备武力强制的强迫性,它是在一种和风细雨环境下潜移默化地进行的,表面上体现为一种主动迁徙特征,实际上是一种弱势文化的无奈之举,具有更深层次的被动性。因为他们面临着两难的选择:要么停留在原住地生产生活,这一切都已经非常熟悉,且创造了良好的生产生活环境,但必须改变自己的文化,接受汉文化的同化或改易;要么就只有随着汉族人口的移入和汉文化的不断侵入,而选择不断迁徙的策略,迁往更深入崇山峻岭的地方生产生活,由此才能保持自身文化的纯洁性,二者必选其一。

这种基于文化的迁徙,并不全然就是被动,被动中包含主动性,主动中也内含无奈,具有非常复杂的情愫。据老人讲:"以前贺县都是瑶人,县成立之后,来了九都人,因瑶人没有文化即被赶到山里,就走散了。"② 客观地说,如果没有基于文化逼迫之下的被动迁徙,瑶族文化就有可能完全被同化或改易,将不能为后人相对完整地呈现民族文化,就像平地瑶那样,有的人甚至连瑶话都不会说了。从这个层面上看,瑶族的被动迁徙有利于保持民族文化,也为中华文化的丰富多彩贡献了独特的力量。

如果说文化魅力感染具有软性逼迫的被动性,那么统治者的歧视性民族政策就具有硬性逼迫的被动性,致使瑶族同胞不得不走向迁徙之途。中原腹地一直是中央政权的所在地,中央政权与中原周边地方政权的关系,从大的历史层面看,大致可以分三个阶段(细致划分应该还有许多形态关系),一是属国或藩国阶段,二是土司(土官)自治阶段,三是改土归流任命官员阶段。在不同阶段,中央政权对于周边地方政权有着不同的民族政策,或者不包含歧视性,或者存在不同程度的歧视性,这里只能做一个大致的分析,旨在能够基本说明不同歧视性民族政策之下隐含的迁徙关系。

在属国或藩国之时,中原周边的政权具有最大的独立性,甚至还是一个相对完整的独立国家,基本上对中原政权只有进贡关系,没有直接的行政管理关系,具有比较平等的性质,因此也就没有基于这种民族政策的迁徙。

---

① 胡起望.瑶族研究五十年 [M].北京:中央民族大学出版社,2009:38.
② 广西壮族自治区编写组.广西瑶族社会历史调查(第3册)[M].南宁:广西民族出版社,1985:164.

在土司阶段,中原腹地的中央政权则是进入了封建社会成熟期,都有着大一统的国家观念,地区间形成了隶属关系,因此都希望加强各地的行政控制力,以便维护国家的统一完整,由此也就加强了对周边地方政权的管控,从汉朝开始逐渐发展形成了羁縻政策,尔后再发展到土司政策。"土司制度是由汉唐时代的羁縻政策发展、演进而来的,开始于蒙古帝国及元朝时期,大盛于明代和清朝前期,衰落于清末,是主要施行于我国西南、西北少数民族地区的特殊行政制度。"① "土司在其辖区内具有无上权威,为名副其实的'土皇帝',自设总理、家政、舍巴、土知州、土中军等。自宋代开始,所辖最小行政单位为洞。土司统治等级森严,用等级确定权力和地位,主仆之分十分严格。土地按等级分配,土司占有肥田沃土,舍巴头人可分平地。土民只能在山坡上开一块'份地'。在住房上,土司'纺柱雕梁,砖瓦鳞砌',舍巴头人'许竖梁柱,周以板壁',土民则'叉木架屋,编竹为墙',皆不准盖瓦,如有盖瓦者,即'治以僭越'之罪,俗云:'只准家政骑马,不许百姓盖瓦。'有土司出巡时,仪卫颇盛,土民见之皆夹道拜伏,否则以'谴责诛杀勿论也。'土司自称'化日本爵',土民称其为'爵爷''都爷',土司居住的衙署自称为'化金銮宝殿',其宿舍称'娄宫',其妻要有'三宫六院',其墓葬地称'紫金山',其花园称'御花园',其宗祠称'太庙'。残酷的刑罚,是土司对土民实行野蛮残酷统治的重要手段。土司操有杀伐之权,其刑罚有断首、宫刑、断指、割耳、挖眼、杖责等。土人有罪,小则知州长官治之,大则土司自理。土司的残酷统治,给土民带来了深重的灾难,土民生活的困苦,连封建王朝也不得不承认。"②

其实,统治者对于各地各民族的土司政策还是稍有区别,根据各自特点有所改易,其中针对瑶族的土司政策就有其自身特点。"宋王朝在隋、唐羁縻统治的基础上,进一步加强了对瑶族的控制,采取的政策措施是:'分析其种落,大者为州,小者为县,又小者为洞。推其长雄者为首领,籍其民为壮丁,以藩篱内郡,障防外蛮,缓急迫集备御,制如官军。其酋皆世袭,分隶诸寨,总隶于堤举。'从某种意义上讲,这就是土司制度的发端。"③ "元朝开始在瑶族地区建立土司制度,瑶族地区的土官在

①　闫丽娟.中国西北少数民族通史（民国卷）[M].北京：民族出版社,2009：107.

②　崔建林.中华文化常识千讲[M].长春：吉林大学出版社,2010：98-99.

③　云南民族研究所.瑶族文化论[M].昆明：云南人民出版社,1993：65.

政治上是封建王朝的代表,在经济上是领主。土官拥有辖区内的土地所有权,并将占有的土地实行'计口给田'或'籍户授田',这种按人口分得的土地,农民只有使用权,而无所有权,不得典卖和'私易'。土地上的收获归农民私有,但接受土地的农民必须承担劳役或租赋,被束缚在土地上,世代隶属于土官。土官建立起城堡、衙门,设置统治机构进行统治。同时,在社会中还保留有较多的原始社会残余。明朝加强了瑶族地区的土司统治制度,在瑶族居住的山区也加封了不少的土酋为土官,被封的瑶族首领有瑶首、统领、瑶镇、瑶目、总甲等官职,让他们去直接统管瑶民,只规定瑶族土官定期向中央王朝朝贡即可。土官对瑶族人民施加了沉重的租税、劳役和超经济强制剥削,瑶族人民苦不堪言,要求摆脱土官的统治,不断进行反抗土官统治的斗争,使土官统治下的封建领主制在明末清初开始崩溃,再经清朝的改土归流,瑶族的土官统治制度不复存在了。"[1]

瑶族形成了小聚居大分散的居住特征,其土司制度也相应形成了自己的特点,一是土司的官职小、品级低,不像其他少数民族土司那样属于土皇帝,这也就意味着其对土民的羁縻力相对较弱。二是一些地方出现土司(土官)与流官并举的现象,削弱了土司的权力,中央政权对于土民的控制力无形之中就得以加强,编户齐民政策将不断限制土民的随意迁徙。三是瑶族人口较少且与其他少数民族杂居的地方,往往归属当地其他民族土司管理,不设瑶族土司,因此瑶民将会受到更严重的剥削与压迫。四是瑶族土司的统治相对其他民族土司,其残酷性较轻,因为瑶民处于小聚居大分散状态,难以形成聚落控制场,在无气场的情况下,土司的控制力也就相对被削弱。

土司制度在某种意义上是以定居(或相对定居)为前提,需要将瑶民束缚在一定区域内生产生活,如果瑶民处于不断迁徙的状态,那么瑶族土酋将难以实现真正管理,这就与迁徙形成了某种矛盾。但是,这依然可以实现有效迁徙,一是在土司控制范围内的许可迁徙,土司管辖都有一定范围,且有的土司管辖范围达到方圆几百千米,得到土司认可的迁移,虽然包含着主动迁徙或被动迁徙的因素,但都在土司的有效控制范围内。二是由于瑶民受到中央政府和土司的双重剥削与压迫,其承受能力超过极限之时,瑶民就会反抗土司的统治,结果往往是瑶民在统治

---

① 陈连开.中国民族史纲要[M].北京:中国财政经济出版社,1999:699.

者的残酷镇压下被迫迁徙,这基本上是逃离土司有效控制范围的迁徙。

"明朝继承了历代封建统治阶级的衣钵,对瑶族采取'以夷治夷'的政策,在瑶区边缘地带设置屯军或土司,录用壮族土官或瑶首戍军于此,封锁瑶区,企图断绝瑶区的食盐及铁器生产工具的供应,还抢占瑶族开垦的田地,以致广大瑶民生计无着,辗转沟壑,无法继续生活下去。于是,广大瑶族人民被迫拿起武器,联合当地壮族农民,与反动统治阶级展开你死我活的斗争。"[①] 这是明朝统治者对付南方瑶族的基本政策,这种政策也说明原本具有某种民主特色的瑶老制逐步演变成为统治王朝的工具,变成了统治者统治瑶族同胞的爪牙。

雍正年间,清政府在西南大部分地区废止当地各少数民族中普遍实行的世袭土司制度,按内地制度重新建立行政区划,委派有任期的"流官"进行直接治理,大大加强了中央政府对这些地区的控制,史称"改土归流"。"雍正十三年(1735 年),清江、台拱地区苗民奋起反抗清王朝的残暴统治,攻陷凯里、黄平州,震动了整个苗疆。清廷派刑部尚书张照率兵前往镇压。张照一向反对鄂尔泰等人推行的改土归流政策,又不懂军事,以致旷日持久,徒劳无功。刚刚即位不久的乾隆帝下令罢免张照,改派以前平苗有功的张广泗前往贵州负责苗疆事务。张广泗分兵三路,大肆屠戮各地生、熟苗民,焚毁苗寨 1200 余处,擒斩苗民数万人,镇压了当地苗民的反抗斗争,并在贵州各地强行改土归流,加强了清王朝对该地区的统治。"[②] 同时,清代在瑶区推行的保甲制,实行来往人口登记,"稽汉奸及外来苗、瑶在寨居住,一人容隐,九家连坐"。(《清高宗实录》卷一三九)瑶人简直失去了任何行动自由,其控制之严可谓史无前例了。故史称:"防瑶之法,肇自前明,至今而大备。"[③]

"国民党政府承袭了历代'以夷制夷'的政策,利用瑶老制组织,委派头人、地方和上层人物,充任区、乡、村长,为其效劳。在瑶族聚居地区,还设立'瑶务处''化瑶局''设治局''警备区署'等机构,以加强政治、法律和军事上的控制。国民党政府除直接派遣官吏进行统治外,又利用'社老''石牌''寨老'等组织的头人,充当'设治局'等机构的官吏和区、乡、村长。这样,原有的瑶老制、石牌制组织,就逐渐失去作用,充当政

① 杨绍猷,莫俊卿.明朝民族史[M].成都:四川民族出版社,1996:357.
② 陈晓丹.中国历史博览（4）[M].北京:中国戏剧出版社,2009:179.
③ [清]姚柬之.连山绥瑶厅志·卷五·瑶防[M].道光十七年（1873 年）刊本.

府官吏和区、乡、村长的头人，成为国家政权治理瑶族地区的代理人。"①于是，瑶族土民与统治者的矛盾就直接转化为瑶老制演化的土司和瑶首的矛盾，并因此而引发激烈的反抗斗争，多数情况下是瑶民被迫迁徙，逃离原来的生活地域。

土司与瑶民之间会存在矛盾，土司与中央政权之间也会存在矛盾，这种矛盾激化之时，就可能引起中央与土司之间的激烈冲突，甚至于武力斗争，这时也会引发对百姓的灾难，继而也会引起各种形态的被迫迁徙。土司虽然是地方土皇帝，但中央政权依然对其具有某种控制力，对于不遵政令者，也都有一定的管束措施，将土司迁徙（相当于流放）就是其中之一。

"迁徙，把有罪土司迁徙到其他地方安置，以削弱其势力和作用。据《土宫底簿》卷下载：云南广南府土同知侬即金，因违抗朝命，永乐六年'赴京自首'。给予宽大处理，'发去辽东住坐'；结伦州冯郎黄，本应承袭，'缘伊父存日曾告本人有悖逆夺印情况'，不准承袭，以'无礼'罪名，'发去辽东都司安置'。又据《新纂云南通志》卷一百七十三载：正统'十一年，总兵官言：陇川致乱，皆由恭项暴杀无辜，刻虐蛮人，同知多歪孟为蛮众信服，乞安置项于别卫，以多歪孟代。英宗以项来归有功，屈法宥之，命于曲靖安置。'这样处罚土司，尤以明代中期为多。"② 这种罪官迁徙，是中央政权对罪官的一种惩处措施，当然就是被迫迁徙。一般情况下是个人流徙，但也有家族一同流徙者，甚至还有土民一起陪同流徙者，这些流徙者都属于被动迁徙。作为一种流徙惩戒，这是处理双方矛盾的一种事后处理办法，一般也是和平解决问题的一种办法。

但也有一些矛盾不是用和平方式能够解决的，于是中央政权与土司之间就诉诸武力来寻求问题的解决，战事一起，往往会引发瑶民的避乱迁徙。这种冲突不管是土司战胜，还是中央政权获胜，饱受战争之苦者必定是百姓，原本相对安定的生活就此被打破，生活的家园变成了战场，百姓也就变成了离乱犬，被迫四处躲避战争。贺州市土瑶"据沙田镇新民村马窝寨盘弟客所收藏的白布质《过山榜》所记，该支土瑶是宋至道元年（995年）因征战广东调遣来的土兵定居后形成的"。③ "1933

① 高其才.国家政权对瑶族的法律治理研究[M].北京：中国政法大学出版社，2011：151.
② 龚荫.中国土司制度[M].昆明：云南民族出版社，1992：85.
③ 唐择扶.贺州市志[M].南宁：广西人民出版社，2001：918.

年瑶人反抗中华民国政府统治,发动了大规模起义,潘内(广西龙胜)全村都参加了起义。国民党用屠杀镇压了这次起义,将杨梅等屯财物抢掠一空,房屋烧成废墟。仅杨梅就被杀 20 余人,瑶人纷纷逃至高山或外地,生命财产损失惨重。"① 《文献通考》记载,嘉泰三年(1203 年)湖南安抚赵亮励上言:"湖南九郡皆接溪峒,蛮夷叛服无常,深为边患,制驭之方,岂无其说,臣以为为今之计莫若光事,选择土豪为瑶人所信服者为总首,以任弹压之责,潜以御之。"② 叛服无常的蛮夷,其领导者不可能是普通的百姓,一定是在瑶族地区具有一定控制力的瑶族首领,或者是瑶首等政府任命的土官,或者是自然形成的民间首领,但依赵亮励的建议,如果是和平时期产生的"为瑶人所信服者"都会转为总首(即土司、土官),于是引发"叛服"的武力斗争,就转变为土司与中央政权的斗争。蛮夷瑶首为何"叛服无常"? 具体原因各有不同,但肯定不是简单的瑶民与中央政权的矛盾,而是土司瑶首们与中央政权的深刻矛盾,如果瑶首于这种无常的叛服中没有任何利益,甚至在这种斗争中完全只是自身利益受损,或者不是表现为其与中央政权的矛盾,甚至只是完全出于主持正义,由此发动与中央政权的武装斗争,即使存在这种可能,那也是微乎其微的。

当然,瑶首可以狡猾地利用瑶民对统治者的不满,表面上完全转化成瑶民与统治者的矛盾,机巧地将自己的目的隐藏起来,由此希望达到自己利益的最大化,这却是完全可能的。元代至正元年(1341 年)四月,道州瑶酋蒋丙、唐大二、蒋仁五领导瑶民在大江源起义,湖南江华、永明、桂阳,广东连州、广西贺州一带的瑶民纷纷响应。明朝政府较早地在大藤峡地区实行改土归流政策,用武装夺取瑶、壮族居民土地,又利用食盐垄断和专卖,对当地居民进行苛重剥削,甚至封锁食盐进入广西,迫使瑶、壮族人民就范,因此激起大藤峡地区各族人民的激烈反抗。明代大藤峡起义,以瑶民为主,以广西大藤峡地区为中心,从洪武年间到天启年间,前后历时 250 余年,此起彼伏,前仆后继,其中规模较大的有10 余次。大藤峡起义是广西历史上规模最大的以瑶族为主的少数民族起义,也是明朝中后期全国较大的农民起义之一。明朝景泰元年(1450年)二月,江华瑶首王茂与广西富川、湖南永明瑶首盘性子、廖八仔、何

① 广西壮族自治区编辑组 . 广西瑶族社会历史调查(第 4 册)[M].南宁:广西民族出版社,1986:203.
② 李祥红,任涛 . 江华瑶族 [M].北京:民族出版社,2005:43.

音保等率众千余人联合起义,结寨于八尺漯(今富川大源村),与官军浴血奋战,660多人战死,980多人被俘,起义失败。这些起义都有大量普通瑶民的参与,当然不纯粹是土司与中央政权之间的矛盾,起义之所以得到瑶民的广泛拥护,重要原因也是官逼民反,但依然不能排除存在瑶首与中央政权之间的深刻矛盾,以及瑶首希望利用这种矛盾达到自己的私人目的,否则作为既得利益者,不会为此付出利益受损的代价,不会轻易加入起义反抗行列,并且承担组织指挥之责。由于普通民众基本上没有组织指挥规模战役的才干,从而把自己置于中央政权的对立面。明朝隆庆五年(1571年),湖南东水源陈陇州、陈陇田率瑶汉人民数千人起义,从广西开山镇进攻岭东,与岭东高寨营千长冯国宝所率官兵相遇,击毙千长冯国宝等12人,但起义军也付出了惨重代价,首领陈陇州、陈陇田战死,最后导致起义军无人统领而失败。这也从另外一个层面说明,瑶族与中央政权之间的反抗斗争一定要有瑶首级人物介入,否则基本上不可能形成气候。

瑶族土司与中央政权之间有利益冲突的时候,更有相互合作与利用的时候,从而共同维护相互的统治,于是瑶首就可能成为中央政权的鹰犬而被调遣,普通的瑶民也随之因为戍守而被迫迁徙。瑶族先民营田戍边,调发守隘,《过山榜》均有记载。乳源瑶族自治县牛婆峒《察院甦瑶碑》载:弘治年间调李本琛瑶兵(原籍肇庆),"奉部院易调,从英德至乳源牛婆峒,把守连阳、清远、英德隘口"。据《过山榜》记载:"隆庆二年(1568年),江(华)蓝(山)二县苏都太爷,在广东奉旨招瑶弩手,镇治郴(州)城池,助国安邦。"明嘉靖年间,戚继光奏请"南调湖广土兵、广东瑶兵、广西俍兵"到浙江沿海抗倭,"乃助国之人,与朕分忧"。①《宋史·刘子荐传》记载:"德祐二年(1276年)十一月,北兵(指元军)至静江,权经略使马暨遣子荐提瑶兵药弩手守城东门。"这些记载都表现了瑶族土司与中央政权之间的亲密合作,从而接受中央的戍守调遣,这种合作既有镇压其他族群起义的事例,也有抵御外侮的战斗,呈现多面性特征。但是,从迁徙层面看,其结果却是一样,那就是造成了因为戍守而离开故地,具有某种被迫性,特别是由此而留守驻防地并且转入百姓生活,可以看成就是被迫迁徙。

历史上各个民族都存在过基于人事的迁徙,也有许多是基于自然灾

---

① [清]戚祚国.戚少保年谱·附征兵考实[M].北京:中华书局,2003.

害的迁徙,瑶族迁徙也包含这些因素。中华疆域既是一块福地,也是天灾频仍之所。"20 世纪初期,南开大学一项研究成果显示从公元前 108 年到公元 1911 年的 2000 多年的时间中,中国发生了 1828 次灾荒。据邓云特(邓拓)《中国救灾史》统计,我国自公元前 1766 年至公元 1937 年的 3700 多年间,发生各种灾荒 5258 次。陈高佣《中国历代天灾人祸表》中列出了自秦汉至清末发生的大量灾害事件,总计 7481 次。"[①] 由于统计方法、所掌握的资料,以及统计的灾害基准线不同,对于中国历代的灾荒统计数据存在差异,但历史上曾发生众多灾荒却是不争的事实。这些自然灾难主要表现在水灾、旱灾、火灾、风灾、雪灾、冰灾、虫灾和地震等众多类型,它们都具有自然性和不可抗拒性,在过去人类科学技术能力不足的情形下,基本上只能是被动承受,即使是在现代科学技术相对发达的情形下,许多自然灾难依然是人力所不能改变的,基本上也还是被动承受。这种承受,在过去,往往需要付出惨重的代价,甚至造成大批平民百姓的死亡。

死亡是人类承受自然灾难的极端形式,但是人类在可能的条件下还会选择逃避,主观上是主动,但客观上是被动的生存迁徙,虽然没有基于前面灾难统计的迁徙统计,但在某种意义上可以看成它们具有一致性,也就是有多少统计数据上的灾难,就会有多少次逃难迁徙,特别是涉及大量人员死亡的灾难,肯定伴随着逃难迁徙。基于自然灾害的迁徙,已然成为瑶民心里一个无比的痛,通过各种形式积淀成为集体记忆。

盘王节有着不同的来由,瑶族民间有这样的说法:"传说古时天下大旱,颗粒无收,瑶族被迫背井离乡去逃荒。途中,12 姓瑶族分乘 12 条船渡海,遭狂风恶浪袭击,有 6 条船被打翻。危急之中,瑶族烧香求始祖盘王保佑,并许下日后还愿的诺言。祈毕风平浪静,瑶族脱险到达彼岸。后来,瑶族遵守诺言,举行盛大的'还盘王愿'活动,代代相传。"[②] 贺州市里松镇民间流传:"据瑶族老人讲,盘瓠护王是在会记(稽)山成长起来的,后来带其子孙到西山。盘瓠死后,其子孙迁到广东南山岸(一说即今之海南岛),在当地开山种庄稼,到庚戌二年时天旱,十二姓人一起漂

---

① 侯建新. 经济—社会史评论(第二辑)[M]. 北京:生活·读书·新知三联书店,2006:185.

② [清]谢启昆,胡虔. 广西通志·民俗志[M]. 南宁:广西人民出版社,1992:332.

洋过海,七天七夜不能靠岸,十二姓人即还起盘王愿,求其祖先保护。"①盘王节是瑶族同胞的共同节日,其形式与内容都具有神圣性,它记录了瑶族的历史,凝聚着瑶胞的情感,已经成为一个民族的集体记忆。在这个记忆里面,就直接地反映了瑶族迁徙起于自然灾难,且途中还遭遇了风灾,说明迫于自然灾难的迁徙已经深深地印在了瑶胞的心里,虽然具体灾难有所差异,但都已经成为他们心中一个永远的痛。这种痛是那样真切地存在着,不仅盘王节的起源记载了痛苦的历史,而且在瑶族独特的"兴郎铁玖舞"中也有所反映,它在瑶历达努节(农历五月二十七至二十九日)时隆重表演。"此舞集中反映了瑶族人民历经世代搬迁逃难的历史,是一部以舞蹈艺术形式记载民族史的'过山榜',世世代代吸引着瑶家山寨的男女老少。兴郎铁玖舞由 10 个既互相联系又独立成章的舞蹈组成,有猴鼓舞、藤拐舞、猎兽舞、开山舞、南瓜舞、采茶舞、丰收舞、牛角舞、芦笙舞和花伞舞。"②这种对于灾难的重复提醒与记忆,既说明这些灾难已经深深地烙印在瑶胞的心中,同时也表明瑶胞勇于面对自然灾难的信心,于灾难中表现一种英雄气概与不屈精神。

三、定居:安稳生活的意象

众人已经形成了这样一个观念,瑶族是一个游耕民族,处于不断迁徙的生活状态,似乎与定居无缘。其实,这只是概念化的印象,瑶族并非总是处于迁徙的游走状态,不同的瑶族支系有着不同的生产生活方式取向,既可以倾向于迁徙,也可以倾向于定居,即使是同一个瑶族支系,也会因为时期不同和地域差异,同样存在着定居与迁徙并存现象。但是,如果要充分把握瑶胞的定居情况,还需要厘清定居的概念,否则将无法进一步分析。所谓定居,就是在一个地方稳定地居住生活,它是一种生活状态,具有精神归宿定位之义。定居应当具有几个基本要素,一是拥有相对固定的住所,倾向于建造永久性住房;二是在本地居住较长时间,通常不会少于一代人;三是倾向于在当地谋生,有效地利用当地资源从事生产生活;四是居民被纳入某种程度的户籍管理,从法律上成为被羁縻之人。这些要素具有原则性意义,其中包含某种灵活性的内容,

---

① 广西壮族自治区编写组.广西瑶族社会历史调查(第 3 册)[M].南宁:广西民族出版社,1985:164.

② 王毅.中国民间艺术论[M].太原:山西教育出版社,2000:46.

只要观察我们周边的生活,就可以知道这种感性认可,但确实难以数学般精确地进行数据量化。于是,我们就从这既可以从原则性层面界定,又具有某种模糊性的观念入手,分析瑶族的定居现象。

从历史层面看,瑶族是倾向迁徙的族群,特别是最初之时,表现得更加明显一些,他们在走向定居之时,似乎存在着一个渐进过程,呈现为宽定居与窄迁徙并存的状态。所谓宽定居,就是这样一种状态,它是在一个行政区域羁縻范围内居住,表现某种稳定性,不必长久固定生活在一个狭小的区域,而且处于某种迁徙状态。但是,这个迁徙属于所谓的窄迁徙,即是在所居住的行政羁縻范围内的迁徙,没有脱离行政管辖的监控范围,于是呈现某种定居状态。两者之间具有某种包含关系,定居中包含小幅度迁徙,似乎不同于通常认可的定居稳定性,迁徙中包含区域定居的内容,不是长距离全然陌生环境的迁徙,而是熟悉环境的延伸,具有定居的羁縻性,似乎也不同于通常意义的迁徙。这就是所谓既定居又迁徙的模糊状态。在大家想象中,瑶族在"耕作之余,成群结队漫游各处。物色到更好的佳境,便进行迁居,所以称之为过山瑶。可是,据亲自实地调查的结果,也未必如此。过山瑶也有'定冲'(固定的村落)。但由于随地垦殖,所以只是耕种的土地不固定而已。在一处种植 3 年或 5 年后,就换到别的土地上进行种植"。[①] 这个定冲就是居民定居点,因而具有定居性质,但也同时包含迁徙的内容,居民也会因为种植地的变换而搬迁居住,只是还在保存原来的定冲,大伙依然会回到定冲生活,喜迁徙的过山瑶也定居。这应该就是比较典型的宽定居窄迁徙现象。

瑶族并非总是处于迁徙状态,在众多瑶族支系中,确实存在着总是迁徙的支系,不管是远迁徙,还是近迁徙,比如大家都比较感性地认为总是迁徙的过山瑶,也存在着由迁徙走向定居的瑶族支系,诸如茶山瑶、正瑶和花蓝瑶等,并且定居时间都比较长久。

定居一处,自然就生成家的意识,成为人们的精神归所,这虽然无法量化,却是定居民族的重要考量因素。如果一直处于迁徙漂泊状态,就没有生活的根,也不能形成稳定地指向现实的生活归所,从某种意义上说,就是精神处于无所归依的状态,说明其思想上就没有定居的精神指向。这种状态不太符合中国人的人生哲学,传统哲学主流指向是现实人

①　[日]竹村卓二.瑶族的历史和文化：华南、东南亚山地民族的社会人类学研究 [M].金少萍,朱桂昌,译.北京：民族出版社,2003：15.

生,不太关注非现实世界,正如先贤所说:"未知生,焉知死""君子不语怪力乱神""可怜夜半虚前席,不问苍生问鬼神",如此等等,因此没有根系现实生活的哲学玄思并不为普通民众所推崇和认可。中国人具有强烈的家意识,家是现实安居之所,也是安放精神的现实象征寓所,既可以联结未来,更取向过去,构筑基于始祖的族群发展之链,形成具有聚合功能的似无形而又有形的强大系统。因此,不管选择何种生活状态,都会于潜意识深处生成根意识,指向现实生活中某个曾经居住过的区域,或者指向孕育族群发展壮大的始祖,这就是家的意识。

瑶族虽然具有强烈的迁徙倾向,甚至被称为东方吉卜赛,但他们毕竟不是吉卜赛,也不是西方宗教人,虽然具有崇尚自由的强烈意向,但依然没有形成不必依托现实居所的精神自由意象,没有形成可以抛开人间亲情和现实世界的宗教精神,同样深受中华文化影响,依然具有强烈的家意识,指向于根的祖宗崇拜。汉族具有祖先崇拜情结,瑶族同样具有这种情结,甚至较之汉族有过之而无不及,形成遍及瑶族各个支系的还盘王愿。"为缅怀瑶族始祖盘王的功德,为祈求盘王的保佑,在瑶族民间自古到今,流传下为盘王设置歌堂良愿隆重祭祀的习俗。这一活动称为'还盘王愿',一般在每年冬季进行。还盘王愿的仪式神秘肃穆,无论还大愿还是还小愿,都按规定的祀神程序进行。其程序是:起事、接圣开坛、上大众光、诏禾开仓、还元盘愿、请翁敬祖、游乐、盘王宴席、结愿散筵等,当中均有歌、舞、喃语、喃词交替表现。这是还盘王愿整个活动中程序最为严格、场面最为盛大、内容最为丰富的主体部分。"①

盘王作为瑶族始祖,奠定了瑶族的发展基础,不仅在生命上给予瑶族十二姓氏支系,更确定了瑶族的生产生活方式,还在瑶族渡海迁徙过程中予以有力保护,从而成为瑶族的生命神和保护神,得到瑶族民众的共同爱戴,成为联系"小聚居,大分散"的瑶族作为一体民族的精神纽带。这种指向远祖的祖先崇拜与家意识具有契合关系,虽然家的形成有赖于定居,而瑶族在尚未定居之前就具有崇拜盘王的传统,这就说明瑶族在中华文化氛围的熏陶下,不管处于什么状态,都具有取向定居的潜在心理,因此在历史发展到一定阶段之时,相当一部分瑶族就由迁徙生产走向定居生活。

因为稳定居住一处,同样是统治者所梦寐以求的效果,由此可以有

---

① 张声震.还盘王愿[M].南宁:广西民族出版社,2002:27.

效地实施羁縻政策,可以开征徭役赋税。瑶族作为一个深居崇山峻岭且不断迁徙的民族,不说其先是否具有免徭役赋税的特权,就是没有相应特权也相对难以征缴,因此某种程度上游离于统治者的羁縻之外。一旦定居,那情形就完全不同了,民众确实可以获得某种稳定生活,但也给予统治者剥削压迫的便利,因为可以有效地跟踪到人。

富川瑶族黄竹沈姓始祖源流记述:"明弘治三年(1490 年)遗下给照一张,内载洪武年间韩总兵官招抚立宅黄竹源。于洪武二十四年(1391 年)攒造黄册,故知吾鼻祖生于元朝末。"[1] 给照是一种官方文书,这里记载沈氏因为接受招抚而立宅黄竹源,说明沈氏由游耕而立宅定居,由自由生活走向羁縻生活,由不受统治者管理而接受招抚管理,由此被迫接受羁縻。整体而言,富川瑶族历经从不服徭役,到交纳赋税的渐进过程,这与其从深山老林搬迁至峒外平地定居密切相关。"据部分姓氏族谱记载和始祖源流记述,最早始于宋末,从'黔中五溪'开始陆续迁入富川,定居深山老林,不入户籍,不服徭役。元明期间较大量地从湖南道县、永明、江华,广东西北部和广西恭城等县徙入富川境内。明初,封建王朝对瑶族实行'招抚'与'分治',采用以瑶治瑶政策,富川瑶族人民逐步入了户口编籍。至明景泰元年(1450 年),在富川瑶族聚居地设有三十六源(现富川瑶族自治县有东山五源、西北边十三源),加强了对瑶族人民的控制,强行输赋,缴纳徭粮。"[2] 这就说明只要定居,就必受羁縻,在古代社会羁縻的主要表征就是承担统治者赋予的各项义务,接受统治者的剥削与压迫,这也就成为普通百姓注定的宿命。

确实,政府要维持正常的社会运转,必要的赋税是不可避免的,就是当今世界各国也都是如此,必然要收取一定的税负。据清乾隆、光绪版《富川县志》记载:"旧志曰,瑶本盘瓠种类,来自黔中五溪蛮。散居富川者,田占沃饶,每四亩仅输民税一亩,赋而不役。"[3] 从这段文字材料看,当时的富川瑶族只是交赋税,而不必服徭役,相对而言,还是比较幸运的。但是,其税为四税一,从现代社会考察,这个税率是相当高的,在生产力比较低下的古代社会,民众的生活必定相当艰难。不过,放在古代

① 富川瑶族自治县志编纂委员会.富川瑶族自治县志[M].南宁:广西人民出版社,1993:145.

② 盘承和.瑶族族源、族称[A].富川文史(第三辑)[C].内部刊物,1988:12-13.

③ 盘承和.富川境内瑶族源流初探[J].瑶学研究(第二辑).南宁:广西人民出版社,1992:36.

社会考察,却还是属于税负比较低的,而且当时的富川瑶族还享受着不役的待遇。

在生产力水平相对低下,产量不高的情况下,高比例的地租决定了百姓只有依靠借贷才能维持最基本的生活。民间借贷的利息从来都不低,因为放贷者基本上没有普通劳动者,都是富贵人家,他们就是依靠剥削来维持永久性的奢侈生活,因此不会理会劳苦民众的承受能力。

据悉,20世纪初期的富川瑶族地区,其借贷基本情况是:"有借谷子的,有借盐的,放利息时全都折合成谷子。一般为50%的利息,有时达100%。如涝溪过山瑶李富仁借涝溪源地主陈金思的一担谷子,第二年要还两担。还不起时利中起利,所以他借一担谷子,三冬之后本利共还8担。"[1]在高地租与高利贷的双重逼迫下,借贷者就被锁定将永远成为高利贷大耳窿嘴边的菜,并将永远没有翻身的日子。劳动者之所以会被迫向高利贷举债,可能存在各不相同的原因,但起因还在于生产力水平的低下,百姓积累的财富十分有限,如果家中能够储备充足的财力,就可以应付某些变故而不至于向高利贷大耳窿借贷。造成农民贫困的原因,还在于平均地租高达50%,甚至80%,而当时的亩产水平只有300斤左右[2],如此高的地租就是现在的生产力水平,平均亩产1000斤左右,也会令人难以承受。贺县,"在瑶族内部何时出现私有财产,何时有了阶级的分化现象,目前无法查出,也无确实资料可考。但是据几位老人所说,瑶族人民都是同等命运的,靠山吃山,过一山吃一山。至于贫富的分化,只是由劳动力的多少强弱而定,开荒种山,种的宽好些,收获就多,而生活就好些,劳动力少者或是没有劳动力的人家生活就差些。这样逐年积累,较富裕户有了剩余,加之受到汉族地区的影响,(如与汉族做工,批山场)后来到了清朝时开始租种水田,由此也就逐渐地用剩余的财富购买水田耕种。据老屋冲、山虎一带的老人讲,瑶族在清末时购买水田的较为普遍,租田的也就多起来。又据枧冲的老人讲,当地在1912年时才有买卖水田的现象。然而瑶族内部很早就有借贷关系,是无息的借贷,带有互助的性质,如在结婚时,互相无息借贷猪、黄豆、米等物。后来与汉族往来,批山租田之后,也就逐渐发生高利贷的剥削,

① 中国科学院民族研究所.广西富川县红旗人民公社(富阳区)瑶族社会历史调查[M].北京:中国科学院民族研究所,1963:26-27.

② 中国社会科学院广西少数民族社会历史调查组.广西壮族自治区贺县新华、狮狭乡瑶族社会历史调查[M].北京:中国科学院民族研究所,1964:8-9.

这种情况在中华人民共和国成立前是严重的,在这种情况下,阶级分化逐渐显著"。①

由此可见,定居不只是带来生活的安稳,由于统治者羁縻能力的加强,定居也同时带来生活的痛苦,身心的自由也随之受到严重破坏,定居也成为一体两面的生活状态。

不管怎样,定居应当是居住状态的必然发展,也是社会发展的必然,因为定居较之游居能够创造更多的社会财富。首先,从已知的人类居住发展状态看,起初人类没有建筑能力,只好居住在随机的天然洞穴等自然状态的所谓"居所";之后,各个国家和民族都有自己的"有巢氏",于是开始简单地筑巢居住,向着定居建筑发展;而今,社会由村庄聚落向着城镇化发展,城市化程度成为一个国家现代化的重要标准,传统意义上的游居民族实际已经消亡。其次,从财富创造与积累的生产方式看,人类起初无所谓"生产",属于攫取性经济,完全依赖自然的恩赐,当然只是追逐自然环境进行采集与狩猎,因此无法定居。自从人类进入生产性经济时代,依靠自身能力进行生产,于是需要充分利用自然资源,这就内在地要求具有一定的稳定性,定居就此逐渐形成。社会由农耕经济向工业经济过渡之后,社会由土地等自然资源的客观稳定性向机器设备等人造不动产资源的主观稳定性过渡,于是呈现由原本相对被动性定居向内心要求的主动性定居转向,形成更加深刻的定居形态,因为这已经与财富累积速度形成某种程度上的正比关系。这确实意味着,定居是一种历史必然。

第三节　化身为主"本地人"

贺州拥有三个主体民族,汉族、瑶族和壮族,却有 20 多个族群,单是汉族族群就超过 15 个之多,属于典型的多族群杂居地区。在这些族群当中,贺州"本地人"与客家人是最为重要的两个族群,其中"本地人"是第一大族群,具有悠久的历史。就字面上看,本地人是属地居民的泛

① 中国社会科学院广西少数民族社会历史调查组.广西壮族自治区贺县新华、狮狭乡瑶族社会历史调查[M].北京:中国科学院民族研究所,1964:20.

称,是相对于外来人而言的,因此各地原住居民都可以统称为本地人。贺州"本地人"从属地之称,转化成为族群专有名称,这是历史演化的结果。

一、本地人是本地主人

作为一个传统的农业国度,安土重迁是农民生产生活的基本理念,希望长久于此生活,生成了一种留恋家乡的情愫观念。于是,不仅"父母在,不远游",就是父母不在,也不会轻易远游,形成了彼此熟知的熟人社会。当一个外乡人闯入的时候,立马就生成外地人的观念,相对应的自己就是本地人。很显然,本地人属于泛称,指代在此地生活的人,具有主人的身份。外地人是一个闯入者,其身份为客。

（一）本地人是一种相对称呼

本地人,就其字面意义而言,即居住本地之人。本地,这是一个相对概念,有本地就有外地,因此本地人是相对外地人而言的归属性称呼。何谓"本地"? 却是一个模糊性概念,因为这里涉及一个区域问题,多大的区域才是"本地",既没有一个标准,也没有一个尺度,具有一定的主观性。

在现实生活中,并非所有居住于本地之人,都可以称之为本地人,如今就有居住于本地,却被称为客家之人,是为客家人。看来,居住于本地还应该有所限定,才能更为确切。不管是官方,还是民间,当我们问及某人是哪里人的时候,不仅指向个人的出生地,更意指其籍贯,因此"本地"可以沿溯籍贯地。参照公安部公通字〔1995〕91号文件,公民的籍贯应为本人出生时祖父的居住地(户口所在地),这是最为明晰的官方界定,也就是说,由己身向上推延至祖辈三代的生活地,即可称之为本地。如果祖孙三代都在一地生活,则这个地方无疑可以界定为本地。如果父子两辈不与祖辈在一地生活,甚至己身子辈也不与父辈一地生活,而是分属两地或三地生活,那么祖辈生活之地为本地,父子生活之地,则应该被称之为外地。如此而言,在籍贯地生活则可以称为本地人,在非籍贯地生活则应该被称为外地人。

以祖辈生活的籍贯地来区分本地与外地,在官方文件里可以行得通,但是在民间的心理接受层面,却未必得到认可。有的族群在一地生活了两三百年,历经数代传承,依然不被认为是本地人,而是被称为客居之人，客家人就是一个典型的例子。"在宋元时期已经有少量客家人的祖先迁入贺州定居，他们大都是宦游为官定居贺州的"，[①]而"客家人进入贺州各地的高峰期是在康熙至道光的一百七十多年间，从广东、湖南、江西迁来"。[②]不说宋元入迁的客家人，就说康熙道光时期迁入的客家人，以每代20年计算，祖孙三代60年，应该也有9代子孙生活在贺州，但是他们依然不被称为本地人，依然还是客居之人。由此可见，以籍贯界定是否为本地人，在民间而言，还是有所缺漏，不能给予完满的界说。

既然在空间的籍贯方面不能完全区分本地人与外地人，那么以入驻时间的先后是否能够区分本地人与外地人呢？可以探讨。按照一般的理解，先到为君，后到为臣，先入驻的族群应当可以称为本地人，后入驻的族群那就是客居之人。这是有一定道理的。"清初'复界'后政府对迁界区发布了招垦令，来自闽、粤、赣，特别是以嘉应州为主的客家人走出大山，开始向珠江三角洲地区移民，而这一带过去是广府人的居住区。直到现在，增城人还不分族群，都一致把广府村叫作'本地村'，把当地的广府人叫作'本地人'，就是所谓的'土著'。与'本地人'词义相对的自然是'外地人'，也就是王大鲁、赖际熙在《赤溪县志》中谈到的'占籍者'——客家人。这些称谓，就客观地反映出广府人与客家人在增城有个先来与后到的历史事实。"[③]"贺州本地人的祖先是先秦时期最早在这里居住的南越人"，"现在的贺州本地人入迁贺州的时间是明代以后，至今已有500年至600年，而客家人大批入迁至今只有150年至260年。"[④]从入驻时间先后而言，先入驻贺州者为本地人，后定居贺州者为客家人，确实具有本地、外地之称。

但是，再仔细一想，其中也有问题，因为在贺州土地上，现在的贺州"本地人"也并非最早生活于此的族群，较之更早的族群则是瑶民。"南宋时期，贺县已经成为瑶族主要聚居之地，当时贺县（今天之贺州市八步区）之地两万人口中，瑶族人口近一万，分散居住在程家八洞山、南木山。明清时期，贺县总人口只有四万，瑶族约两万，散居于部分盆地。"[⑤]其实"贺州瑶族自隋唐时代起，他们陆续从潇贺古道进入贺州，逐渐成

① 韦祖庆，杨保雄.贺州客家[M].桂林：广西师范大学出版社，2010：13.
② 韦祖庆，杨保雄.贺州客家[M].桂林：广西师范大学出版社，2010：18.
③ 罗勇，邹春生，等.客家民居与聚落文化研究[M].哈尔滨：黑龙江人民出版社，2014：269.
④ 韦祖庆，杨保雄.贺州客家[M].桂林：广西师范大学出版社，2010：42.
⑤ 韦祖庆，杨保雄.贺州客家[M].桂林：广西师范大学出版社，2010：37.

为这里的主人,且成为当地的主体。"① 依此而言,现在的贺州"本地人"也不应当被称为本地人,他们同样属于客居之人,反倒现在大体居住在深山老林的瑶民是本地人,因为他们入驻贺州更早,且还曾经是这里的主体族群,占据主要人口数量。其实,瑶族也不是最早居住贺州之人,较之更早的应该是百越人。当然百越人也不是最早的居住者,还应该有更早之人。如此不断往前推算,真的还不能以入驻的先后确定谁是本地人,谁又是客居之人。

如此看来,要给本地人一个科学的界定,还真是困难重重。虽然如此,现实生活中大家对于谁是本地人,还是有着大体的认知,真正属于可以感知,但不能定义的境地。一般而言,大体可以从三个层面感知本地人。一是从户籍的角度感知。户籍归属于何处,那就意味着人也归属何地,于此地,这人就是本地人。二是从房产的角度感知。一个人在此地拥有房产,则意味着长期于此地居住,那就是此地的本地人。三是从心理认知的角度感知。心理感知的认同是重要方面,不仅是一种个人的感觉,还是一个文化的认可,具有重要的文化意义。一些人虽然落户彼地,也拥有居住的房产,且已经于彼地生活相当长的一段时间,但是他自己还没有在心理层面真正融入该地的文化圈,自己于内心深处也并不认为就是其地的本地人,别人也并不认为其人就是当地人,这时他还是生活于彼地的外地人。这三个方面的任何一个方面,都可以感知为本地人,如果三个方面俱全,那就是不仅在形式方面满足了本地人的要求,而且还得到了心理的认同,那就是真正意义上的本地人了。

(二)本地人强化主人意识

既然本地人是相对外地人的称呼,那么就是通过这个称呼提醒每个人,我是主人,你是客人,于是达到强化本地人的主人意识之目的。表面上,本地是表示以自己为中心的地方区域概念,似乎是一个纯粹的物理空间概念,其实不然,这是一个社会学的领地概念。

领地是生物为了自身的有效生存而确立的势力范围,大多数动物都会建立自己的领地,并留下各种记号用以标示。一旦有同类或相近的动物入侵,领主们就会发出声音警告甚至攻击入侵者,摆出一副"我的地盘我做主"的姿态。比如蜜蜂,由兵蜂负责维护领地的安全。他们会划

---

① 韦祖庆.瑶族文化之教育传承[M].北京:中国文史出版社,2015:78.

分出一块足够的空间,并在这块空间里巡弋,驱逐有威胁的其他生物。人类是生物界最为高级的动物,在长期的历史发展过程中,已经形成严密的领地体系,不仅拥有行政体系的领地划分,而且包含心理意识层面的领地观念。国家的形成和国境线的划定,就是最大层面的领地分割,一个国家之内,再划分若干行政区域,以此构筑一个拥有不同管辖权限并包含上下级关系的层级体系,从而构筑一个可视化可操作的领地行政管理体系。这种外在的领地体系不断内化,就会变成领地观念,并且化为语言符号,标示我是此地人,你是彼地人,于是就会站在自己的角度询问对方,"你是哪里人?"这就意味着形成了本地人与外地人的观念,并且在文化的遗传中不断地强化,形成每个人与生俱来固有的文化观念。"科学家罗伯特·安德烈的著作《领域的必要性》中说道:'人类的领域感来自遗传,并且根深蒂固而不易改变。'比如,那些每天都去图书馆学习的学生会发现,很长一段时间之后,自己会对图书馆某个座位有着特殊的感情,每次去都坐在那里。即便是结婚十年的夫妻也会发现,尽管没有事先约定,不过两人各自习惯性地睡在床的一侧,而不会经常互换位置。这些都是领地反应的典型体现。领地反应有两种基本形式,也就是对领地的确认和对领地的保护。"① 这种领地反应就是主人意识,向对方表明我是这里的主人,你作为后来者进入我的领地,只能是客人。

传统文化与社会礼仪都强调"主尊客卑""客随主便""入乡随俗",这充分说明本地人的称呼具有强化其人自我优越感的功能。

首先,本地人是本地的主人,外地人是本地的客人,因此在社会身份的属性层面就确认了主尊客卑的社会交往原则。长期以来,传统社会就是一个等级森严的社会,社会划分三六九不同的等级,不同等级享有不同的权利与义务,不同等级之间设定不同的尊卑礼节,相互交往不可随便逾越礼制。

其次,本地人是本地的主人,客人是外地人,由于交往的原则是主尊客卑,因此需要尊重主人的意见,于是形成客随主便的交往礼仪,充分展现主人的优越感。

再次,客人是外地人,主人是本地人,那么客人进入主人的领地,就需要入乡随俗,遵循主人的行事规矩,更加能够体现本地主人的优越感。入乡就是进入他乡,说明这是以客人身份进入他人的领地,进入他

---

① 王敏，霍云翔.每天读点心理学[M].北京：中国纺织出版社，2016：93.

人的"一亩三分地"之内,自然需要随其俗。因为"十里不同风,百里不同俗",不同的地方已经形成了自己特有的风俗习惯、行为准则和法规制度,此地可行的行为,于彼地则被视为违规不可行,因此不能以自己的行为标准行事,需要按照对方的规则办事。

最后,话语不仅是命名,还是权力。以本地人称呼当地民众,不仅表明其世居此地,更彰显其于此地具有权力的主导性。这种主导性依托于"本地",本地人可以获得显性与隐性的权力,大致从三个方面得以体现。

一是表明地域空间的管辖权。本地是与外地相对而称,于是也就划出了地域空间界线,标示此地为我之领地,彼地为你的领地,各自在自己的领地内行使空间管辖权。我在自己的领地内,"我的地盘我做主",对于你的领地,我不会越雷池半步,随便侵入你的领地,挑战你的管辖权力。同样,在我的领地范围内,也不会允许你随便侵犯我的权利,必须维持与保持我的地域空间管辖权力。

二是表明地域事务的处置权。既然已经拥有地域空间的管辖权力,那么附着其上的社会事务,也必须归属我来处置,不会允许其他外人染指。因为本地人就生活在该地域空间,这个区域的社会事务是附着其上的,属于这个地域的组成部分,两者具有不可分割的关系。既然本地人对于该地域空间具有管辖权,如果对其上的社会事务没有处置权,那么其管辖权就是架空的虚拟存在,并不具有实质性意义,因此从逻辑推演的角度看,也需要承担本地区域的社会处置任务。

三是表明地域历史的继承权。能够称之为本地人者,一定是在本地具有相当长的生活历史,已将最初于自己而言的外地转化成本地,这也充分说明本地人是当地的历史继承者。这种继承至少从三个方面承继,才能形成作为本地人应有的权益。第一是地域空间的继承。一个地方由他属的外地变成了领地,说明地域空间的所有权已经转移,在经历一定的历史时间且站稳脚跟,实现了代际的传递,才能真正变成本地,这就是继承权的延续。第二是地域文化的继承。本地之区别于外地,不仅是地域的物理空间转换呈现不同,而且更是文化存在差异,所谓"十里不同风,百里不同俗"。各地风俗之所以能够呈现不同的特点,不是一时半刻就可以形成的,需要历经一定的时间,逐渐成形并具有特色,显然这种文化特色的磨砺得益于本地人。本地人于此地生活,结合当地的地理环境与社会环境,逐渐衍生具有地方特点的地域文化,再经过世代流传,才得以稳定。第三是地域人丁的继承。本地人,本地必须有人。一个人如果要从外地人转化成本地人，就需要表现为人丁的繁衍，一般需要历经三代，才能真正从心理层面由外地人转化成本地人。

（三）本地人强调属地身份

本地人这个称呼，还起着强调属地身份的作用。本地与人密不可分，形成粘连的附着关系。人必须生活于本地，才能成为本地人；本地必须有人，否则就是荒芜之地，不可能存在本地人。人出生于此地，生活在彼地，那叫作外地人。人只有出生于此地，生活在此地，才是真正的本地人。因此，本地与人具有内在的因果逻辑关系，两者不可随意分割，否则就会损害本地人的内在完整性。

本地人称呼的落脚点是本地，本是树之根，是一切事物生长的起点，地就是它的根。作为一个农耕社会，田地不仅是农民的命根子，而且也是国家的命根子，所以农民是安土重迁，国家是重农抑商。作为百姓，在迫不得已背井离乡之后，还是想方设法在老年之时返回故乡，那是萦绕中国人情愫的落叶归根理念。这个归根理念，演化到一个姓氏族群就是寻根问祖，努力追寻最初祖先生活的地方，只有找到这个地方，才能团结整个族群，也才能使自己的灵魂有一个安居之所。可见，土地之根既是一个人生命的起点，也是一个族群的精神家园，每个人都必须回到这个地方作为终点，才能形成一个轮回再生。

地与人的结合并不存在绝对的必然性，土地具有固着性，那是静止不动的，人却具有流动性，那是可以迁徙的，因此两者的结合具有某种偶然性。有俗语说，山不转水转，水不转人转，这充分说明人具有强烈的流动性，土地具有稳定不变性。确实如此，自从人类产生之后，就没有任何一个族群永远生活在一个地方，迁徙具有历史的必然性。一个地方不断迎接更替生活的人类族群，不同的族群在相同的地方不断上演人间的悲喜剧，人类社会就这样发展着。从这个人地关系看，显然不是土地附着于人，因为人在流动消长，而是人归属于土地，因为土地永远都稳定一处，人只是在这块土地上求得生存与发展。于是，本地人的称呼就表明了这"人"归属于本地，只有依附本地，那才能成为真正的"人"，才能具有安稳的一生，否则就是到处漂浮的浮萍。本地的称呼强化其土地的归属性质，这是本地之上的人，并非其他任何地方的人。

二、本地人并非土著人

本地人强调本地生活的属性,但是,我们知道这个本地并非从来都是属于他们的本地,他们也并非土著居民,说到底也是外来的外地人。只不过,这个外来稍微早些,在现有的文化记忆里面,他们属于最早或较早的定居者,于是由外来转化成原住民,成为所谓的本地人。当然,从历史的角度,按照学理考察,任何本地人都不是真正意义上的原住民,世界上已经没有土著,土著已经被历史湮灭。

(一)历史割断了土著

何为土著人,国际上没有公认的有关土著人的定义。一般认为,土著人系在外来的种族到来之前,祖祖辈辈繁衍生息在一个国家或地区的人民。其实国际上最初通行的土著概念,是 14—16 世纪,西方殖民主义者海外殖民进入非洲、美洲和澳洲,对于世居其上的民族一种带有污蔑性的贬义称呼,意指其"土"不开化,没有西方世界的所谓"文明",典型地体现了欧洲中心主义思维。如今,据联合国有关机构估计,在全世界五大洲 70 多个国家中,生活着 5000 多个土著人团体,如美洲的印第安人、大洋洲的毛利人和靠近北极圈的因纽特人等,共有 3 亿名土著居民。国际法以及联合国机构通常用一些共同的特征来辨别土著人,其中包括:有地理独特的传统居住地和祖传地域及其自然资源;保持文化和社会特征;社会、经济、文化和政治制度与主流或主流社会和文化脱离;人口群体的后裔居住在一个特定的地区,通常在建立现代国家或领地以及在划定当前的边界之前业已存在;自身独特性成为土著文化群体的一部分并有保护其独特文化的期盼。第 45 届联合国大会通过决议,将 1993 年定为"世界土著人国际年"(又称"国际土著人年",International Decade of the Indigenous People),其宗旨是:为解决土著人面临的问题加强国际合作,并通过各种活动增加公众对土著人权利和文化的了解。

这显然不是我们所意指的词义,我们是从世居的角度使用这个概念,其意指最先在该地居住,形成一定的聚落群体,具有强烈的属地认同,拥有一定人员规模的本地族群。张岱《夜航船·地理部》卷二中也使用了土著的概念,其义与此相似,他认为:"土著(zhuō),言着土地而

有常居者,非流寓迁徙之人也。"① 这是中性色彩的表述,不带褒贬,具有
更强的客观性。我们认为土著应该具有四个方面的特征。

一是定居时间最早,也就是说,在现有居住此地的所有族群中,最早
定居于此,并成为此地主人的族群。这是界定土著的最重要指标,以其
为界线,晚于他们定居于此者,即是后来者而非土著。本地人是定居此
地较早的居民,但并非就是现今依然居住于此最早的定居者,可以还有
较之更早的居住者,那就是现今的所谓土著。这些土著之所以不被单独
称为本地人,而是混入其他族群一起被作为本地人的群体存在,那是因
为他们已经不是此地的主体族群,人口也不占多数,变成了边缘化的族
群,因此我们说本地人并不等同于土著人。就如贺州的瑶族,他们较之
现在的本地人更早入驻,而且曾经还是这里的主体族群,拥有一半的人
口,但是其后情形发生了巨大变化。到了清末,"贺之民族以汉族为最,
壮次之,瑶又次之,瑶族人口不及汉族百分之三"。② 因此,虽然于现在
各个具有一定规模的族群当中,贺州的瑶族较之其他族群更早入驻,但
是并不以土著单独称谓之,而且混迹于本地人,似乎其土著身份已经丧
失,这就是历史的割断。这种割断还在于更后入驻的族群,也被归入本
地人之列,诸如对于新到贺州工作的外地人,不管原属哪个族群,大家
都会自我介绍说,"我是贺州本地人",而不是说"我是贺州土著人"。从
逻辑上说,本地人应该是最早入驻当地的族群,但实际上并不是,还有
更早的入驻者。这些更早的入驻者并非已经不在当地居住,而是依然居
住其间,只是人数变少,居住区域边缘化,如此而已,这是一种基于当下
的隐性割断。如果曾是入驻当地更早的族群,现今迁徙到其他地方居
住,这是一种显性割断,说明本地人真的并非土著。

二是属地心理认同,这虽然不能精确测量,但还是能够观察,即其人
自我陈述是哪里人的时候,就可以作为心理认同的外在指标。如果其人
脱口而出,将现在定居的此地作为"我是某地人"表述,那么就表明其人
具有良好的属地认同。如果其人将迁来此地之前的原籍作为自己的属
地身份,那么说明他对于此地还没有真正的心理认同,自然不能归属于
土著,也不能归入本地人的行列。土著就是具有强烈的属地意识,深刻
地认同居住地的身份,因此称之为"土"。现在依然居住当地,不管是原

---

① 张岱. 夜航船 [M]. 杭州：浙江古籍出版社, 1987: 69.
② 黄成助. 贺县志 [M]. 台湾：成文出版社, 1967: 64.

来的区域中心,还是被逼迁徙到地域边缘,依然在内心深处认同区域的归属身份,这是典型的土著心理。较之土著稍晚入驻的族群,也认同现有居住地的归属身份,生成了属地认同心理,那么从这个意义上说,不管是什么时候入驻当地的族群,只要生成了属地认同心理,都可以归之于土著。如果这个逻辑可以成立的话,那么所有人都是土著,也就无所谓外地人,于是也就消解了土著的身份与概念。如果认同居住地的属地身份,却又被区分后来的外地人与先到的土著人,那还有什么辨别之义,把原本一体的当地人生硬划分成不同群类,是为逻辑之谬。

三是形成聚落居住,聚居才能生成力量,拥有力量方有话语权,才能形成具有内在凝聚力的土著族群。我们可以设想,如果是三三两两的个体行为,东一处居住,西一处居住,根本没有形成聚落,怎么可能形成族群的概念,怎么可能具有族群的力量? 个体分散居住,相互之间没有基于族群的往来,既没有经济方面的紧密联系,也没有情感方面的密切沟通,大家都是互不谋面的陌生人,因此不可能具有内在的凝聚力。一个没有凝聚力的分散个体,即使将其进行零散的组合,也不可能具有群体的向心力,只是一盘散沙的乌合之众,并不构成土著应有的特质。反之,在农耕时代,由于百姓必须附着在土地之上,而且受到交通工具的限制,其生产活动范围也必然局限在一定范围之内,如果是聚族而居,必然产生诸多交集,于是就会生成情感向心力,一个族群的观念就此可以形成。这种聚居的族群是一个熟人社会,彼此之间通过血缘或亲缘形成网络联结,构成一个相互渗透的人际关系。即使居住在不同聚落,具有物理性质的分离,也是一种陌生的"熟人",即虽然相互之间可能不认识,但心理层面具有良好的相融性。现代社会的聚居更加是一种趋势,因为城市化水平在不断提升,人口不断向着城市聚集,因此这是一种聚居的生活方式。然而这种聚居与农耕社会的聚居具有本质的区别,现代社会的城镇聚居形聚而神散,聚居在一起的社区居民相互之间并不往来,甚至互不认识,是居住在一起的陌生人。这是一种有聚居之形,而没有族群之实的聚居方式,因此也就割裂了原本意义的土著聚居之义,不能成为土著的表征。

四是拥有一定的人口规模,才能在当地社会生态系统中占有一席之地,才能发挥作为族群应有的作用。族群之以群相称,必须以一定量的人口为基准,才能形成群,如果人口数量过低,那就不能以群相称。至于人口数量多少,这就需要具体情况具体分析,不能一概而论。

依据这四个标准,从现今的人口构成状况看,将瑶族、壮族及汉族中的"本地人"称为土著,确实具有一定的合理性。在这可称为土著的三大族群中,唯有"本地人"从名称上占有土著之意,具有原住民的意思,这是历史演化过程中力量权衡的结果。"本地人,从民族类别讲属于汉族。多在宋元时期从广东各地迁入。桂东的贺县、钟山、昭平等都有相当数量的本地人。以贺县为例,全县 70 多万人口中,本地人约 36 万①,占全县汉族人三分之二弱,全县各乡镇都有分布。主要在贺街、大宁、桂岭、鹅塘、沙田、步头、仁义、信都、铺门、大平、水口等乡镇。所谓本地人,是与客家人相对而言的。从宋朝起由广东各地迁入后,便与土著的少数民族融合。这种融合一直延续到明清。所以,本地人中还留存着大量的越文化。如风俗中盛行坐歌堂、赶歌圩;婚俗中有抱新娘、抹黑脸、闹黑房,婚嫁时有哭嫁歌、叹情郎,在建筑上有干栏式住房和爬楼式住房等。在民歌、民谣方面形成了以本地话演唱的特有风格。"②

（二）本地人也是外地人

本地人,从字面上看,就是原住民。其实,从上面对于土著的剖析已经知道,本质上已经没有"本地"人,都是外来人。之所以被称为本地人,那是相对后来者而言,这是一个相对性的称呼,也是一个普通名词。

强调本地居住的身份表明,其实并非从来都是本地居民,究其实,也都是外来者。即便是以"本地人"为族群命名的贺州本地人,也是外来者。据《贺州客家》记述,贺州本地人的祖先是先秦时期最早在这里居住的南越人。贺州本地人是汉族在漫长的历史中,随着人口的迁移融合,壮、汉、苗、瑶各族人民在这里和睦相处,中原文化、百越文化和楚文化相汇交融而形成的族群。

一般而言,现在的贺州本地人成规模迁入是宋朝,大量迁入贺州的时间是明代以后,从大量的族谱调查显示,其祖先并非土著,而是宋朝及以后由浙江、福建、江西、湖南和广东等地迁来的汉族的一个支系,以明代迁入者居多。宋代朝廷对广西进行了多次大规模的"平蛮"战争,如北宋仁宗皇祐年间,狄青统兵二十万进入广西平定侬智高叛乱。平叛后,北宋王朝采取"以民官治理之,以兵官镇压之,以诸峒财力养官军,

---

① 具体人口数量,因为统计口径不同,以及统计截止时间差异,因此有 30 万、36 万、40 万人之说,但是都有共识,即"本地人"是原贺县第一大族群。
② 严永通,凌火金.广西客家山歌研究 [M].南宁:广西人民出版社,1991:95.

以民丁备招集驱使"的政策，① 使广西留下了许多戍卒。后来这些戍卒有一部分流落山区，成为当地居民。北宋神宗熙宁年间，在打退越南李氏政权的侵略后，宋朝为了巩固边防增加了广西的驻军。宋末元军进入广西时，宋朝抗元士卒大都留在广西成为当地居民。唐宋时期，除了大量的军队留驻广西，还有大量的难民为了躲避北方战乱而流落广西。唐末安史之乱和黄巢农民起义后，就有大量的中原人因避难流落广西。南宋初年，为了躲避战乱又有大量的中原汉族和江南汉人迁入广西，使广西人口在短时间内激增。

明代，朝廷为了防范和镇压府江地区的瑶民起义，在广西建立了二十多个卫所，通过军事移民、屯田来巩固广西的统治。"由于明代对广西用兵频繁……广西都司卫所最多时达到 128892 名，合家属达 38 万人左右。而当时广西全境著籍户口，洪武二十六年只有 1482671 人，移民人数相当土著人口的四分之一强，更为重要的一点是，由于广西卫所主要分布在沿江地区，移民相对集中。"在桂东北，以桂林为中心，全州、灌阳、平乐、贺县、富川是移民集中的地区。在桂东，以梧州为中心的地区也集中了大量的移民。贺州处于贺江和桂江流域，是广西移民最集中的地区之一。② 明朝初年贺州的人口大约为四万人，瑶族占两万人③，到了明朝末年瑶族人口骤减，土地荒芜。于是从桂西北调来士兵耕守，招募流民耕种。清朝前期，由政府提供"牛具、种子，令其开垦荒地"。④ 以上所述，这些移民到贺州后与当地土著居民在长期的生产生活中不断融合，形成了贺州最大的汉族族群"本地人"。贺州的本地人也包括一部分壮族。贺州的土著居民本是壮族的祖先，但现在贺州的壮族却不是生长于斯的族群。在整个明代，广西的社会矛盾错综复杂，阶级矛盾、民族矛盾十分尖锐，各族人民起义（特别是瑶族起义）此起彼伏，大藤峡、府江瑶民起义均波及贺州。明朝政府为了镇压府江及贺州的瑶民起义，实行以壮治瑶的政策，从桂西北调来耕守的壮兵，防范和镇压当地瑶民的反抗，从而迁来一批壮族人在贺州定居。贺州的壮族人口数量并不多，主要聚居在贺州八步区南乡镇一带，这些壮族移民后来也成了贺州"本地人"。还有一批逃荒南下的难民和一些仕宦定居的汉人也成了贺州的

---

① 《文献通考·四裔考》卷七四。

② 钟文典.广西通史（第 1 卷）[M].南宁：广西人民出版社，1999.

③ 日旺.贺州瑶族历史概述 [A].贺县文史（第 10 辑）.1993：84.

④ 《清世宗实录》 卷六一。

"本地人"。①

（三）外来人就是本地人

所谓本地人外来人，这是以时间为界限的称谓，居住时间长久者即是本地人，居住时间短暂者就是外来人。时间长短的界限显然是模糊的标准，现代社会的流动性促使原住民不断流出，外地人不断涌入，相互之间的界线越来越模糊，外来与本地的概念也逐渐消解，进而融为一体。扩而大之，最初的外来定居者，从短暂时间逐渐化入长久时间，于是也从外来人变成本地人。因此，从逻辑角度看，可以认为外来人就是本地人，因为他们最终都会成为真正意义上的本地人，而不是匆匆的过客。

三、"本地人"已是族群名

作为通名的本地人，很少能够成为专名。贺州就有一个定居较早的族群，被称为"本地人"，成为一个族群的名称。但是，"本地人"的名称应该不是从来就有的，而是后来的命名，由他称而变成自称。本地人是相对外来人而言，在族群名称方面显现外来性质的族群，那就是客家人，因此，估计"本地人"的称呼可能与客家人相关，是相对于客家人的称呼。因为客家人自称是客人、外来人，也就是外来者，因此就称原本居住贺州且势力较大的汉人为"本地人"。

对此，县志从本地话的名称方面也进行了推测，"贺县本地话，旧《贺县志》记之为'梧州声'，信都地区人称之为'六州声'。1935年出版的《广西年鉴》记之为'百姓话'，它是相对于后来进入的客家话和其他方言而言的。"② 据语言学者广西师范大学陈小燕教授"透过贺州本地话自身的一些重要特点，同时结合移民史进行考察后，认为贺州本地话很可能在隋唐时期就已基本成型"。③ 其言下之意，贺州本地人也在隋唐时期基本形成，只是当时未必叫作"本地人"而已。因为由客家话相对而有本地话，那么操持这些语言的族群自然而为"本地人"，因此专名的

① 韦祖庆，杨保雄. 贺州客家 [M]. 桂林：广西师范大学出版社，2010：42-44.
② 唐择扶，等. 贺州市志 [M]. 南宁：广西人民出版社，2001：945.
③ 陈小燕. 多族群语言的接触与交融 贺州本地话研究 [M]. 北京：民族出版社，2007：5.

本地人则可能生成于明清时期。但是,同居于此的少数民族,诸如瑶族、壮族,因为势力较弱,不被客家人看重,甚至还被客家人驱赶进山。贺州市芳林村的瑶民即被客家人驱赶至深山老林,进而占领其地,因此不能享有"本地人"的称谓。如此而言,作为参照系的客家之名形成于何时,对于本地人之称谓的形成也是非常重要的。"客,是汉语固有词,《说文》:客,寄也。此其本义。'客家'之'客',是晚近(清初)的时候新增的义项。文献中的'客',以明中叶(我们认为'客家'作为新兴民系形成于 1500 年前后)为界,之前,根本不可能有'客家'之'客';之后,包括明末清初,也都要十分小心,否则就会出现如前文所说的在解读嘉靖《香山县志》、隆庆《长宁县志》时发生的误读误判。到了清末民初,仍不可大意。"① 这里的意思是,客家人的名称形成与具有客家意识,其实形成时间并不早,甚至"到了清末民初,仍不可大意",正如前之所述,有的直到 21 世纪初仍然不认为自己是客家人。但是,我们认为本地人的族群名称形成自然不会如此之晚,其名至少在清朝中晚期已经出现,这一点应该没有疑义。

从长久的历史观点看,没有任何一个族群是本地人,都是外来的入迁者。贺州本地人也一样,虽然较之汉族的客家族群更早入迁,被称为本地人,但同样也是外来入迁者,因此我们有必要梳理其入迁历史。在岭南地区贺州土地上,粗略考察,大体先后历经越人—瑶人—汉人的主体居住史,在这个相对更迭的历史中,相互之间都存在融合现象,并非完全地替换,展现你中有我、我中有你的情形。据县志记载:"'本地人'的祖先,大部分是元明以后从浙江、江西、湖南和广东等地迁入的",② 这应当是基本事实,但显然不是全部。

四、本地人入迁探寻

(一)入迁概况

1. 先秦

先秦时期,整个长江以南统称百越,五岭之越城岭、都庞岭以西之南

---

① 刘丽川."客家"称谓形成年代再讨论 [A].王建周.客家区域文化理论与实施研究.桂林:广西师范大学出版社,2017:23.
② 唐择扶.贺州市志 [M].南宁:广西人民出版社,2001:945.

为西瓯（含骆越），萌渚岭、骑田岭、大庾岭以东之南为南越，贺州位于萌渚岭，当属南越。依此而言，岭南之地的原住民当是越人。

在战国末期，秦国征战中原，致力于统一中国的战争。公元前221年，秦王嬴政统一六国后，派屠睢率领50万秦军攻打岭南，最初即占有岭南广大地区。在秦始皇统一岭南的战争中，很快就打下广东地区，几乎没有遇到什么阻力。而在广西则打了六年之久，并且是以"伏尸流血数十万"的代价才统一广西及越南地区。《淮南子·人间训》云："使尉屠睢发卒五十万，为五军，塞镡城之岭，一军守九嶷之塞，一军处番禺之都，一军守南野之界，一军结余干之水，三年不解甲弛弩。使监禄无以转饷，又以卒凿渠而通粮道，以与越人战，杀西呕（瓯）君译吁宋。而越人皆入丛薄中，与禽兽处，莫肯为秦虏。相置桀骏以为将，而夜攻秦人，大破之，杀尉屠睢，伏尸流血数十万，乃发谪戍以备之。"①

为了尽快结束战争，以及战后巩固政权，修建了潇贺古道。这条古道分为两条。一是修建于秦朝时期的"新道"，即在原有民间通道的基础上加以整修拓展，基础线路是江永—谢沐关—富川古道，入富江下临江（今之贺江）至临贺郡，也就是习惯所言的潇贺古道的西道。二是修筑于春秋战国时期的桂岭通楚古道，连接湖南省江华瑶族自治县境内的大圩，经贺州市八步区开山镇到达桂岭镇，与贺江（今桂岭河、大宁河）水路相接，直至临贺郡，此即潇贺古道的东道。潇贺古道的贯通，方便了谪戍驻守，以及和平时期的人员往来，加速了族群流动与民族融合。

整个征南战争，秦国伤亡惨重，越人伤亡应该在此之上，因此人口必然锐减。于是，在攻占南越之后，秦始皇为了巩固边疆，采取置郡屯兵政策，屯兵垦荒长期驻守，汉人开始入驻。《资治通鉴卷第七·秦纪一·秦始皇帝三十三年》："发诸尝逋亡人、赘婿、贾人为兵，略取南越陆梁地，置桂林、南海、象郡；以谪徙民五十万人戍五岭②，与越杂处。"如此一来，中原的汉族开始进入岭南地区，贺州亦在其中。大量中原谪戍兵卒入驻岭南，且要长期驻守定居，必然需要解决婚姻问题。土著越人在战争中大量减员，当地女子不能满足婚配需要，于是南海郡之赵佗向朝廷申请加派3万名单身女性来岭南，其理由十分含蓄，"以为士卒衣补"，最终秦朝批准1.5万名女子入越。《史记·淮南衡山列传》记载："尉佗知中

---

① 刘安.淮南子[M].上海：上海古籍出版社，2016：467.
② 裴渊《广州记》曰：大庾、始安、临贺、桂阳、揭阳为五岭。

国劳极,止王不来,使人上书,求女无夫家者三万人,以为士卒衣补。秦皇帝可其一万五千人。"因此,何光岳先生认为:"骆乃越的一支,历来认为是广西土著民族,其实不然,它起初是由两个不同的民族结合而成的,即骆人自黄河南迁到江南后,与早已先由黄河迁到江南的越人群团中的一支结合,逐渐形成为骆越。骆人系出黄帝之后的任姓,越人则为夏禹之后。""黄帝兴于陕西岐山县之姬水,而岐山南面周至西南有骆谷、骆谷水,正是骆人的发祥地。""陕北的北骆河及河南的洛水,都是骆人东迁的地方。""因周朝建成周于伊洛之间,周平王又迁都洛邑,迫使骆人放弃故地,经湖北、湖南迁至广西雒水。迁经两湖时,骆人与当地越人结合,开始形成骆越。"①骆越,乃是北面一支骆人与南面一支越人结合而成,故称"骆越"。骆人自西而东再南迁,在商周期间曾经过中原文明的发祥地。由此推测,先秦进入岭南地区的中原汉人,与当地越人交汇融合,可以看成是本地人最早入驻之祖先。

2.汉朝

汉朝之前,贺州没有专属行政机构,属苍梧郡管辖。汉朝为了巩固原有疆域,将秦之苍梧郡析出,置临贺与封阳县。汉武帝元鼎六年(公元前111年),汉朝置临贺②、封阳县,今贺州市北部属临贺县,县治今贺街镇;今贺州市南部的信都、铺门、仁义、灵峰、大平、水口等乡镇属封阳县,县治今铺门镇。两县均属苍梧郡。三国吴黄武五年(226年),沿置临贺郡,郡治今贺街镇;析今贺州市之东北部的桂岭、开山、大宁等镇置建兴县,县治今桂岭镇。隋开皇九年(589年),废临贺郡置贺州(此为贺州之名始)。开皇十八年(598年),改兴安县为桂岭县。

贺州境内设置多个郡县有效地提高了贺州区域的行政地位,使之成为区域的政治经济与文化中心,可以更好地聚集人气。汉朝沿袭秦代的流官制度,郡县长官由朝廷任命,官员流动异地任职,一定程度上带动了人员的往来流动,可以有效地承接中原的人员进驻。郡县治所因为是行政办事所在地,也是圩镇商品交流的场所,因此不仅能够吸引区域人员向治所聚集流动,也能够引导附近区域民众与治所的通商往来,于是

---

① 何光岳.百越源流史[M].南昌:江西教育出版社,1989:95-100.
② 临贺得名在于西有临江、东有贺江。2002年地级贺州市成立,根据所谓"科学命名的方法",因贺州市(原贺县)之县城八步镇位于临江边上,因此将临江改称贺江,以呼应贺州,原贺江改称大宁河(桂岭河),临江之名消失。

也就强化了秦朝开创的良好局面,进一步巩固了汉人于此定居的心理指向。贺州市桂岭镇发现了较为集中的战国至汉代古墓群①,富川瑶族自治县境内有汉、晋、唐、宋古墓群,主要分布在城北镇、富阳镇、朝东镇和柳家乡一带②,钟山县同期古墓群主要分布在红花乡、公安镇、燕塘镇、回龙镇和同古镇一带③,这些都说明秦汉时期已经有较为文明的族群在此居住。

3. 唐朝

安史之乱期间,中原百姓为了避乱,纷纷逃亡,形成巨大的流民潮。史称"东周之地,久陷贼中,宫室焚烧,十不存一,百曹荒废,曾无尺椽。中间畿内,不满千户,井邑榛棘,豺狼所号。既乏军储,又鲜人力,东至郑汴,达于徐方,北自覃怀,经于相土,为人烟断绝,千里萧条"。④安史之乱后,统治阶层兼并土地日甚,"富者兼地数万亩,贫者无容足之居"⑤成为普遍现象。战争的残酷与土地的兼并,使得大量中原农民无以为生,成为流民。这些流民有的流向北方,有的流向西北方,有的流向西南地区和南方,总之,基本上是向边陲流动。广西应当也有一定的流民进入,贺州因为潇贺古道的便利,必然驻留部分流民,他们也成为本地人的一个来源。

4. 宋朝

一般而言,现在的贺州本地人小规模入迁是在宋朝。靖康元年(1126年),金兵大举南侵,黄河中下游地区遭到严重破坏,"民多流亡,土多旷闲,遗黎惴惴,何求不获"。⑥其民一部分也流向了广西。宋代朝廷对广西进行了多次大规模的"平蛮"战争,如北宋仁宗皇祐年间,狄青统兵二十万进入广西平定侬智高叛乱。平叛后,北宋王朝采取"以民官治理之,以兵官镇压之,以诸峒财力养官军,以民丁备招集驱使"的政

---

① 唐择扶.贺州市志·文化·古墓葬[M].南宁:广西人民出版社,2001.
② 盘承和.富川瑶族自治县志·文化·古墓葬[M].南宁:广西人民出版社,1993.
③ 韦洪宇.钟山县志·文化·古墓葬[M].南宁:广西人民出版社,1995.
④ 《旧唐书》卷120,《郭子仪传》。
⑤ 《陆宣公集》卷22,《均节赋税恤百姓第六条》。
⑥ 《金史》卷46,《食货志》。

策，① 使广西留下了许多戍卒。后来这些戍卒有一部分流落山区，成为当地居民。北宋神宗熙宁年间，在打退越南李氏政权的侵略后，宋朝为了巩固边防增加了广西的驻军。宋末元军进入广西时，宋朝抗元士卒大都留在广西成为当地居民。

南宋初年，为了躲避战乱又有大量的中原汉族和江南汉人迁入广西，在南宋最初十几年的时间里，"江浙湖湘闽广，西北流寓之人遍满"②，致使广西人口在短时间内激增。"广西是南宋人口增长最快的路之一，北宋元丰元年（1078 年）为 242109 户，南宋嘉定十六年（1223 年）为 528220 户，后者较前者增加 133%。不能将人口的增长皆归之于外来移民的迁入，著籍户数的增加和非汉族成为编户齐民有关，但移民迁入应是主要原因之一。周去非说广西'四方之奸民萃焉'③，即指广西人口中有来自各地的流动人口与移民。"④ 这也成为贺州本地人的重要来源，应该是本地人入迁的较早高潮。

5. 明朝

本地人大量入迁贺州的时间是在明代。从大量的族谱调查显示，许多本地人的祖先并非土著，而是宋朝及以后由浙江、福建、江西、湖南和广东等地迁来的汉族支系，以明代迁入居多。

明代，朝廷为了防范和镇压府江地区的瑶民起义，在广西建立了二十多个卫所，通过军事移民、屯田来巩固广西的统治。"终明一代，广西境内共设有 10 卫、20 千户所，以每卫 5600 人、每所 1120 人的足额计，明代在广西卫所士卒共 78400 人，合家属共 24 万人左右。但实际上，由于明代对广西用兵频繁，广西都司卫所大都逾额，最多时达到 128992 名，合家属达 38 万人左右。而当时广西全境著籍户口，洪武二十六年时只有 1482671 人，移民人数相当于土著人口的四分之一强。更为重要的是，由于明代广西卫所主要分布在沿江重要据点，移民分布相对集中，因而其对广西的影响更大。"⑤ 洪武九年（1376 年），贺州（今贺州）爆发屯军陈华四起义，⑥ 说明当时贺州已实行军屯。这个集中不

① 《文献通考·四裔考》卷七四。
② 《劝肋编》卷上。
③ 《岭外代答校注》卷三《效用》，第 142 页。
④ 吴松弟.南宋人口史[M].上海：上海古籍出版社，2008：161.
⑤ 钟文典.广西通史卷一[M].南宁：广西人民出版社，1999：515.
⑥ 《明太祖实录》卷一〇五。

仅在地域,而且在姓氏,这些移民的主要姓氏有刘、王、李、张、陈、钟、时、黄等。以梧州为中心的桂东地区也集中了大量移民。明初,梧州只设立了一个守御千户所,卫所士卒合家属不过4000人。到了成化以后,随着两广总督军门长年驻扎在此,大量外地卫所士卒云集梧州,从而形成了一个较大的军事移民分布点。据《苍梧总督军门志》卷一记载,总督开府梧州之初,即"于广东卫所调拨官军一万余名,更番赴梧戍守州县";同治《苍梧县志》卷五引明人杨芳《图经》,也称梧州"所戍守军官凡一万有奇"。随着明代嘉靖万历以后卫所制度被破坏,大量卫所士卒逃亡,隆庆年间已降至4600名。由于交通条件的限制,逃亡士卒大多隐匿于广大的岭南山区。明末,南明永历政权在广西坚持抗清斗争十几年后终于失败,戍守梧州的广东卫所士卒散落民间,最后汇入民籍,成为本地人。

在整个明代,广西的社会矛盾错综复杂,阶级矛盾、民族矛盾十分尖锐,各族人民起义(特别是瑶族起义)此起彼伏,大藤峡、府江瑶民起义均波及贺州。明朝政府为了镇压府江及贺州的瑶民起义,实行以壮治瑶的政策,从桂西北调来耕守的壮兵,防范和镇压当地瑶民的反抗,致使一批壮族人在贺州定居,因此"本地人"中有一部分属于壮族。"在桂东北,以桂林为中心,全州、灌阳、平乐、贺县、富川是移民集中的地区。在桂东,以梧州为中心的地区也集中了大量的移民。贺州处于贺江和桂江流域,是广西移民最集中的地区之一。[①]据《贺县志》记载,明朝初年贺县人口大约为四万人,瑶族占两万人,到了明朝末年瑶族人口骤减,土地荒芜。于是从桂西调来士兵耕守,招募流民耕种。因瑶族最早分布在长沙、武陵郡一带,故古书称其为"长沙武陵蛮"。宋时仍以今湖南为主,广东、广西、江西亦有分布。明代,瑶族的分布中心已由湖南转移到广东、广西,常和壮族共同居住在一个大的区域内,故往往被连称为"瑶壮"。据《明世宗实录》记载:广西"大率一省猺人半之,瑶壮三之,居民(指流官统治区域的汉族和部分壮族)二之,以区区二分之民,介蛮夷之中"。[②]这个估计,当然不可能十分准确,但也足以说明"居民"当时在广西总人口中占据重要地位。因此,贺州的本地人也包括一部分壮族,例如韦姓之民。贺州的土著居民本是壮族的祖先,但现在贺州的壮族却不是生

① 钟文典.广西通史卷一[M].南宁:广西人民出版社,1999.
② 《明世宗实录》嘉靖二十五年六月丙戌条。

长于斯的族群。如今,贺州的壮族人口数量并不多,主要聚居在钟山县清塘镇和贺州八步区南乡镇一带,这些壮族移民一部分也成了贺州"本地人"。

6. 清朝

清朝前期,由政府提供"牛具、种子,令其开垦荒地"。[①] 这些移民到贺州后逐渐形成了贺州最大的汉族族群"本地人"。

总之,根据研究,徐杰舜先生认为:"两千年来,历史上迁入贺州的古代汉族族群与土著在贺州的壮族先民发生了互动,使得这些壮族先民汉化。而由于不同时期、不同地方迁入贺州的汉族与贺州壮族先民发生汉化的情况不同,从而形成贺州今天所谓的土著本地人、铺门人等汉族族群。明清以后,由于贺州毗邻广东,又有大批的客家人、广府人迁入,于是一个小小的贺州市(县级贺州市,引者注)沉积下来近十个汉族族群。加上瑶族和壮族的族群,大小共有十几个族群,几乎成了岭南族群的缩影,被知情的学者们称为'岭南族群博物馆',这在全国是极少有的。"[②] 从这个研究结论也可以看出,贺州本地人从先秦开始陆续迁入贺州定居,在宋元时期大体成型,最迟在明朝初年已经形成稳定的本地人族群,估计于清朝中叶客家人批量迁入后,形成"本地人"之称。同时,徐杰舜研究团队还在语言层面进行研究,发现"本地话中的瑶族勉语成分的沉淀,说明宋代及宋代以前迁入贺州的汉族移民在与瑶族的互动中同化了部分瑶族,从而造成本地话的语言底层沉淀下了瑶族勉语的成分。这种汉瑶互动的情况对元代'瑶冠以其众起贺州富川县之境'的贺州来说完全是可能的。所以,本地人之所以被称为'本地人',是因为他们迁入贺州时间早于贺州其他汉族族群。且与当时当地的瑶族发生互动,同化了部分瑶族,从而成为贺州最早的一个汉族族群。明代大批汉族移民的迁入,一般情况下,都与本地人认同,从而又使本地人成为贺州人口最多的一个汉族族群"。[③]

---

① 《清世宗实录》卷六一。
② 徐杰舜,等.从磨合到整合——贺州族群关系研究[M].南宁:广西民族出版社,2001:43.
③ 徐杰舜,等.从磨合到整合——贺州族群关系研究[M].南宁:广西民族出版社,2001:78.

（二）入迁剖析

族群之迁徙，一般情况下无非几个层面的因由，即战争避乱、自然灾害、地少人多、居官留驻、经商安居、云游停驻等，离开原有居住地，而在他乡定居成为新住民。但是，这样的缘由剖析过于雷同，不能体现族群迁徙的独特性，因此通过深入挖掘，获得贺州本地人入迁的深层原因。

1. 潇贺古道的交通引导

迁徙是循路而行，因此一般是沿着前人开辟的道路行进，然后在合适的地域停留定居。从中原及湘湖进入岭南，在先秦及稍后，历史上开掘了三条通道，即兴安古道、潇贺古道、梅关古道，这是北方移民进入岭南的主要通道。潇贺古道岭南段位于贺州境内，由此成为北方民众进入岭南的重要通道。潇贺古道主要有两条线路，一是从湖南江华瑶族自治县翻越桂岭群山入贺江（今桂岭河），再入临贺（今贺街镇），这是潇贺古道东线。二是由湖南江华瑶族自治县翻越小都庞岭，经富川入临江（今之贺江），再入临贺，这是潇贺古道西线。这两条线路在临贺城汇合后顺贺江①直下，向东可通珠江，出广东和东南亚地区；向西沿西江可进入北流河、南流江，与闻名于世的古代海上丝绸之路的始发港合浦相通。考察潇贺古道东线可以发现，这条线路是本地人居住的主要区域，开山镇基本上都是本地人（极少数瑶民），桂岭镇约60%以上是本地人（约三分之一是客家人，极少数瑶民）②，大宁镇基本上是本地人（还有少数瑶民约10%，1949年后开始有少量客家人迁居），贺街镇约三分之二是本地人（有二成左右是讲粤语的广府人，不到一成是客家人）。沿贺江而下的乡镇，都是以本地人为主。步头镇超过半数是本地人（还有部分瑶民）。信都镇主要是广东迁居的广府人和本地人，还有少量客家人。仁义镇大部分居民也是本地人，铺门镇除了讲铺门话的比较独特的"铺门人"外，基本上都是本地人。贺州其他乡镇的本地人，诸如沙田镇、水口镇、鹅塘镇等，以及昭平县、钟山县，大体是从这些地方迁居，当然也有直接入驻定居者。从目前定居的现状可见，便利的交通条件是本地人择居的重要考量，或许也可以说明，本地人的入迁与潇贺古道相始终，并依此形成

---

① 临江与贺江在临贺汇合之后，再称贺江。古今同名。
② 郝鹏飞.广西贺州市桂岭镇客家话研究[D].广西师范大学硕士学位论文，2014：6.

自己作为本地人的独特族群。

唐宋时期,岭南地区始终是官方放逐贬官和流人的重要场所,根据唐晓涛统计,唐代贬官谪桂者共 73 人次,其中桂州 23 人次,贺州和富州合计 16 人次,昭州 12 人次,有的在桂岭、象州,担任桂州经略使 22 人。[①]上述数据说明,唐代由中原被贬广西为官者,全部被安排在南岭走廊的重要交通干线上任职,也是形成现今本地人大多聚集于潇贺古道交通线的重要原因,也说明其源于中原。

2. 农民起义的人口空缺

从现存的史籍资料与族谱看,本地人之大规模入驻与形成族群大约在明朝。这是为什么呢? 回顾历史可以发现,明朝以前,贺州甚至整个岭南(广西),主要居住的民族是瑶族与壮族,瑶族居住在桂中之北,壮族居住在桂中之南,贺州即是瑶族的主要聚居地,占半数以上。

由于明朝统治者恶劣的民族政策与残酷的压迫政策,致使各族百姓处于无以生存的境地,于是掀起了贯穿整个明朝长达 200 多年的瑶民起义。整个明代广西各族农民起义规模较大的有五处:大藤峡起义、府江起义、古田起义、八寨起义、马平等地起义。它们共同的特点是坚持时间很长,多数坚持达百年之久,断断续续、时打时停,活动范围广,遍及广西全境,有的远达江西、湖南、广东等地。

这些起义必然引来官军镇压,义军与官军展开激烈战斗,其直接结果就是人口锐减。既有起义农民在战斗中伤亡,也有官军对无辜百姓的残杀,还有因战争饥馑与病痛的死亡,以及逃避战祸的逃亡,形成这些地区的人口空缺。这种人口空缺就需要人员填充,于是明朝之时成为入迁贺州的高峰期,这也是各姓族谱的总体反映。这种人员流动其实是一个悖论,战争之地的百姓在逃亡,外地百姓在进入,历史就这样辩证地发展着,我们只能接受事实。

3. 追求幸福的生活向往

人口就是财富,即是权力,因此历代统治者都倾向于严格控制百姓流动,不准自由迁徙。特别是在编户齐民政策实施之后,更是在户籍管理上实现了制度约束,百姓不能自由流动了。但是,人民群众向往美好

---

① 唐晓涛.唐代贬官谪桂问题初探[J].广西民族研究,2004(2).

生活的愿望是任何势力也阻挡不了的，即使在严格控制自由迁徙的政策之下，依然存在百姓自主追求而非被迫迁徙的现象。这种自主追求，大体有着以下几种情形。一是在人多地少的窄乡，自感谋生困难，自谋出路到宽乡谋取幸福生活。二是出外经商谋到良好的经营环境，于是定居于彼寻求更大更好的发展。三是异地宦游谢官退养，自主选择留驻此地，于是他乡变故乡，开展崭新生活。不管哪种情形，都不是外力强迫，而是自主选择，这也是贺州本地人的一个来源。

第四节　客家人入贺谋生

贺州现有的客家人祖籍在粤、闽、赣客家地区，以客家方言为母语，贺州大部分客家人是从广东迁入的，只有少数来自江西、湖南和福建。

一、贺州客家迁入潮

客家人大批迁入之前，这里主要居住着瑶民和操土白话后来被称作本地人的族群，大批客家人迁入贺州落户始于清代初年。客家人极其重视族谱，他们用谱牒崇先报本，启裕后昆。据梅州刘、陈、罗、王、宋、刁、朱、何、徐、凌、汤、曾、杨及五华缪、魏姓氏的族谱记载，这些姓氏在明末清初都陆续有人从广东迁入广西。贺州客家人主要来自广东梅县、五华、揭阳、揭西、大埔、河源、惠阳、平远、翁源、龙川、兴宁、蕉岭、肇庆等地。

客家人进入贺州各地的高峰期在康熙至道光的 170 多年间，从广东、湖南、江西迁来，是客家人迁入广西的高潮时期。

二、客家人迁入贺州的原因

贺州客家人大部分从广东迁入，只有少数来自江西、湖南及福建。明末以前迁来的客家人由于人数不多，与当地先至汉族融合，成为本地人的民系族群的一部分，年长日久，已不再保持自己的语言和文化习俗。当今贺州市的客家人为明朝末年以后迁徙而来，主要来自广东梅县、五华、揭阳、揭西、大埔、河源、惠阳、平远、翁源、龙川、兴宁、蕉岭、肇庆等地。客家人迁入贺州的原因大致可分为几种情形。

（一）避难西迁

民之所系，安居乐业。如果有着一个良好的社会生态环境，那么民众是倾向于安土不重迁的。事实上，客家人是安土，但不重迁，其中的一个重要原因就是一个良好的社会生态环境受到破坏，不得不迁徙，以谋求生存之道，也就是避难求生存。

客家形成过程中的几次历史性大迁徙，其背后的根本原因就是为了躲避战乱，于是不断往南方迁徙。东晋"五胡乱华"时期，一部分中原居民为了避难辗转迁入闽粤赣边区。唐中期安史之乱，唐末黄巢起义时期，也迫使大量中原汉人南逃，于是又有大批中原汉人逃入闽粤赣区。金人入侵，建炎南渡，一部分官吏士民流徙太湖流域。另一部分士民或南渡大庾岭，入南雄、始兴、韶州；或沿洪、吉、虔州，而后由虔州入汀州，或滞留赣南各县。南宋末年，元军大举南下，又有大量江浙及江西宋民，从蒲田逃亡广东沿海潮汕至海南岛。19世纪中叶太平天国时期，为避战乱，也有一部分广东客家人迁徙到广西，其中就有定居贺州的。

当然，直接影响客家人避难西迁进入贺州的原因，还是发生在咸丰、同治年间的长达十二年的广东"土客械斗"事件。它既有官方的强迫安置迁徙，也有民众个人的避难行为。

（二）开垦务农

清代，由于民族矛盾的激化，加上客家人内部人口的繁衍，生存空间狭小，生活困难。许多客家人从广东东部、西部、湖南，还有一小部分从江西南部和福建西部迁入贺州。

据张逊合编写的《广西贺州沙田冷水冲清河源流世谱》（1995年）记载：长宽公携家眷初到贺县时，先到大冲居住，感到大冲有食场而无住场，即迁冷水冲定居。长宽公胸怀大志，带领儿孙男耕女织，辛勤劳动，艰苦创业，勤俭持家。随着逐步积累资金，遂购置大冲、冷水冲大片山场、田地，建筑房舍，安居乐业，为后裔子孙兴家立业打下了坚实的物质基础。与许多客家人一样，张长宽治家尊老爱幼，和睦乡里，尊敬长辈，孝敬双亲，笃厚宗族，训诲乡里，平等待人，这是长宽公的平生美德。从湖南迁居广西前，与兄弟相商，接79岁高龄的父亲到冷水冲安度晚年。又于清嘉庆二十一年丙子（1816年）十月，取得兄弟叔侄同意，将祖母卓氏骨骸背来广西，移葬至沙田六郎冲。对于子孙严加教诲，秀者遣其勤读，朴者遣其务农，从不姑息放纵，引走正道，纯作良民。同乡共井，和睦友好，乡里亲朋，平等相待，安分守己，以德为先，性情和蔼，相处融洽。

厚田苏姓开基始祖苏日旺，于嘉庆年间由广东河婆迁到莲塘厚田（后园）。初来时替地主做工，天未亮就出门，天黑很久才回主人家。历时两个月还不知主人的房子是向东还是向西，披星戴月，艰苦异常。日旺夫妇有五个儿子，后有一子迁至白花居住。

光绪中期，广东河源人黄恒钦以居住地地少人多，谋生不易，遂与乡邻邹某联袂入桂，至灵凤佃田而耕。与此同时，广东连滩蔡冯元、冯昌、冯模、冯畎兄弟四人，亦至灵凤建居落户。

贺州沙田李氏，原居福建汀州府宁化县石壁村，后迁嘉应州雁洋，后又分迁河源、揭阳、惠州三派，其中一支在咸丰年间"自粤东潮州揭阳县博背里至广西贺县公会石塔圩石排居住，后又迁居沙田宝通山立宅创业鸿基"。[①]

（三）经商定居

薛仁辅次子玉的十四世孙和盛约在1820年，正值清代道光、咸丰年间广东商人开始开发八步的时候，他积累资本，到芳林的时候雇船从广州运来用麻石凿好的石门槛，准备在此定居。薛和盛入迁贺州芳林，就是以投资开发者的方式迁入的。当时的芳林，临江南岸现今上薛屋处，原住有一家本地人胡某，其老屋迹及后园园地至今可见。东有曾家，西有杨俊元家，西南远处有黄家（后一部分移居粪箕窝），人烟稀少。和盛探明胡家孤身一人，即在此落脚。当时恰逢杨家衰败，而和盛正欲广置田地，乃买尽老糖寮到鸬鹚屋，南至邓光隆处（多为胡家和杨家产业）田产，在胡家不远处建房。1842年芳林榕树头建关帝庙，和盛与罗秀昌、魏庆发、叶汝才等四人担任总理（关帝庙至今还在，刻有"和盛捐钱32200文"）。和盛有儿子3人，孙子8人，后人约100人。他的长儿承昆诚实务农，未理商贾。幼子承昌，又名亚秀，因大话连篇，人称"大话秀"，因是满仔，自小被宠爱过度，极为虚荣，兄弟成家不久便分了家。

---

① 沙田镇，《陇西世代族谱》，平桂管理区沙田镇李谋浪藏。

亚秀常出入八步新开市场,不务正当商业,成天在米亭脚大河边与八步商家弟子比谁有钱,看谁的大花边能抄水撇过对河。在别人的唆使鼓弄下,不知天高地厚,竟一个人与八步一帮人争雄,天天在河边打尽一袋"光洋",把家当全败下来。据《芳林社仓成立碑记》所刻,至清光绪十九年,承昆捐谷100斤,承昌捐谷50斤,而君祥之孙却捐谷1200斤。

昭平境内的魏姓客家人,清代乾隆年间,其祖先魏天英为经商小贩,清代乾隆年间从粤东潮州府翁源县多次往返于桂,最后定居于当时的平乐府昭平县马江里第六堡八石岛村(现富罗乡思乐村),其后裔逐步徙居北陀乡的善政,樟木林的三江、潮江,贺县的公会以至桂、柳、川、台等地。其后裔今在昭平境内的有1500余人。

里松云开公支系:云开公在清朝嘉庆年间,从广东蕉岭高思乡到广西贺县里松创办纸厂,从事造纸业,公创业有方,善于经营,后兄弟两人在益智成家。

里松龙湾寨汤姓淮元公,于同治初年由广东省嘉应蕉岭高思乡单身来到贺县里松圩,与造纸师傅同宗亚保合伙经营酒米油盐杂货商店。因老家曾氏孺人病逝,在此续娶象肚寨自得居李氏孺人,生五子。三子高贤幼故,公于光绪十三年六月十八日病逝,享年六十岁。公性忠诚老实,农商兼营,勤劳罔解,故能以赤手空拳创家立业,在龙湾建住宅一座,以后其子四贤同心繁衍昌盛。

(四)官游定居

富川刁氏,祖居福建汀州宁化县石壁村葛藤坪。元代,始迁广东潮州揭阳县蓝田村第八图小迳屯。明洪武三年十一月十六日,再迁海阳县丰政大椹村。越二世,刁朝鲜由海阳迁惠州府兴宁县南厢刁坊堡洋岭侧。由朝鲜数传至宗颜,由干员优行出身,为广西平乐府富川县知县,留居广西,为广西刁氏之祖。

明代到弘治年间(1488—1505年),李世祥出任广西苍梧教谕,其子李淇、李恺随任,后入平乐籍。

客家先民为何在明清时期大量迁入贺州?存在显性的和隐性的原因,年饥、兵灾或土客械斗,只是显性的原因;封建生产方式的基本矛盾,即生产的个体小农生产性质和封建土地所有制的矛盾是根本的隐性的原因。

从显性的原因来看,明末清初,民族矛盾、阶级矛盾十分尖锐。清朝入主中原,汉族抗清战争在江南坚持了几十年。广西贺州地处僻远,因躲避兵难和谋生计,开始有客家人迁入。尔后,因居广东的客家人口剧增,田地难以满足生活,更兼当时广西地广人稀,当局向省外招人垦荒置田,促使广东客家人大量西迁广西,拓荒垦地。咸丰、同治年间,广东肇庆的开平、恩平、阳春、鹤山等地发生了长达12年的"土客械斗",客家人或被逐或被官府遣送入桂者以数十万计。几乎同时,粤北、粤东地区也发生了土客宗族械斗,又有大批的客家人迁入贺州。至同治五年,清皇帝谕在广东的瑞麟、蒋益澧处理"土客相争"事件,对广东肇庆的大批客家人"给赀遣散",分赴高、廉、雷、琼及广西的贺、容、贵等县,此时是迁入桂东地区贺县的客家人的又一次高潮,致贺州成为当今广西客家人主要聚居地之一。

从隐性的原因来看,生产上的个体小农生产性质和封建土地所有制的矛盾是其最根本的原因,其表现为人口的增长和土地相对减少,农业人口的相对过剩。在当时的生产力条件下,许多客家人难以谋生,特别是客家人口高度集中的嘉应地区,人多地稀,人们只能四处寻求生计。正如贺州平桂管理区芳林黄姓《应昌祠遗碑志》所言:"我父壬申生,母蓝氏,岁亦同庚,生我兄弟四人,顾后鞠育之恩,愧无以报。予居长,曰兴财,弟兴忠、兴洪,俱成家室。时父命飨食,家中清淡。幸值年富力强,遂有游心乐志迁居。每见故乡人稠地窄,非子孙久远之谋,故常托业贸易,遍历江西、湖广、四川等处,多不如意。适闻粤西土旷人稀,风淳俗厚,即于乾隆年间携妻诣广西平乐府贺县芳林乡,获乎安身之所。"不论是咸丰、同治年间,广东肇庆的开平、恩平、阳春、鹤山等地发生的长达十二年的土客械斗事件,还是粤北、粤东地区也几乎同时发生的土客宗族械斗,其根本的原因都是人口大量增长和土地相对减少的矛盾引起的。

原来,广东的土人和客家人都由中原迁来,只因迁来的时间有先有后,先入为主,后至为客,故有土客之分。自雍正年间,惠州、潮州客家人迁到新宁、开平垦殖以后,土人与客家人和平相处,达百余年之久。客家人刚到之时,是租耕土人地主的土地,后来因为客家人勤劳而善于经营,由租耕转为收买,引起土人不满,直接影响了土人中地主阶级的利益。土方地主为了维护自己的利益,进一步霸占客家人的村居和田产,就煽动土人"逐客"。因此,在咸丰五年,土客械斗迅速发展到开平、恩平、高明;六年,又波及新宁。《赤溪县志》附录的同治四年六月,总督瑞麟和巡按郭嵩焘给皇帝的奏折上说:"土民驱逐客民起于开平谭三才,各县从而效尤,大都拦截其辎重,占据其田产,因以为利。"所以,《何氏族谱·文济公世系》则言:"至嘉庆末年,人情大变,官寝民陷横逆之弊,愈来愈奇,强恶之风,日加日甚,以强欺弱,大姓欺小姓,动称斗杀,互相争斗,凭空嫁祸,无事生端,手段恶毒,遭大姓所害,数不胜数。余父桢公自思寨中叔侄兄弟不过百人,微也孤也,怎能与大姓巨族共处?故于道光四年甲子之秋,余父单身来到贺县观看,土沃人稀,风俗醇厚,王法条条,堪称仁里,便于乙酉年正月初六洁家起程。殊余兄锡尔取蔡家之女,兄嫂强留不已,尔兄多留一年,至丙戌2月与伯父宠漳并祖佑公同来。"① 客家人入迁贺州有被动迁移,也有主动迁移。

三、贺州客家人迁入路线

贺州客家人来自广东、湖南、江西、福建,迁入贺州可以通过以下交通进入或在贺州内部迁移。陆路有三条:

一是从粤东、赣南、闽西经粤北连县、连山经鹰扬关一带古道进入贺州。桂岭镇张姓客家人,有7000余人,是当地较大的一支客家人,其开基始祖于清乾隆年间从广东五华迁来桂岭,后至咸丰年间又有一支从五华迁入。桂岭张姓客家人分布在桂岭镇的进民、梅江、梅桂、金山、双凤、莲花、均洞、瑞山等村,除张姓一支外,桂岭还有郑、王、黄、马、罗等数支人数较多的客家人。这些客家人的先祖就是从这条古道进入贺州的。

二是从湖南南部经江华由潇贺古道或桂岭古道进入贺州。据张逊合编写的《广西贺州沙田冷水冲清河源流世谱》记载:长宽公于清嘉庆九年甲子(1804年)41岁时扶老携幼,从湖南浏阳二都洞木冲移居广西贺县沙田冷水冲,不远千里,艰辛跋涉,步行而至。行程路线是:桐木冲、铁屎岭、永兴街、浏阳县城、七厘亭、光星塘、林坪、两江口、六口、诸林、恭林、御山、恒州、丝堂、归阳、白水、一马门、祁阳、森自山、连青塘、永州、双桃、山屯寨、道州、不经水、连打塘、江华、五里亭、便塘、冲口、大坪、钓爪山、观音角、桃鱼、山口、大西山、西头山、无罗口、江宅、黎头山、七槁、望高、立头街、黄田、芳林、沙田、冷水冲。由此看来张长宽一家就是经由潇贺古道进入贺州的。

三是从粤西经怀集、封开进入铺门信都,后经由信都贺街古道进入

---

① 揭阳市何氏宗亲会编.何氏族谱·文济公世系[M].内部资料,1995:68.

贺州腹地。1819年,贺州莲塘黄姓开基祖黄威和与夫人马氏,留下老三前香在家,夫妇两人拖着四个儿子,跋山涉水,历尽艰辛,从广东顺丰循洋大溪步行到贺州。

水路有两条:

一是经由西江、贺江进入贺州八步盆地。黄兴财于清乾隆二十四年(1759年),因人稠地窄、生活困难由广东兴宁福头角中堡迁来,为芳林黄氏开基祖。黄兴财跟随广东盐商的木船从西江往贺江上驶,到达石子岗大路下,因船搁浅,便上岸休息,觉得此地山环水绕,风光秀丽,流连不忍离去,兴财便留下替主家当长工。他为人老实勤劳肯干,主人欢心,日后便在萝卜滩曾屋,盖间小屋,回兴宁接家眷前来定居。

另一条水路是由西江沿桂江进入昭平,再由昭平古道进入沙田公会古道,随即进入贺州腹地。道光三年(1823年),广东河婆人谢士月因受乡邻巨族欺压,难于安居,乃携家眷五人,步行月余,至贺县公会定居。道光十四年(1834年),其弟月明也难安乡里,携眷属多人经香港溯西江、抚河入昭平县石笋村暂居,旋迁贺县新农乡新田村居住。

多元：族群文化各放异彩

　　前文已经提及，贺州是一个多民族多族群杂居的地区，他们之间最大的特征是保持各自族群特性的和睦共处，多次得到国家表彰，是民族团结模范县区。虽然主体民族只有三个，即汉族、瑶族和壮族，但其他少数民族也为数不少，诸如苗族、侗族等，族群则更多，整个地区族群多达二十来个。由此，语言也丰富多彩，每个族群都有自己的方言，贺州拥有二十余种方言，是著名的活态语言博物馆。可以想见，基于族群的乡土文化该有多么丰富多彩，确实值得深入研究与挖掘。贺州地区的族群文化，确实具有"各美其美，美美与共"的特征。

第一节　本地人为善包容

　　人是社会性动物，社会性就意味着人不能脱离群体独自生存，必须在一个相互扶持的群体内生活，于是聚落的居住方式成为必然的选择。自从夏朝建立以来，就形成了世袭的政治制度，因此家族观念不仅是生存策略，还是政治延伸，以祖先崇拜介入百姓日常生活，也成为聚落之聚的重要取向。由此可以推测，最初的聚落大体倾向于同宗同族聚居，其后可能拓展至具有亲缘关系的利益攸关方，再后来可能进一步拓展至没有亲缘关系但友好亲善的朋友圈。因此,从姓氏层面直观,那就是从单一姓氏聚落向多姓氏聚落转变,从部落向社区转化,这应当是聚落发展的基本潮流。

一、多姓氏聚落成常态

传统社会,族群倾向聚族而居,于是形成宗族群。"宗族群是某些有血缘关系的家庭组成的一种社会群体。这类群体,在旧中国乡村中曾极为普遍,而在今日虽未绝迹,但已不很普遍了。"[①] "属于宗族群的群体的家庭,必须是同一祖宗的后代,并且在思想上明确承认这一点并在行动上坚持同宗同姓。不过,仅仅这样它们还不能形成一个群体,要形成一种群体还必须借助于一定的地域联系。在乡村社会中,这种联系主要是住在同一村庄。在我国北方的许多村庄,村名往往就是一种姓氏,如'张家村''王家村'。这类村有许多只住有同一宗姓的人,他们便构成一个大的宗族群体,从而使宗族群体与村落群体完全重合。"[②] 这种情形在贺州也同样存在,它同样可以于现在的一些村名中得到某种确证。

单一姓氏村落的命名,至少说明他们在入迁贺州定居之时,应该是单一姓氏建村立寨,以宗亲家族的形式建立自己的生存空间,虽然现在有些村落已经不是单一姓氏,但也说明他们在入迁的征程中,大体上是以宗亲家族的形式迁徙,具有某种意义的自觉性,不是完全无序地迁徙,否则难以表现出如此特性。假如完全是基于战乱,一窝蜂式裹挟逃难,那应当是不分民族、不分族群、不分宗亲姓氏,完全杂乱地迁徙,于是在拟停留定居之地时也倾向在一起生活,由此形成多姓氏建村现象。当然,即使是逃避战乱一起迁徙,也肯定存在一路留居的现象,一起留居者应当具有相应的信任关系,而同一家族共同留居的可能性最大,这也可以形成单一姓氏建村立寨的情况。在从容迁徙自由选择定居点的情况下,于传统农耕之宗亲社会,单一姓氏的宗亲家族携手寻找更为适合的生存场所,由此建村立寨的可能性更大,因此我们可以大体推断,这些单一姓氏村落的祖先,其于迁徙之初应该是一种自觉行为,被迫入迁的可能性不大。因为,总体而言,历史上南方战事较少,

---

① 袁亚愚.乡村社会学 [M].成都:四川大学出版社,1990:119.

② 袁亚愚.乡村社会学 [M].成都:四川大学出版社,1990:120.

民族战争不多而且不激烈,只有一些农民起义,不似北方民族战争频繁且惨烈,因此可以相对依据自身意愿迁徙,目的在于获取更加美好的生活。

那么,是否不以姓名命名的聚落其最初就不是单一姓氏居住呢?肯定不能如此界定,因为从一般逻辑推论,最初定居时无疑应该是单一姓氏居多,虽然不能否认多姓氏共居。即以现在的居住状况看,还有一些虽然不是以姓氏命名,但依然是单一姓氏村庄。如贺州市桂岭镇双凤行政村,共 13 个自然村,以姓氏命名的有 4 个(张屋、黄家、王屋、巫家),非姓氏命名但目前为单一姓氏居住的自然村有 4 个,即朴安寨于姓、四方营于姓、涩塘寨于姓、新安寨严姓,总共 8 个单一姓氏居住的村落,由此看来,单一姓氏村庄在原来的基础上还可以增加五六成。按照这个算法,贺街镇单一姓氏聚落约 40 个,大宁镇单一姓氏聚落约 15 个,桂岭镇单一姓氏聚落约 50 个。然而,随着历史的发展,原本单一姓氏聚落也可能渗入其他姓氏,成为多姓氏共居的聚落,这种情况也是普遍存在的。

二、语言是多方言共习

维特根斯坦说:"语言的界限就是世界的界限,对语言的驱使有多大,世界就有多大。语言不是工具,而是我们的存在方式。"[1] 因此,语言就是一个族群的边界,一个族群母语消失,就相当于族群界限的消失,就是与自己的文化历史切割,使自己成为无根之人,就是将自己融入其他族群,消弭自己的族群身份,使自己成为对方的一员。语言是我们的存在方式,一种语言一个存在方式,不同语言提供不同的存在方式,因此共习多种方言就可以获取各自不同的存在方式,可以深入基于这种语言的文化底层,实现文化之间的融通。

(一)贺州是方言博物馆

贺州地处湘粤桂三省区交界处,自从汉武帝元鼎六年(公元前 111 年)置临贺县起,历代统治者都在贺州辖域内设置一些郡县,作为统治岭南地区的重要郡所。岭南地区长期以来都是实行土司统治,直到清朝中叶才最终实现流官制度,但是贺州市区域内的相关郡县其实都是流

---

① [英]维特根斯坦.逻辑哲学论[M].北京:商务印书馆,1962:79.

官治理，因此加大了这里随着流官转任的人员流动。更为重要的是，自从潇贺古道开通以来，直到现代公路的全面兴起，其作用并没有完全停止，一直以来发挥着相应时代应有的功能，虽然能量有所不同，但毕竟发挥着作用。由此以来，贺州也成为南岭民族走廊的重要组成部分，湘漓、潇贺等多条古道贯穿其中，商旅骚客、戍边士卒、北方移民等或穿越而过，或停驻其间，形成原有百越民族、南下瑶族以及其他少数民族和汉族的多民族杂居之地。不同的民族或族群带来了各自的方言，并与在这块土地上原有的百越语言碰撞交融，逐步形成了种种新的方言，成为现代中国著名的语言活态博物馆。

地级贺州市现有三县两区，即八步区、平桂区、钟山县、昭平县和富川瑶族自治县，八步区的全部与平桂区的大部（除望高镇、羊头镇和西湾镇外）都属于2002年以前的县级贺州市（即贺县）。因为八步区和平桂区尚未出版自有县志，因此以原有的4县的县志为证，列举其中县境内的语言状况。据专家考察，"本地话、土白话、六州声、钟山话、富川梧州话、铺门话，是在贺州这片土地上形成并发展传承的最古老的语言，它们都属粤语勾漏片，总人口超过110万人，是贺州语言传奇的主要篇章"。① 具体到各县，县志有所记载："贺县在秦汉时代就有中原汉族徙人。宋以后各个朝代，尤其明清两朝，有不少人群或因征戍，或因兵祸，或因逃荒，从江浙、湘赣、闽粤和桂西等地陆续徙人，使贺县成为多语言、多方言的县份。除汉语外，还有壮语、瑶语；汉语则有本地话、客家话、铺门话、官话、九都话、坝佬话、鸬鹚话、开建话、怀集话等方言。"② "富川境内通行的方言有汉语、瑶语方言。汉语方言，按自称分，有富阳话、民家话、七都话、八都话、九都话、梧州话、客家话、保庆话；瑶话方言，自称'勉'话。"③ "昭平县流行汉语，其中又分为土白话、官话、客家话、广东话、阳山话、船家话等多种方言。此外还有壮语和瑶语。"④ "钟山县的流行语言有汉语、壮语、瑶语。汉语分为钟山话、官话、

① 邓玉荣.贺州语言传奇[A].邱有源，胡庆生.鲜为人知的贺州[C].南宁：广西人民出版社，2012：162.
② 贺州市地方志编纂委员会.贺州市志（县级）[M].南宁：广西人民出版社，2001：945.
③ 富川瑶族自治县县志编纂委员会.富川瑶族自治县志[M].南宁：广西人民出版社，1993：456.
④ 昭平县志编纂委员会.昭平县志[M].南宁：广西人民出版社，1992：520.

普通话、客家话和白话。"① 从 4 个县志中汇集的语言有壮语、瑶语,汉语有本地话、客家话、铺门话、官话、坝佬话、鸬鹚话、开建话、怀集话、富阳话、民家话、七都话、八都话、九都话、梧州话、保庆话、土白话、广东话、阳山话、船家话、钟山话和白话 21 种方言,确实不愧是方言博物馆。贺州学院还据此建成了我国第一个实体语言博物馆,博物馆藏品以音像为主,兼顾与语言相关的实物,自 2016 年建成开馆以来,直至 2019 年已经搜集整理各类音像资料 10 万份、文字资料 800 万字。据邓玉荣教授团队调查,全国十大汉语方言中的六种在贺州都有分布,保存有各种名称的汉语方言土话近 30 种。

(二)能操多种方言

在贺州这样一个语言环境下,贺州人大体不能只会一种方言,否则难以交际,对此,各个县志也有记载。贺县"不论是乡镇还是县城,以至家庭,92% 以上都有以一种语言或方言为主,兼用多种方言的现象"。② 富川县"由于民族的长期杂居,社会交际和文化、教育的需要,汉族方言的富阳话已成为富川境内各族人民社会交际的主要语言。操汉族和瑶语方言的瑶汉同胞,大多能听懂或使用富阳话进行语言交流"。③ 昭平县则"操本地方言和讲壮语、瑶语的少数民族,大都能听懂或能讲普通话"。④ 钟山县"通用的交际语言首先是钟山话,其次是官话,最后是普通话"。⑤ 虽然各县志描述的详略有所不同,侧重点也有差异,但都传达了一个共同的信息,那就是除母语外,还能够至少操持一种其他语言。在现代社会,通行的交际语言为普通话,而在此之前,官方通行语言是桂柳官话。在桂柳官话之外,各县通行语言各有差异,贺县主要是本地话、客家话和白话,但具体到乡镇又有不同倾向。富川瑶族自治县通行富阳话,昭平县通行土白话和客家话,钟山县通行钟山话,各自具体到乡镇,其乡镇主体语言不同,通行语言都会有所差异。在四个县中,贺县方言最为复杂,种类也最多,各乡镇通行语言差异也最大,因此除母语

① 钟山县志编纂委员会.钟山县志[M].南宁:广西人民出版社,1995:685.
② 贺州市地方志编纂委员会编.贺州市志(县级)[M].南宁:广西人民出版社,2001:945.
③ 富川瑶族自治县县志编纂委员会.富川瑶族自治县志[M].南宁:广西人民出版社,1993:456.
④ 昭平县志编纂委员会.昭平县志[M].南宁:广西人民出版社,1992:520.
⑤ 钟山县志编纂委员会.钟山县志[M].南宁:广西人民出版社,1995:685.

外,习得其他方言的人口数量也最多,超过其他县的比例。

贺州虽然方言众多,但是一些方言的使用人数较少,一些方言已经成为语言孤岛。鸬鹚话就是这样一个方言孤岛,整个贺州市还能讲鸬鹚话的人数约 500 人,集中的村落只有贺县八步镇厦良村的鸬鹚屋寨近 400 人,钟山县城只有 1 户人家会讲鸬鹚话,莲塘镇古柏村极少部分人讲鸬鹚话,信都镇圩镇和乡村的少数人以前讲鸬鹚话,贺街镇长利村大洲尾寨以前讲鸬鹚话,这说明鸬鹚话正在消失。像这样极少人口的族群,他们如果只讲自己的母语,就无法进入主流社会,甚至是寸步难行,因此迫于生存的压力与需要,他们一定要习得主流语言,学会讲本地话、客家话或钟山话,因此成为多种方言习得者。类似的现象,在贺州不是少数,因此习得多种方言具有普遍性。

徐杰舜先生通过田野调查认为:"一般客家人除说客家话外,顶多会说贺县的普通话,即桂柳话,而且平常也不太说,客家人一般都不学其他语言,什么广东白话、鸬鹚话、都话、梧州土话,他们都不会。其他族群的人从来也不计较这一点。他们都学习客家话。在与客家人交往中就都用客家话与其交流。"[1] 这种现象与文化程度无关,"客籍文化知识人也是如此,据调查贺州学院、贺州市高级中学、贺州市第二高级中学与贺州市实验中学共 50 人,他们在自己客家人的圈子,就讲客家话,回到家乡也只讲客家话"。[2] 这充分说明,客家人对于客家话的偏好,已经不是一个简单的语言习惯问题,而是根植于文化深层的思想问题,从而使得即使已经习得其他语言,只要条件许可,不管什么文化层次的客家人,都习惯性地运用客家话进行交流。这种偏好不能简单地肯定与否定,因为任何事物都具有两面性,我们这里只是对应着本地人的语言包容进行剖析,说明本地人在语言方面持更加开放的态度,展现出了一种雍容大度的气概。

(三)方言共习体现境界

语言是界线,以不同语言划分界线,相应形成不同的族群。母语是原本的语言,跨越母语习得其他方言,就是跨越语言界线,突破文化界线进入他族文化范畴,开始体现一种文化融合。能够主动打开语言界

---

[1] 徐杰舜等.从磨合到整合——贺州族群关系研究[M].南宁:广西民族出版社,2001:150.

[2] 韦祖庆,杨保雄.贺州客家[M].桂林:广西师范大学,2010:119.

线,勇于接纳其他语言,不仅具有敞开自我生存方式的胸怀,而且还有悦纳他者生存方式的雅量,确实体现了一种生存境界,表现出一种和而不同的哲学思想。

各美其美。人们常说,美不美,乡中水,谁都热爱自己的家乡,也同样热爱自己的语言,因此都会于内心赞美欣赏自己的语言。作为一个地方的通行语言,更能够引发母语的自豪感,因为强势语言传达的是族群在地缘政治中的优越地位。在原来的贺县,本地话、白话和客家话是最具通行力的语言,通过语言可以展示族群的地方势力,个体也可以凭借语言获得一种力量,别人就不会轻易地欺负你。如果一个人操持少数民族语言,诸如瑶话,那别人就知道你是瑶人,由于瑶族的历史地位,就很容易引发别人的轻视与欺凌,这是语言带来的副作用。但是,这些少数族群的语言并没有消失,甚至已经变成方言孤岛,却依然顽强地存活,由此可以看出,他们对于自己的语言还是有着内心的坚守,依然认为它是一种美好的语言。对自己母语的钟爱,是各自母语能够保存发展的基础因素,各美其美,才能维持贺州语言的多样性,才最终成就这里的语言博物馆。

美人之美。钟爱自己的母语是基础,如果只是各美其美,那么会很容易走向狭隘,很容易对他者语言产生排斥,就不能形成一个丰富多彩的语言世界。在各美其美的基础上,我们还要学会美人之美,学会赞赏他者学习他者,如此才能创造一个更加美好的世界。正如教育部语言文字应用管理司原司长杨光在 2004 年国际世界语大会上的发言所说:"语言文化的平等是国家与民族平等的基石,与国家主权、民族尊严密切相关。另一方面,语言决定着媒体,决定着先入为主的话语权、阐释权和诉求权,语言中所包含的情感、态度和观念将形成人的文化基因和精神家园。"① 在国内虽然没有涉及国家话题,但语言平等确实也暗含着族群平等的内涵,能够自主地将自己的语言放置在与他者语言平等的地位,无疑体现了一种境界。在贺州,以本地话为母语者,即是如此,并不因为本地话是区域的通行语言,完全可以实现社会交际,就形成自大心理,就不学习其他族群的方言,也依然像非通行语言的族群那样共习其他族群的语言。讲白话的族群也是一样,并非只会白话,不懂其他方言,依然

① 杨光在 2004 年国际世界语大会上的发言《人类文明的目标与状态: 语言文化的平等与多样化》。

学习客家话、桂柳话、本地话等,能够与这些族群百姓进行交流。反观客家人,在这个方面表现有所不同,他们一般只讲自己的客家话,不学习其他族群的语言,因此在某种程度上,他们美人之美的思想有限。"在土客族群的互动中,许多人中只要有一个是客家人,为了就(迁就、依从的意思)他,大家都讲客家话。"[①]和美思想的基础是和善,首先认可且善待不同,这确实反映了一种思想境界,然后还要欣赏赞美差异,且在这种差异中展现风度,这更是一种大境界。应该说,本地人确实具有这样一种境界,并不因为自己是土著的"本地"之人,就排斥后来者,依然向后来者学习,且并不因为自己族群势力强大,就藐视弱小族群,在语言层面上欺负他们,反而是习得他们的语言,表现出一种极大的包容大度。

美美与共。贺州是一个活态的语言博物馆,现在依然流行着约30种不同方言,确实体现美美与共的美学境界。各美其美是容易的,因为这是自我欣赏。美人之美也不是很难,只要我们拥有鉴赏的眼光,就能够看到他者的美。相对而言,美美与共就比较困难,其难就在于与共,只要共处就可能看到审美状态没有发现的不足与缺陷,于是就形成非美现象。俗语说,"相见易得好,久处难为人",就是这个道理。共处因为过于亲密,处于亲密距离,不是审美距离,于是难以产生美感。距离产生美,于是就要求主体与对象之间必须间隔一定的距离,这是美之所以产生的必要条件。共处则消弭了相互之间的距离,不能产生必需的距离感,于是美也在亲密共处中消失。共处还是一种生活化,生活必定琐碎,琐碎就会破坏整体感,没有整体或通过想象填补获取的整体感,就难以产生美感,琐碎就是美感的腐蚀剂。正因为与共之难,才显得贺州作为活态语言博物馆的可贵,也体现出这里的族群能够共习方言,使之处于一种和谐共处的生活状态之难得,确实蕴含着一种美学境界。多种语言共处,个人共习多种方言,这在村庄聚落中是非常普遍的现象。活态的语言共生现象,打破了族群的界限,从而能够融入区域社会生态关系当中,也就奠定了和谐社会的生态基础。如果相互之间在显性的意识层面就拒绝学习与使用对方语言,都只是死守自己的语言,那么交流将很难发生,和谐的社会生态关系也将难以建立。如果说一个村庄聚落同时拥有多种语言没能理解,或者个人能够熟练使用多种方言也属正常,那么

---

① 徐杰舜等.从磨合到整合——贺州族群关系研究[M].南宁:广西民族出版社,2001:149.

一个家庭内部同时使用多种方言,则是一个奇迹了。在贺州,我们一样能够发现,"一家人也同时使用四五种方言,一人能讲四五种话也是很平常的事"。[①] 婆婆用一种语言问话,媳妇用另外一种方言回答,或者婆婆与丈夫讲一种话,丈夫与媳妇又讲另外一种话,既不妨碍交流,也不显得奇怪,完全是一种和睦共处的美好状态。这就是贺州家庭的一个缩影,也是本地人的共性,没有客家人的那种只讲客家话的执拗。从这个层面分析,贺州客家人主动学习和使用其他族群语言的人确实不多,且在意识层面具有某种排斥学习和使用其他语言的倾向。但是,以本地人为主体的土著族群则不同,确实能够在现实生活中做到美美与共,于是生成了和谐境界,这也是现代外来人进入贺州的共同感觉,既没有语言交流障碍,也没有任何排外的思想氛围。这种境界比较集中体现在本地人身上,在位处第一大族群的条件下,依然能够与其他族群方言共处,而且还能够俯身学习其他族群语言,并不计较所谓的老大地位,更显示与人为善的包容胸襟。

三、婚姻构筑文化纽带

家庭是社会的细胞,通过剖析家庭构成,能够洞悉族群文化。家庭的建构必须依赖婚姻,没有婚姻就没有家庭,因此剖析家庭可以婚姻为突破口。婚姻是两个家庭之间的重组,是两姓之间的联姻,也是两个族群之间的桥梁,因此婚姻就是一条文化纽带。透过这条纽带,能够有效地考察两个家庭之间的情况,也能够了解两姓之间的关系,还能够透析两个族群的文化交往。

其一,婚姻文化融合。婚姻是个人人生的重要转折点,标志着个体身份的转变,从父母羽翼下的孩子成为一个必须独立承担生活重担的成人,从一个单身的个体向组成的家庭转变,从被人抚养向抚养他人转变,因此必然形成婚姻文化。这种文化在民间主要表现为婚姻仪式,从开始相识到正式结婚的一整套流程,每个流程节点之所以有着如此安排,都不是无意而为,而是蕴含一定意义的有意行为。贺州拥有众多民族或族群,包括 30 种左右的方言,操持一种方言的族群都有自己独特的婚姻文化,都不完全等同任何一个族群,因此呈现"十里不同风,百里不

---

① 邱有源,胡庆生.鲜为人知的贺州[M].南宁:广西人民出版社,2012:162.

同俗"的独特景观。婚姻是两个姓氏或族群之间的联姻,因此必然包含着婚姻文化的融合,且在这个融合中实现两个家庭或族群的和谐共生。这种融合主要体现在三个层次,一是门当户对,二是生命意象,三是和睦亲友。

门当户对。婚姻既是两个青年男女的事情,又不单纯是他们的事情,其关联着两个家庭,甚至两个家族或族群,因此传统婚姻历来讲究门当户对。在过去,贺州百姓也受到传统思想的影响,一些民族或族群之间不允许通婚,例如汉族不与瑶族通婚,所谓"鸡鸭不同笼",同是汉族的本地人与客家人也不通婚,所谓"黄牛不和水牛伴,客家不嫁本地人",因此长期以来都是盛行族内婚。这是门当户对的一层意思,族群之间一定是友好和睦,原本存在矛盾的族群原则上不允许通婚。门当户对的另外一层意思就是族内婚,男女双方也要在政治经济等各个方面相对一致,不能差距太大,否则就会影响婚后生活。这在仪式上就是看屋程序,实际上是女方到男方家庭进行实地考察,查看是否真正的门当户对,双方是否在一个层次上。当然,这个门当户对一般而言男方要稍高于女方要求,至少是不能低于女方家庭,才有可能联姻成功,如果男方政治经济地位远低于女方,那么就很难成功。门当户对表面上集中在经济层面,实际上属于政治问题,即是婚后话语权问题,如果男方过于强大,女方婚后将没有话语权,如果男女双方大体相当,则女方婚后可能会获得与男方大体相当的话语权,如果女方过于弱小,则婚后女方将很难获得话语权。这就不仅是青年男女双方的事情,也是两个家庭的现实,关系到两户亲家的未来交往价值取向。

由于统治者长期以来的宣传,特别是族群之间因为生存空间产生潜在竞争,导致门当户对更多排斥族外婚,这是各个族群的历史常态。但是,基于排外的族内婚具体到各个族群又有所不同,"广西瑶族将同姓不婚视为婚姻缔结的前提之一,要求禁止在同一家族内嫁娶,也不愿意与汉壮等民族发生婚姻关系。瑶族的《过山榜》中严禁与外民族通婚,瑶民曾以'鸭不配鸡'为由回答瑶汉为什么不能通婚。过去在广西,几乎全部瑶系都恪守这些原则。凡违反这些原则的将为舆论所不容,也将受到过去的宗法族规的惩罚"。[①] 土瑶也遵循瑶族通行规则,不与汉人、

---

① 钱宗范,梁颖.广西各民族宗法缺席研究[M].桂林:广西师范大学出版社,1997:321.

壮人通婚,甚至也不与瑶族其他支系,如过山瑶、盘瑶、平地瑶等通婚,只在土瑶社区内通婚。因为"在土瑶人心目中他们与汉人差不多,称呼他们和汉人为'干',意为'外人'。有时也称他们为'归代'意思是'漂洋过海的人'。在他们的潜意识中,周邻山寨的过山瑶与他们来自不同的地方。基于这样的群体记忆,无论在文化上还是心理上这两个姊妹支系都互不认同,他们一般分寨而居,互不通婚。除鹅塘镇大明村的双头尾是过山瑶和土瑶混居的山寨外,其余的土瑶山寨几乎是清一色的土瑶聚居点"。①

然而,一些族群并非因为种族繁衍危机实施族内婚,而是因为文化价值取向使然,例如贺州客家人即是如此。这种婚姻文化价值取向虽然不能简单界定是非,也是历史使然,但显然不能与土瑶、苗族等人数极少的族群相提并论,更多表现为文化内敛。在语言上,"宁卖祖宗田,不忘祖宗言",在婚姻上,"黄牛不和水牛伴,客家不嫁本地人",都表现为主动限制。本地人就不是这样,虽然也主张族内婚,但是并不形成谚语,也没有严厉的惩罚措施,不像客家人那样将本家男女浸猪笼淹死,也就是说外化不明显,内化有松动,具有良好的包容基因。于是,历史上虽然族内婚为常态,但也不时出现族外婚的现象,形成一定的婚姻交流。中华人民共和国成立后,在社会氛围稍微松动的前提下,特别是改革开放以后,各个族群的族外婚也逐渐变得寻常,包括瑶族及客家人,表现为族群之间的文化交融,创造了一个和谐的社会氛围。

复杂的族际之间通婚的关系,实际上就构筑了一个基于亲缘一体化的族群关系网,确实体现了婚姻作为文化平台的作用。本地人与客家人原本几乎不通婚的两个族群,不仅出现了通婚现象,而且年龄越轻族外婚比例越高,这就有力地说明了婚姻能够化解族群矛盾。"在贺州的汉族族群中,客家人是最晚迁入贺州的一支汉族族群,在旧社会土客之争一直不休,客家人一直不愿学本地话和都话。但是,中华人民共和国成立后,在族群互动的磨合中,客家女却大量外嫁到本地人和都人家中做媳妇,如此频繁的婚姻互动,在家国一体的政治体制中,使婚姻成为族群关系的纽带,化解了一些非根本冲突的矛盾,有效地降低了族群对抗性矛盾冲突的发生概率。其实,之所以能够实现频繁的婚姻互动,根本原因还在于20世纪80年代改革开放以后,国家政策将百姓的注意力

---

① 袁同凯.走进竹篱教室[M].天津:天津人民出版社,2004:58.

都引向经济，在经济生活中相互接触逐渐增多，矛盾自然而然地得以化解，年轻人之间的情感自然而然地养成，相互通婚就顺理成章。

生命意象。婚姻的本质是什么，是生育，是繁衍家族，因此"不孝有三，无后为大"。正因为婚姻的生命繁衍平台性质，因此在整个婚姻仪式过程中，一定会有生命暗示，特别是在婚礼仪式上，都会通过各种生命意象揭示婚姻的本质。这主要从三个方面体现，即红色、鸡、跨火盆等。

首先是红色。我们知道，在传统婚俗上，男女新人一定是身着大红大紫的婚服，整个场面也是红色装饰，充分营造一片喜庆幸福热烈的气氛。为何红色具有如此象征意义，以至于在婚礼场合必须使用红色，这是历史文化积淀的缘故。在原始部落社会，主要的生产方式是采集与狩猎，采集果蔬类食材用于果腹，狩猎捕获动物提供肉类营养。但是，由于原始工具简陋，捕获猎物还是相当困难的，只有猎物受伤流血，才能确定捕猎成功，才能确认当天食物有保证，因此猎物流血的红色标志着物质生产成功，能够带给人们生产的希望，值得庆祝，于是红色也获得相应的象征意义。婚姻是人自身的生产，作为处女的新娘在新婚之夜会有落红现象，既标志着纯洁，也意味着生育，将会给家族带来兴旺，红色由此象征幸福与喜庆，因此也是值得庆贺之事，代表着人的生产之成功，生命得到延续，红色就成为生命的意象。

其次是鸡。鸡在整个婚庆过程中占据重要地位，比如商定婚期"吃定"男方要送鸡，新娘出嫁要带路鸡，祭拜祖先要有鸡，新娘回门也要带路鸡，总之，鸡成为不可或缺的角色。为何如此钟爱鸡？因为鸡是生命意象。"雄鸡一唱天下白"，鸡是阴阳转换的使者，能够让黑夜变成白天，带来生命的希望，因此鸡变成生命意象，凡是具有生命意义的仪式都会以鸡象征。小孩出生，需要送上鸡，小孩满月，要有红鸡蛋。甚至死人下葬，也要用鸡血淋洒墓穴，因为要期待亲人转世复生。男女结婚旨在孕育生命，更是不能没有鸡了。由此而言，鸡的意义在于形象地揭示婚姻的本质，就是实现人自身的生产，有效地繁衍种族。

最后是跨火盆。贺州本地人的新娘进入男方家门习俗与客家稍有不同，但都有跨火程序。新娘到男家门口要等待吉时。良辰一到，媒人婆随即打开轿门，男方接亲母或小姑执红漆盘盛两颗红柑请新娘下轿，新娘回赠以红包，然后由"好命"接亲母（寿高多子孙、夫妻双全）扶新娘出轿，媒人婆吟唱彩句。同时有长辈用贴上八卦的米筛（或雨伞）遮在新娘头顶上，一般都由帮手先在大门口烧一把火，要生起炭火炉或烧一把稻草,让新娘"跨火薰",走进大门。新娘跨过火堆时,会随手把手帕包着的花生、糖果等撒在地上,男家帮手就会去抢着捡来吃。跨火盆就是一个通过仪式,标志着新娘已经成为男家的一员。而要成为其中的一员,就必须诚心诚意,且不能携带任何污秽,跨火盆就具有这样的作用与功能。生的东西总是带有某种腥臊,经过火烤,就可以除去那些有害生命健康的秽气,因此火就具有去除污秽的功能。人也一样,一个生人总会携带一些与本家不相一致不和谐的习惯与思想,因此为了家族的和谐发展,必须去除这些东西。而这些东西对一个男权社会来说,就是一种秽气,它具有不利于男方家族和谐发展的因子,因此必须去除。而其去除就需要一种仪式,火则因其具有去腥臊的功能,自然成为这种仪式的首选。于是,我们可以看出,火盆虽然其作用在于去除秽气,但内中的核心价值观还是生命意象。同时,也因为火标志着一个生命的孕生,新娘跨过火盆,就意味着旧的生命终结,新的生命开始,已然完全成为男家的一员,必须全心全意服务于男方。这也是旧俗的深层延续,古时女子出嫁之后不得随意返回娘家,因此男家就是新娘全新自我的一个生命依托所在。

这种火的仪式,不只是存在于婚礼举行的当天,而且还要延续到第二天的生火做饭仪式。贺州南乡镇壮族人,"新婚翌晨,新娘必须做两件大事:一是'早起火'也称'试新灶',由家婆事先为其准备好火柴、干柴及易燃的松光或竹篾,新娘务必一点即燃,取其好兆头。二是担水,新娘担上陪嫁带来的新水桶,手中拿着三枚铜钱,到河边将铜钱丢下水中,掏水回家,谓之'掏新水',俗称'买掏(到)江河水,共饮到百岁'"。①

这种相类的仪式,现在贺州本地人的风俗中依然存在,且程序基本相同,都是要一早起火与担水,意味着承担起全家的劳务操持工作,成为家庭的正式成员。其实,那都是表层意思,深层含义还是生命意象的通过仪式,它不仅标志着新娘新生命的开始,而且也意味着新生命的孕生,因为婚姻的基本实质就是人的自我繁衍,特别是在传统意识之中传宗接代为婚姻第一要务,于是,这"火"就具有了极强的象征意义。

当然,整个婚庆过程到处都包含暗示生命意象,到处充满生命意象。诸如,新床上撒满红枣、花生、桂圆、莲子,组合意思为"早生贵子"。新床两头各摆放一盏点燃的煤油灯,取其谐音指添丁,也是指向生命取

---

① 徐杰舜,刘小春,罗树杰.南乡春色 [M].南宁:广西人民出版社,1990:90.

向。总之,各个角落都体现婚姻的本质,即繁衍生命后代。

和睦亲友。婚庆的一个重要环节是婚宴,这是所有前来祝贺之人最为期待的时刻,也是婚姻平台实现族群和睦与交往最为重要的平台。在过去,即使最为昌盛的时期,对普通百姓而言,也还是存在饥饿危险,因此才有"民以食为天"之说。平时大家都省吃俭用对付着过日子,每到逢年过节,就要想办法犒劳自己,尽可能饱餐一顿,总是重复着饥饿饱餐的节律。因为平时大家都处于饥饿状态,因此每逢喜事都期待着聚餐,婚宴就是这样一个聚会,充分吊起大家饱餐的欲望。正因为大家都有这样一种期待,所以婚宴具有凝聚人心的作用,能够有效地沟通亲朋好友的感情。很少有一种活动,能够在一个时刻,将主家的所有亲戚同时召集到一起,分别在男女双方的家庭会聚,形成两个主家群体的积极互动交往。这是两个原先陌生的家庭,因为联姻关系联结成为一个亲缘群体,由此实现族群的有效交往互动,相对拓展了各自的生存空间。婚宴不仅在于聚会,而且还在于吃,一个吃也将主家原本并不相互熟悉的其他亲戚也聚拢在一起,通过餐桌上的交流,有效地拓宽了交际面,由此客观地营造了良好的族群之间的关系。因此,我们说,族外婚的门当户对能够实现族群之间的有效交流,可以克服可能存在的芥蒂。

生活文化融合。不管是介绍婚姻,还是自由恋爱,总体而言,原则性的问题是没有的,能够得到双方家庭的认可。但是,不可否认,许多家庭的婚姻生活并不和谐,大体在吵吵闹闹中度过一生。为什么?古人总结朋友相处经验,"相见易得好,久处难为人",这也适用于婚姻关系的男女。之所以"相见易得好",是因为相见时刻短暂,各自的缺点或习惯并没有充分暴露,即使暴露出来,也因为审美关系导致视而不见,因此能够较好相处。之所以"久处难为人",即使很好的朋友亦是如此,是因为久处之后,各自的缺点或习惯充分展现出来,由于家庭文化养成的关系,在其原本的生活环境中并不以为是缺点,却被当作缺点放大,原先以为理所当然的生活习惯,却被变得无法容忍,于是就"难为人"不好相处。这就是文化差异,大的是族群文化差异,小的是家庭文化差异,这种差异将导致家庭不和谐,古代如此,现代也一样,农村如此,城市也一样,成为影响婚姻家庭关系的基本障碍。

虽然有着这样的障碍,但是家庭婚姻还得持续,于是就有了文化磨合,形成取长补短的中和关系。每个家庭都有自己的小文化,都会形成自己的独特文化习惯,因此两男女生活在一起组建家庭,一定存在文化

第二章·

多元:族群文化各放异彩

73

磨合的问题。这个方面很难具体论述,但是一些族群之间的文化差异,却是相对明显,也较容易列举。本地人在饮食方面较为随意,不太注意烹调艺术,因此平时都比较粗犷,一餐煮好多餐吃。客家人在饮食方面则比较讲究,烹调比较精细,一般是分餐烹饪,于是吃起来比较新鲜。如果客家人与本地人通婚,那么在饮食方面就需要协调,根据实际需要取长补短相互适应,实现生活文化的融合。这是一个案例,其他方面也一样,都会存在某种差异,中庸的思想在这里就起着很好的作用,既可以避免矛盾,又能够相互改进,能够引导生活质量的不断提升。

生产文化融合。按照传统的婚姻关系,在女方陪嫁的嫁妆里面,不仅有着生活用品,还包括生产用具,结婚不仅表示一个新的家庭建立,同时标志着一个新的生产单位组建,因此必然包含生产文化的融合。从陪嫁中包含生产用具,就可以知道新嫁娘并非过来享清福,而是要参与劳动生产,与男方一起共同创造美好的生活。按照传统家庭的男女工作分工,男主外女主内,女主人可以不参加田间劳作,这是比较典型的传统意义的家庭生产文化。贺州作为潇贺古道的重要据点,岭南民族走廊的必经之地,必然承接中原儒家文化,因此也有男主外女主内的文化思想,对外交往谋生由男人完成。可是,贺州也属于百越之地,长期以来以百越文化为主流,在这种文化里面,女子也是生产主力,同时参与田间劳作,因此嫁妆中配备生产用具,表现为一定程度的主外特征。儒家生产文化与百越生产文化的融合,形成了贺州本地人独特的家庭生产文化,也极富表现力地呈现在婚礼习俗里面。贺州各个族群由于来源不同,历史文化各异,因此社会生产力发展水平也有所差别,形成了具有不同特点的生产方式与方法,于是提供了相互借鉴的可能。在族外婚层面,这种生产文化的交融更为明显,男方有自己的生产特点,女方又有自己的生产特征,在组建一个家庭生产单位的时候,必然会发生融合碰撞,于是可以取长补短,在某种程度上促进生产力的发展。例如,客家人具有从商的价值取向,本地人则重于农业生产,这两个族群的结合,往往会优势互补,以家庭生产为依托,发展商业经济,从而获得较之其他家庭更好的发展前景。

第二节　客家人耕读传家

明朝中期,贺州主要居住着瑶民和本地人,当时贺县人口只有 4 万人,瑶族占了一半。当时八步、莲塘、黄田还未形成圩场。清乾隆以后,随着广东客家人的西迁和广东商贾的西进,贺州桂江流域的北陀、九龙、富罗、巩桥、樟木林和贺江流域的八步盆地、桂岭盆地得到迅速的开发,八步、英家、黄姚成为贺州重要的商品圩镇。

一、富川客家人的自强自立精神

客家人在长期流离迁徙的苦难生活中,经受了艰难的考验,形成了吃苦耐劳、自强不息的独特个性。特别是客家妇女,她们非常热爱家庭以外的农作体力劳动,男女同做同工。劳动力的解放,使得男劳力有更充足的时间去从事开矿、农副产品加工等经济活动。因此在改革开放的大潮中,客家人接触新生事物较敏感,适应能力也较强,经济意识比较强烈。

同时,他们还具有浓烈的文化意识,历来喜欢兴学育才,造福后代人,提高客家人的素质。他们不断洗涤男尊女卑的思想,不分男女,一视同仁地送去上学读书。在当地客家人的传说中,他们的祖先在迁徙广西的途中落难,曾打着竹板歌讨食,歌词都编得很文雅,别人不相信是讨食的后代。一直流传的说法是,祖先是秀才,因途中落难,才被逼当叫化求生。因此,后代人都要像祖先一样,再穷再苦都要当“秀才”。他们在长期的艰难困苦的生活中,形成了兴学育才的强烈意识,代代相传,以送子女读书为天职。从文化素质去观察,客家人历来喜欢送子女读书,具有较高的传统文化意识,他们的客家语中,至今仍保留着不少古书文雅语的痕迹。因此,他们的文化素质比周围本地人高。从他们的习俗上看,妇女不裹小脚,自立自强,繁衍生息。从信仰上看,多数客家人不自立神台,在公共祠堂立神位,集中祭祀先祖,表现共祖一家的意识,保持宗族的凝聚力。总之,客民善于自立,善于适应,他们能多方位、以各种方式及信仰,保持与本地人的均衡关系而显示出自身的强大生命力。

二、客家歌谣的耕读意识

歌谣作为民间口头文学,总是与民众的生产、生活密切相关。早在原始社会时期,民间就有了鲁迅所言基于劳动的"吭唷吭唷派"歌谣,虽然此后分流形成了书面色彩浓重的精英文学,但是歌谣作为草根文学的重要形式,仍然保持着强大的内在生命力。因为民众就处在劳动的第一线,而劳动生活是丰富多彩的,这种多彩的生活必定会反映到他们的精神世界里面。由于封建统治者实施文化控制政策,普通民众极少有机会学习专门的文化知识,因此难以采用书面方式来表现自己的所思所感,于是基于口头传播的歌谣就成为民众的选择。正因如此,可以说,没有哪个族群没有自己的歌谣,歌谣成为草根民众表情达意的一个基本手段。但是,客家歌谣还是有着自己的特点,统而观之,其中就体现着"耕读传家"的思想意识。

"耕读传家"之"读",就客家生活现实看,其实应当有着两个层面的基本内涵,一是去正规的学堂学习,二是草根的口传身授。正规的学堂学习,这对于哪个族群都是少数人的权利,贺州客家自然也不例外。于是,能够真正落实"耕读传家"者,对大多数草根民众来说,就只有草根的口传身授了。虽然是口传身教授的"读",但还是具有某种"读"的精神,也就是传承民族文化、培育族群民性。其"耕"也同样包含两个层面的意思:一是身体力行的耕作,二是耕作技术的传授。这种技术的传授,其方式方法可以很多,歌谣就是其中之一。考察贺州客家歌谣,确实具有"耕读传家"的某种性质。

故事诗。因为这是有着相对完整故事情节的叙事诗,因此可以相对系统地"阐明"族群民性的某一方面特征,这种阐明当然是春风化雨式的形象述说,而非一种逻辑的伦理说教。据调查,在贺州民间就有《梁山伯与祝英台》《孟姜女哭长城》《赵玉林》《胡中庆》《高文举》《张四姐下凡》《韩云贞》《车龙灯记》等一些比较著名的长篇故事诗。其内容既有歌颂忠贞爱情的作品,又有揭露黑暗、反对丑恶的力作,还有劝人行善、塑造真善美形象者,以及反映劳动人民悲惨遭遇的作品,总之内容丰富多彩、不一而足。

这些故事诗,在语言形式上也是多种多样,既有七言体,也有五言体、六言体与杂言体等。七言体由许多七言四句为一节的语言结构组成，如《梁山伯与祝英台》，全歌长 2600 多行。从开头第一章《辞别爷娘寻学堂》第一节起："高山有花山脚香，滩头流水千年长；打起竹板开声唱，开声就唱祝九娘。"一直到最后一章《状元全家大团圆》的最尾一节："后来五子登金榜，五条金带挂朝廷；山伯一家多美满，万古流传到如今"为止，全歌整齐划一，七言句式到底。五言、六言体，有五言六言四句为一节的，也有八句、十多二十多句为一节的，如《传家宝训》《劝世文》等。杂言体中间夹白，有说有唱，通俗易懂，如《韩云贞》《张四姐下凡》等。

这类故事诗，一般是通过竹板歌的方式表演的。演唱竹板歌者，一般是民间艺人，他们依靠自己的演唱来混口饭吃。一些衣着褴褛的艺人走街串巷，沿街卖唱，得点钱米，很像到处乞讨的乞丐，故被人称为"叫化佬"，其所唱之歌被称为"叫化歌"。竹板歌使用四片竹板，由演唱者双手持竹板自行伴奏，分前奏、间奏、尾奏三种。竹板歌演奏过门长短不拘，节奏的变化出自民歌手各人的艺术智慧，只要节奏明朗、平稳、悦耳就行。竹板取材上等楠竹或毛竹、水竹片，长约六市寸，宽约一寸半。有的还用桐油煮过，使竹板滑亮，发出的声音更清脆。歌者左、右手各持两片。左手两片两边边缘削有锯齿状，谓锯板；右手两片无齿或只在边缘上半截加制少量锯齿，称为平板，这样握得稳，不易滑掉。歌谣一般不专门标上竹板伴奏谱，多由演唱者表演时即兴发挥，只要求节奏及情绪合理，就可以了。

劳动歌谣。如果说，故事诗更多地体现"耕读传家"的"读"的层面，那么劳动歌谣就更多地表现"耕"的内涵了。农耕社会是一个依自然节律从事生产、生活的慢节奏社会，其知识的累积与更新都比较缓慢，往往借助口传身授的经验式传播，因此经验的掌握就显得特别重要。经验的传授，其中之一就是以歌谣的方式来实现。例如禽畜的养殖对客家山区人民来说，是重要的家庭副业，因此民众都非常重视禽畜良种的选择，由此也就编成了禽畜选种诀术歌。

选牛诀："颈筋爱凸背平梁，后脚爱挤前脚张；六齿嘞口当，七齿败家王，八齿平平过，九齿赶田庄，十齿系牛王。"

选肉猪诀："赴圩买猪有诀窍，额爱岩来嘴爱翘。下嘴扁长灌汤好，皮爱薄来毛爱涝（稀）。""买猪诀窍爱知道，颈爱长来眼爱暴（大，突）。全身皮肉爱软柔，会吃会大取后窍。"

选母猪诀："线颈沙罗肚,耳大额门补。乳河阔不宜,均匀不压脐。后腿直,箭毛粗,鲢鱼背样可为母。"

选母鸡诀："嘴甲尖尖嘴根粗,细头暴眼颈线修。毛粗脚短后势阔,冠嘴均匀向后趋。翅下副翼七八片,背宽平坦不刁尾。狼吞虎咽争食料,留来做种不离题。"

选母鸭诀："嘴甲扁,像把钳,颈线灵活略行长;头门小,眼珠暴,身体像只梳子船;肋骨干,盆骨阔,朝朝生蛋不停歇。"

选猎狗诀："头似葫芦耳似叉,腰似弯弓背似虾,嘴丫深来足盘秋(靠紧),鼻煞毛粗短尾巴。"

选良猫诀："环环脖斓恶相,炯炯双眼生光,哮吼声尖且亮;鼻端忌凸,腰尾忌长,胯上坎多捕鼠强。"

劳动知识借助诀术歌谣,不仅将技术的核心要点表述得明明白白,而且朗朗上口、便于记忆、利于传播共享,从而提高了族群范围内的整体劳动技能水平。

当然,劳动歌谣更多的是咏叹劳动的艰辛,一者对不劳而获的剥削者有所谴责,二者也含有教育民众珍惜劳动果实之意。以下歌谣,便是如此。

放排歌："莫看放排咁风流,游尽世界游尽州;吃尽几多江河水,熬尽几多苦和忧。"

烧炭歌："烧炭阿哥苦凄凄,五更做到日落西;入炭好比熏老鼠,出炭就会火烧须。"

伐木歌："吃饱早饭去上山,两人砍树共一班;砍倒松树来牵锯,松树断筒滚滚翻。"

开枋歌："杉树开枋照墨纹,拉锯爱靠两个人;一上一下和得好,自自在在过日辰。"

砂民歌："洗砂难呀洗砂难,洗砂难如上刀山;清早出门去河滩,黄昏断暗才归还。"

贺州客家歌谣数量浩瀚、内容纷繁复杂,在体现"耕读传家"层面,绝不限于以上所列两种类型。其他许多歌谣形式,也都有"耕读传家"的内涵,比如童谣、时令歌、劝世歌、鸡歌,甚至情歌等。之所以未一一分析列举,一者出于典型性考虑,二者也出于篇章结构的编排考虑,总之能够说明贺州歌谣具有"耕读传家"意识,这也就够了。

儿童是人生礼教思想的启蒙阶段,童谣作为人生接触最早的文艺形式，因其语言通俗、节奏鲜明、朗朗上口、适于儿童等特点，不仅具有娱乐性，而且还一定程度上承载着伦理教化功能。童谣的吟唱者，其主体自然是儿童。儿童吟唱着自己似懂非懂的歌谣，在实现自我娱乐的同时，当然也受到歌谣思想情感的浸润，从而成为儿童人生发展的底色。其实，童谣的吟唱者首先是儿童的护理者，也就是儿童的长辈，通常是儿童的妈妈和奶奶，因为主要由她们承担着照料孩童的任务。她们对着儿童吟唱摇篮曲，这些轻柔、悦耳、舒缓的歌谣主要为了取悦、安抚儿童，但也在某种程度上寄托着长辈对儿童的期望，也就是包含某种教化内涵。如《一岁娇》："一岁娇，二岁娇，三岁啄（砍）柴爷娖（父母）烧，四岁学织絮，五岁学赓布，六岁学绣花，七岁绣个牡丹花，八岁食郎饭，九岁当郎家，十岁带子带女转（回）外家。"这首童谣就寄托着长辈对于女儿的期望，一者期望女儿孝敬父母，二者期望女儿多才多艺，三者期望女儿早生贵子。这些期望其实就是封建礼教对于妇女的基本要求，女儿在家要孝敬父母，出嫁要孝敬公婆，必须处理好千古以来就存在的婆媳紧张关系，其中也蕴含着从夫的意思。在农耕社会，家庭的衣着主要有赖于妇女的耕织，因此女红的水平就至关重要，于是父母对于女儿多才多艺的要求，也仅限于女红层面。一个家庭"不孝有三，无后为大"，因此生育儿子就成为媳妇一项至关重要的工作，这对于男方家族和女方家庭，都是共同的要求。对女方家庭父母而言，更加希望女儿能够生育儿子，因为只有生育儿子，女儿才能在婆家站稳脚跟，也才能谈及个人的幸福，否则难免不受白眼，甚至虐待。

　　女儿是贤惠，媳妇更要贤良。请看《勤俭叔娘》："勤俭叔娘，鸡啼起床。梳头洗面，垓（挑）水满缸。先扫净地，后煮茶汤。灶头镬（锅）尾，光光昌昌。煮好早饭，岩岩（刚刚）天光。早早食饭，洗净衣裳。上山割烧（柴草），急急忙忙。淋蔬种菜，蒸酒熬浆。纺纱织布，唔离间房。针头线尾，织在笼箱。伶伶俐俐，老实衣裳。有鱼有肉，口唔敢尝。煮得好好，敬奉爷娘。爱惜子女，如肝如肠。细心扒米，冇谷冇糠。人客来到，细声商量。灰卵鸭春（蛋），浸豆腌姜。欢欢喜喜，捡出家藏。不说是非，唔好排场。担柴卖米，唔怨爷娘。唔嫌老公，肚饥上床。这等妇道，真真贤良。有人学此，获福无疆。"这首童谣相当全面地体现了婆家对媳妇的要求，或者说媳妇应该具备的妇道素养。第一是勤劳，家庭的里里外外、上上下下都要操劳。第二是善于女红，必须负责全家的衣着缝制。第三是敬奉公婆、侍奉丈夫、善待子女，也就是服从族权和夫权。第四是热情好客,极尽地主之谊。第五是不搬弄是非,不当长舌妇。这确实是一个宜室宜家不可多得的媳妇,十分符合封建礼教对媳妇的基本要求。

如果说客家对女孩的要求,总体上就是宜室宜家,那么对男孩的基本要求就是知书达理、读书致仕。童谣《月光光》在客家区域流传甚广,几乎各地客家,比如广东、湖南、江西、福建、台湾等都有它的影子,虽然具体内容有细微差别,但基本意象大同小异,就是几乎都有秀才的意象。流传在贺州的《月光光》,虽然就那么一个小地方,就有好几个版本,但它们都有一个共同的秀才意象:

"月光光,秀才郎,骑白马,过莲塘。莲塘背,种韭菜;韭菜黄,跳上床;床有杆,跌落坑;坑圳头,看黄牛。黄牛叫,好养猫;猫头鸡,好养鸡;鸡入竮,好唱戏。唱戏唱得好,虱嫲变跳蚤。跳蚤跳一下,虱嫲变鸡公。鸡公打目睡,天龙走得脱。天龙走忙忙,撞到海龙王。龙王做生日,猪肉豆腐大大粒。"

"月光光,秀才郎,骑白马,过莲塘。莲塘背,种韭菜;韭菜黄,偷旱塘。旱到一条鲤鱼八尺长。鱼目珠,等满姑。鱼头额,等老爷。鱼尾巴,等亲家。鱼肠子,等满子。鱼肚鱼烂旦,留得公爹娭姐砌石坎。砌个石坎花碌碌,十只鸡子九个谷,还有一只无食禄。"

"月光光,秀才娘,船来等,轿来扛。一扛扛到河中心,虾公毛蟹拜观音。观音脚下一朵花,拿畀(给)阿妹转外家,转去外家笑哈哈。"

《月光光》之所以能够在客家区域广泛流传,恐怕与其中包含秀才的意象密切相关。客家倡导"耕读传家",这"读"当然不是为了休闲,其中的内心指向还是读书致仕,这也是儒家思想的一个基本取向。秀才就是这种取向的一个象征符号,这个符号通过童谣的反复吟唱,就积淀成为客家人魂牵梦绕的一个集体无意识原型,进而成为客家民性的一个重要组成部分。"万般皆下品,唯有读书高。"这是男孩的一个人生理想,也是光宗耀祖的一条基本途径,于是秀才梦就从孩童开始培养,并在这潜移默化中寄托长辈甚至客家族群的集体梦想。

秀才梦是值得期待的一个理想,这个理想需要勤奋才能有所收获,即使不能实现秀才梦,勤劳也是人生立世的根本,因此《月光光》就引导儿童向着这个方向努力。勤劳持家作为客家安身立命的原则,历来都是伦理教化的一个重要内容,由此也就特别反对刁钻奸猾、好逸恶劳、心无定性的行为,《癫痫头》就是这类童谣之一。

"癫痫头,看黄牛。黄牛唔食草,癫痫学剃脑。剃头剃出血,癫痫学打铁。打铁难牵炉,癫痫学钉筶。钉筶难破篾,癫痫学做贼。做贼难打窟,癫痫学打铳。打铳难扣火,癫痫学修锁。修锁难修须,癫痫学赶圩。赶圩难行路,癫痫学砍树。砍树难修权,癫痫学做瓦。做瓦难搬泥,癫痫学装犁。装犁难凿眼,癫痫学做伞。做伞难斗(铆合)把,癫痫做叫化。"

这首童谣以批判性视角传达客家的教化思想:一是做事不能专一、没有定性,最后将一事无成;二是做贼是一种可耻行为;三是做叫化是生活走投无路、个人无能的表现。这正与《月光光》形成正反面教育,如是就生动形象地播撒了客家的伦理教化观念,从而扎根于儿童的幼小心灵,并且实现着自身民性的传递。

在传统社会,男人的一个重要职责就是娶妻生子,于是妻子的选择就成为一项重要的工作。但是,对当事人而言,妻子的选择却并非由自己作主,而是需要遵循"父母之命,媒妁之言"的礼教传统。这种传统在歌谣中,也在不同层面有所反映,比如《月光华华》就是其中一例。

"月光华华,点火烧茶。茶一杯,酒一杯,嘀嘀嗒嗒讨新妇。讨个新妇矮墩墩,蒸个米饭香喷喷;讨个新妇高喃喃,坳担谷子好清闲;讨个新妇笑唏唏,三餐唔食肚唔饥;讨个新妇嘴嘟嘟,欢喜食甜也食苦。食得苦,唔怕苦。唔怕苦,脱得苦。有福享,要回想。"

这首童谣告诉我们,不管娶到什么样的妻子,丈夫都应当接受,而且总要往好的方面联想。其言下之意,就是丈夫没有自己选择妻子的权利,必须遵循"父母之命,媒妁之言",父母为自己挑选怎样的老婆,自己都要乐于接受,不应表现出不乐意甚至反对的意见。同时,童谣也告诫人们,不要过多地看重妻子的外貌,外貌的不足可以通过人品弥补,而且只有人品才能创造幸福生活。家庭的幸福生活不能只依靠丈夫一人,同时也必定有着妻子的功劳,因此要不时"回想"妻子的好处,要善待妻子。这里所透露出来的礼教思想,既有传统封建礼教内涵,也有相当民主、平等的气息,这可能与客家妇女在客家生活的现实地位相对较高有关。

这种对妻子人品的关注,我们还可以从一个反面的例子来说明,如《歪妇道》:

"懒尸妇道,说来好笑,半昼起床,吵三四到,讲三讲四,过家去嬲(liào,玩耍)。水也唔坳(挑),地也唔扫,头发蓬松,冷镬死灶,唔理唔管,养猪成猫,老公打勒,开声大叫,去投外家,目汁(眼泪)像尿。爷喊无用,娭喊唔肖,归唔敢归,嬲唔敢嬲。外家送转(回),老公又恼,诈走落塘,瓜棚下嬲。在先讨来,用银用轿,早知如此,贴钱唔爱(要)。"

这个老婆原先是"用银用轿""讨来",男方应当是寄予了厚望,但娶回家才知道她就是懒婆娘一个,这大约与男方没有关注女方人品有关。这就不仅告诫男方在选择媳妇的时候,不能过多关注外在因素,应当更多地关注女方本人的人品,因为这才是生活本身。同时也告诫女方父母,必须注重女儿的人品培育,正像《一岁娇》体现的贤惠女儿那样,将来才能做一个《勤俭叔娘》,如此男女双方亲家才都满意。

童谣中还有大量的作品体现伦理教化内容,这里就不一一列举了。它们在表现这些内容方面,都有自己的艺术特点。首先是伦理教化内容的片段化。这些童谣都是摘取礼义系统的一个片段,不追求它的完整性,只求点到为止。一首童谣可能说到一个层面的伦理教义,也可能谈及多个方面的伦理教义,但是都不重于展开,只是呈现而已。其次是意象的跳跃性。这在童谣当中相当明显,一首童谣中几乎难以找到贯穿如一的意象,都是包含许多意象,它们就如同电影蒙太奇的镜头,表现为意象的快速转换。它既切合了童谣内容片段化的要求,也符合儿童的认知心理,因为儿童对外界事物的关注还缺乏专注力。此外,一些童谣的艺术形式也决定着意象的跳跃,比如连锁调等。最后是篇幅的简短化。儿童作为童谣接受主体,决定了其篇幅的简短,而简短的篇幅也形成了童谣伦理教化内容片段化的基础。

如果说童谣的简短篇幅造成了教义的片段化,那么基于民间艺人演唱的歌谣,就有相当一部分是长篇幅的,它们就呈现出一些不同于童谣的特点。

第一,伦理教化内容相对系统化。客家歌谣中有一系列的教儿经,这些教儿经普遍以"修身""齐家"为宗旨,总结古人治家之道,教化当世的年轻人。客家族群各姓氏普遍订有《家训》《家规》《治家格言》等,它们一般附在族谱之后。这些教儿经普遍都可以吟唱,一般以客家竹板歌的形式,系统地叙述父母养育儿女的艰辛、对待儿女的爱心,从而成为家庭教育的必修课,也是青少年道德行为规范的准则。此外,还有一些劝世歌,虽然没有记载于族谱之中,且一般由民间艺人吟唱,但对于侍奉父母、尊老爱幼、为人处世、言谈举止等都有具体描述,构成一个良好的劝世教材。比如《父母恩情似水长》,全诗共有205行,从母亲怀孕的第一个月份开始,一直述说到十月怀胎分娩,再到孩儿结婚及至生儿育女,历经一个人生长的全过程。在这样一个生长全过程中,父母(尤其是母亲）既历经千辛万苦，又充满着无限希望；既要担忧孩儿的身体健康，更要关照子女的心理健康；既关心到孩儿本身，也思虑到孩儿的孩儿。总之，父母就是有着操不完的心，奉献着无穷的爱，确如题目所言：父母恩情似水长。

第二，这类长篇幅的劝世歌大多拥有一个贯穿始终的意象。因为它要阐述一个相对系统化的伦理教化观念，只有贯穿始终的意象，才比较容易形成内在的系统性。比如《鲤鱼教化歌》就是其中一例。

整首歌谣就围绕鲤鱼意象展开，虽然是分别吟唱鲤鱼的各个部分，而非整体的鲤鱼，但其意象却是始终如一的。回看前面的《月光光》，它就是意象的群集：月亮、秀才、白马、莲塘、韭菜、床、黄牛、猫、鸡、虱嫲、跳蚤、鸡公、天龙、海龙王、猪肉、豆腐，由此显现意象的跳跃性。这些意象都是可以单独成立的事物，根本不像鲤鱼歌那样是鲤鱼的某一部分，它们都从属于鲤鱼。

鲤鱼意象的选择，其实来源于生活。贺州位处祖国南方，水系资源众多，水产品也丰富，鱼类经常就是席上佳肴，当然包括鲤鱼。因为鲤鱼属于这里的常见鱼类，且经常是当地民众的席上佳肴，也就是说那是属于生活化意象。选择生活化的意象，能够更好地发挥歌谣贴近民众现实的优势，也能够更好地为民众所接受。贺州大小河流很多，鱼类品种也不少，贺江本地繁衍鱼类就多达60种以上。在如此众多的鱼类资源中，为何选择鲤鱼作为伦理道德教化的意象载体，这是值得思考的。

其实，意象的生活化只是其中的原因之一，因为在众多的生活化意象中，独选鲤鱼，还在于鲤鱼意象蕴含着文化积淀与美好愿望。选择鲤鱼意象作为教化载体，恐怕与"鲤鱼跳龙门"的文化积淀密不可分。古代传说黄河鲤鱼跳过龙门（河南省洛阳市龙门山），就会变化成龙。宋代陆佃在他的《埤雅·释鱼》中说："俗说鱼跃龙门，过而为龙，唯鲤或然。是以仙人乘龙，抑或骑鲤，乃至飞越山湖。"清代李元《蠕范·物体》也记载："鲤……黄者每岁季春逆流登龙门山，天火自后烧其尾，则化为龙。"后以"鲤鱼跳龙门"比喻中举、升官等飞黄腾达之事。唐朝大诗人李白《赠崔侍卿》有云："黄河三尺鲤，本在孟津居，点额不成龙，归来伴凡鱼。"作为一个崇尚诗书的民系，多有希望通过读书科考，实现"朝为田舍郎，暮登天子堂"的美梦，于是有意无意地选用鲤鱼作为教化的意象。即使不能实现为官做宰的梦想，能够成为一个知书达理、明了礼义廉耻、正直诚实的普通人，只要不出败家子，那也是家门之幸，可喜可贺。如此,这个意象就包含着进退两个层面,进可为官,退则为人,大约有着"达则兼济天下,穷则独善其身"之义。

此外,鲤鱼还有一个重要象征,那就是传统文化中的生殖意象。有关鱼的生殖崇拜,至少可以追溯到新石器时代的仰韶文化,那里就出土有人面鱼纹彩陶盘,举行鱼祭活动。夏民族的始祖颛顼是一条半人半鱼的渔妇,也就是上身为人下身为鱼的美人鱼。禹的父亲鲧也是一条鱼,是一条"白面长人鱼"。由于崇拜鱼,鱼就被看作是氏族的祖先。进入文明时代以后,鱼的崇拜被保留下来。送子观音手上提的是"鱼篮",古代贵妇人乘坐的车舆叫"鱼轩",传达爱情的书信叫"鱼书"。汉乐府《饮马长城窟行》诗云:"客从远方来,遗我双鲤鱼。呼儿烹鲤鱼,中有尺素书。"唐代女诗人李冶《结素鱼贻友人》诗云:"尺素如残雪,结为双鲤鱼。欲知心中事,看取腹中书。"元稹《鱼中素》诗云:"重叠鱼中素,幽缄手自开;斜红余泪渍,知著脸边来。"表面上都是传递男女情谊的书信,实际上其背后的含义还是生育。运用鲤鱼为教化意象,深层内涵意味着只要构筑如"鲤鱼歌"所要求的和谐共生的社会生态关系,就奠定了良好的生存环境,也就可以实现人丁兴旺的族群生存目标。

鲤鱼的第三个象征意象,就是年画所展现的"年年有鱼",即"年年有余",一种祈求人寿年丰的愿望。一个家庭,一个族群社区,乃至一个国家,要实现人寿年丰、经济发展的目标,和谐共生的社会生态关系当是不可缺少的因素,如果没有这样一个良好的社会生态环境,那一切都可能无从谈起。"鲤鱼歌"就很好地将教化内容与潜隐的理想愿望结合在一起,寓教化于无形之中,显现一种淡入生活的理趣。

还有,承接第一点内容,"鲤鱼歌"还具有伦理教化思想的系统性,其化个人成长的教化道义于一歌之中。就伦理道德教化层面,"鲤鱼歌"可谓鸿篇巨制,展现了个人成长的整个过程所应遵守的礼法。从小孩读书到父母教育,从兄弟和睦到邻里相帮,从男婚女嫁到夫妻相处,从妯娌相依到翁婆孝敬,从虚心好问到诚心待人,从做事远谋到珍惜时光……传达了"鲤鱼歌"丰富的内在精神。总之,教给孩童许多具体的为人处世之道,这在一诗之间完成,确是难能可贵。而且这种转换并非空洞的说教,它是寓于鲤鱼的具体生动形象之中,寓于生活化的游戏性活动之中,从而化教化于无形,使儿童活动在娱乐的氛围中得到有效熏陶。

第三,这类歌谣区别于童谣的一个很重要的方面,还在于它的吟唱者与接受者几乎都是成年人。因为是成年人，因此它就可以发展相对较长篇的系统伦理教化思想，虽然它也可以表现片段化的内容。因为是成年人，因此它既可以运用跳跃性思维，发展跳跃性意象，也可以使用一贯的意象，于是具有更大的灵活性。因为是成年人，因此其歌谣篇幅既可以简短，也可以鸿篇巨制，由此可以形成更大的容量。

以上只就歌谣的接受主体或是儿童或是成年人区分两类歌谣加以分析，显然这是不全面的，但却有某种对比性，因此选用了这种区分。不管怎样，这都可以说明，在客家歌谣中，还是有相当一部分的作品蕴含着伦理教化内容，它们作为文学作品在利用自身的形式潜移默化地教育着客家人，使之延续"耕读传家"的思想。

三、客家话与客家民性

语言是观察与思维世界的方式，有了语言就"有了"世界，语言是存在的家。因此，族群民性就会在一定程度上积淀于语言，反映出族群某一方面的对于外在世界的体验与思考方式，同时也就生成某种内在心理结构。透过语言使用分析，当然也就可以在一定程度上揭示族群民性。正是基于这样的理解，希望通过分析贺州客家话的使用情况，从而于一个方面透析贺州客家的民性特点。

（一）坚守母语，心守族群认同

人作为社会性动物，总是倾向于从属一定的族群，因此总会具有族群认同意识。当然这种意识在不同的族群、不同的个体之间，其表现会有所差异，有的比较强烈且明显，有的则相对平和且隐蔽，但是族群认同意识总还是存在的。族群认同意识的外化呈现形式丰富多彩，语言就是其中一个重要的呈现形式。

族群认同的"自家人"意识作为客家民性的一个表征，它的呈现形式也是多方面的，或是集团性迁徙，或是聚族而居的围屋式建筑，或是族内婚制度，或是语言的使用，等等。我们知道，语言是区别族群民系的一个外在表征，比较贺州各族群民系，贺州客家最执着于固守自己的语言，那么他们在坚守客家话层面，又是怎样体现心守这个"自家人"族群认同的？我们可以试做一些分析。

现在，贺州市的基本交际语言是普通话，20 世纪 80 年代以前，贺州区域也有通行的交际语言：桂柳官话，在这样的情形下，我们仍然能够感受到贺州客家人对于自己母语的坚守。这可以从以下几个方面说明。

首先，年长的客家人基本上只能说客家话。在一些相对偏远的地区，50岁以上的客家人，基本上只能说客家话，既不会说桂柳官话，也不会说普通话。

其次，在家乡则必须讲客家话。这主要是针对外出工作者而言，不管在外习得多少种语言，回到家乡则一定要讲客家话，这已经成为一种习惯且表征为一种历史惯性。实际上，在家乡讲母语，这在贺州各族群中也是一个定例，并非客家人所专属。但如客籍文化知识人这种身份者，在非公务性公共场所依然倾向于讲客家话，却是其他族群所少有，从而可以表征客家话内化的文化心理结构影响之深厚。

最后，日常交流只要有客家人在场，则使用客家话。如八步区桂岭镇双凤村榕木寨本地人，周边相邻地界就有同属双凤村的客家人王家与张家，两者相遇都讲客家话，虽然一些客家人也能听懂本地话，一些年轻人也会讲本地话，但客家人主动讲本地话的现象几乎没有。这并非个别现象，而是具有某种意义的普遍性。只要是本地人与客家人相邻的村落，都有这种现象，它清楚地表明：本地人在语言层面的宽容与客家人的坚守。

（二）习操双语，增强族群间交往

贺州客家"80后"及以后的年轻人，是否一如他们的长辈那样坚守母语？根据我们的调查，那种情形已经开始有所变化，部分年轻人已经不像他们的长辈那样固守母语，已经开始习操双语。总体而言，现在贺州各个族群都能习操双语，特别是"80后"及此后的青年，因为他们都经过学校教育，必定会讲母语和普通话。此前所述，只能习操母语者，基本上只限于50岁以上人士。有鉴于此，普通话是学校教育语言，具有全国性意义，因此此处所言双语为方言，指称两种以上方言。

贺州的汉语方言十分复杂，除了系属比较明确的客家话、白话（粤语）、官话、湖广话（湘语）、坝佬话（闽语），境内还分布着至今归属未明的本地话、铺门话、都话（土拐话）、鸬鹚话等方言土语。贺州市八步区境内主要存在两种方言：本地话与客家话，因此，这里所言习操双语就以这两种语言为主。本地人主要居住在桂岭、开山、大宁、步头、信都、仁义、南乡、大平、水口等，其他乡镇也有居住；客家人则主要居住在桂岭、莲塘、黄田、里松、沙田、公会、大平、鹅塘等，其他乡镇也有居住。其中，桂岭镇的本地人与客家人的比例最为接近，根据 2000 年第五次人口普查数据：全市总人口为 850023 人，桂岭镇为 76180 人，本地人约占 56%，客家人约占 41%，瑶人与壮人约占 3%。于是习操双语以桂岭镇为样本。如在 2007 年 3 月对桂岭中学抽样调查，可知：本地人全都会讲客家话，而客家人则有 8 人不会讲本地话，占其总数的 10.7%，能够相对熟练讲本地话的约占 50%，而本地人能够相对熟练讲客家话的占 80% 以上。这一方面说明本地人确实具有很强的语言包容性，另一方面也说明新时期客家年轻人已经开始突破唯一的母语方言，表现了极大的进步，当然客家人植根内心的坚守客家话情结依然存在。

（三）圩场用语，展现经商品性

考察一个地域方言的影响力，最便捷的地方就是公共场所，在乡镇就体现于圩场，根据调查显示，行商在不同族群之间，倾向于使用客家话进行交易，坐商则遵循买方原则使用语言。

坐商交易语言的使用，明显就是遵循经济利益原则，这里不准备详尽展开说明。但也可以看出，语言的选择与使用隐含着经济原则，为求取经济利益的最大化，就必须赢得顾客，使用顾客语言就是一种基本策略。由此也可以看出，客家坐商语言使用也内隐着生存原则，坚守客家话是为了生存，使用其他族群语言也是为了生存，生存具有某种决定性。

在一些资料中显示，客家经商似乎不是常态，也就是说，它不是客家普遍的民性特征。"客家地区山高谷深，交通不便，'舟车不通而商贾塞'，只能实行比较单一的粗犷型山地农业，商业很不发达，重农轻商的思想盛行。"① "所谓'日出而作，日入而息，凿井而饮，耕田而食'，成了客家地区统一的生活方式。在大本营地区各州县的地方志文献中，这种耕织并重、耕读传家的田园牧歌般的生活，真可谓史不绝书。如所谓'民庶安稼穑勤劳，少营商贾'，'富家专守禾税，贫夫力治山畬'，'教子读书，比屋皆是'；再如所谓'地广山多，民朴无诈，惟务农力耕。习技为商者寡，颇读书好礼'，等等。"②

贺州客家似乎与此不同，他们特别喜好经商，这与贺州本地人相比，

---

① 孙晓芬.四川的客家人与客家文化 [M].成都：四川大学出版社，2000：56.
② 王东.客家学导论 [M].上海：上海人民出版社，1996：234.

显得格外突出。本地人重守成,深受传统重农轻商思想影响,视商为耻。贺州客家人之所以有从商的内在冲动,基本原因就在于存在着迁徙的可能,因为时刻都有准备迁徙的冲动,因此就要将财富转化为货币,如此才能有效地转移财产,从而于新住地可以相对快速地创造安稳的生存条件。追寻迁徙冲动的成因,当然就在于生存环境的相对恶劣,中华人民共和国成立前八步区桂岭镇与大宁镇(两镇相邻,都属于本地人重镇)发生过强烈的土客冲突,双方运用土枪土炮进行械斗,以至于大宁镇将境内客家人全部赶走,部分客家人进入桂岭镇。现在大宁镇虽然也有极少的客家人,但他们几乎都是中华人民共和国成立后,土客相对平和时期迁入的。中华人民共和国成立后,桂岭镇土客之间的矛盾依然存在,且相对激烈,多次发生较大冲突。改革开放后,大约精力都集中于发展各自经济,也由于政府的引导,土客之间关系已经比较平和,虽然还是存在小矛盾,但大的冲突已经没有。生存斗争经验教育他们,一者要坚于防御,力求站稳脚跟,二者还要有撤防转移的第二手准备,财富货币化就是准备的重要策略。于是,经商就成为贺州客家人区别于本地人的重要特征,因为经商的交易性也同时推动客家话的流通使用。

由此看来,客家民性的表征是多层面的,其积淀在客家话中也是多方面的,这里只从族群认同的"自家人"意识与客家长于经商两个层面加以分析。在实现族群认同的"自家人"意识的语言运用层面,年长者比较坚守自己的母语,年轻人已经有所松动,但是,语言"自家人"意识的历史惯性仍然在起作用。而且这种作用得到了现实的某种支撑,在乡镇一级非普通话流行圩镇,在土客大致相当的贸易集市,客家话成为主要交易语言。这不仅表征贺州客家人善于经商的民性特点,且具有强化客家话区域性方言地位的作用,也使得客家人更倾向于心守客家话。

分析客家话在贺州的使用状况可以看出,族群有效生存在其中起着内在的决定作用。过去的客家人坚守客家话,决不轻易习操别种方言,那是为了"自家人"的族群认同,目的是使族群能够更好地生存。但是,这种只习客家话的行为,其实表征着怯于与别的族群交往的心理倾向,也说明内心深处的生存不自信。现在的年轻人虽然也坚持讲自己的客家话,也指向"自家人",但是已开始习操双语,加强了与别的族群的交往,这除了外在因素影响,良好的生存生态环境则是更为深层次的原因。这种良好的社会生态环境不是一种恩赐,而是客家人自己争取的结果。生存法则造就了贺州客家长于经商的品性,从而使得他们积累了相当多的物质财富,自己为自己营造了一个通行客家话的生态环境。这大约也是在贺州乡镇一级非普通话流行圩镇,在土客大致相当的贸易集市,客家话能够成为主要交易语言的主要原因,也应当是现在的客家人仍然会无意识地倾向于习操客家话的根本原因。

第三节　瑶族深山守望美好

一、瑶族喜好五色衣裳

（一）瑶族衣裳五彩斑斓

大凡谈及瑶族始祖盘瓠的古文献,大多说盘瓠离开都市深入高山密林生活之后,在服饰方面明显异于中原地区的穿着,喜好五色衣服。因此"瑶族穿戴的服饰,是最能显著地表现民族特点的东西。在旧籍中许多谈到瑶族的记载,不说椎髻跣足,便道斑衣花裙。足见瑶族服饰的习俗,早为人们所注意"。贺州市富川瑶族自治县平地瑶的服饰,男子一般穿圆领丫形花边衣,对襟布扣,两边开衩,即"唐装"。下穿宽口长裤,即大裆裤。腰系布带,脚缠绑腿。妇女一般穿圆领衣,对开襟或右开襟,领、襟底边镶花边。下穿挑花长裤,裤脚镶一道三阔的花边,扎绑腿。腰带一般用丝线织成,系挑花围裙,佩珠串。衣物所挑图案,一般取材于生活,多为动植物、人物,以及本民族流传的民间故事。这些花纹图案,线条古朴大方,色彩艳丽,庄重严肃,给人纯朴厚实的美感。在饰物的佩戴方面,一般男子无特别饰物,女子则丰富多彩。瑶族妇女的饰物一般有头饰、耳环、项链、腰链、手镯等,它们多为银饰品,做工讲究,雕龙镂凤,玲珑剔透,美妙至极。还有头饰方面,按照头装的不同,可以分为尖头瑶、平头瑶、顶板瑶等,这些头帕颜色各有不同,大都用红黄蓝青绿点缀,头帕都绣有不同的图案,或是动物,或是植物,或是文字,或是纹饰等不一而足。这样的穿着在富川平地瑶中,只有稍为年长的妇女穿戴较多,男子已经不太穿戴了。而居住在高山的瑶族,穿戴方面还比较多地保存民族服饰。在峒外,现在的平地瑶年轻人已经极少穿戴民族服饰,大多只是民族节日或隆重的喜庆时日才穿戴,都是倾向于穿着市场出售的现代服装,也就是说,他们在服饰方面与当地的汉人已经没有太大的区别。

贺州"土瑶人的服饰变化比较大,20 世纪 50 年代以前,土瑶妇女穿短裤,缠粗布绑腿,剃光头,戴平顶圆形树皮帽子,配以彩带和绣花毛巾,上身着长衫,喜爱佩戴银饰。男人着黑色宽裤腿长裤,四兜开襟超短上衣,也剃光头,缠白色包头。现在男女都已废除了剃光头的习俗,妇女戴的帽子也多用三合板,而且以前帽子的正面是用白纸染成黄色或绿色,粘贴在树皮上,画上黑色粗线条后再罩上透明的玻璃纸,而现在这些装饰大都是从市场上买来的。土瑶妇女帽子上的配饰很多,仅毛巾就有十几条,还有五彩线帽带、以彩线串成的各色彩珠,重达六七斤。现在年轻妇女已改穿集市上买的长裤,但裤脚多绣有花边。土瑶男子的服装也很有特点,外衣裤现已全部改成蓝色,上衣特短,几乎不及肚脐,对襟竖领,前面有上下四个外贴口袋,上面两个小,下面两个大。上衣分蓝、白两种,里面穿白色的、外面穿蓝色的,现在这些衣裤大都可以从当地集市上买到。但衣服买回后,土瑶妇女还要用红线在衣领、袖口以及衣边处镶边,中间配以绿线,既美观又耐穿。男裤的样式没有什么改变,前面不开口,一般也不系腰带,因为裤腰肥大,折叠后向左掖紧即可。参加重大庆典时,土瑶男子在上衣胸前佩戴以彩线串成的彩珠,重达十几斤"。①

贺州瑶族,幼年时的土瑶姑娘戴的是绣花绒帽,待长成十四五岁的少女时,则削发改戴木帽。木帽的制作精致、讲究。先是到山上砍下大油桐树,剥取树皮,刮掉表皮,趁树皮未干将其裁成 5 寸宽、二尺长的长方形树皮条,然后弯成半圆形,用线扎好固定成形,成为帽壳。待帽壳定型后,即行装饰。先用栀子将白纸染黄贴于帽壳外沿,再用笔蘸色在其上画出一道道黑白相间、宽度一致的竖线条;数道线条为一组,组与组之间相隔有致,富有节奏感。之后漆以光油,蒙上色纸,再覆盖一层玻璃纸保护,既避免雨淋,又闪闪发亮,增强美感。姑娘戴上木帽,于帽顶覆盖数条白色毛巾,毛巾上用彩色颜料书写情歌或一些表情意的词语作装饰,用一把五彩丝线或五彩毛线从头顶系至下巴,将帽顶层层毛巾扎稳。

确实,从目前所能观察到的瑶族传统服饰,以及古籍文献记载,都可以给我们一个讯号,瑶族崇尚喜好五色衣服。

---

① 袁同凯.走进竹篱教室[M].天津:天津人民出版社,2004:92-93.

（二）鲜艳服饰与贫困生活

面对瑶族鲜艳的服饰，我们存在一个很大的疑问，那就是鲜艳服饰与贫困生活到底是怎样一种关系？这个贫困，至少可以从两个方面理解，一是物质生活资料匮乏，日常生活极其艰难；二是瑶族服饰制作成本高昂，民众置办一套服饰确实不易。在过去，普通瑶族民众生活贫困已经是众所周知的事实，也导致一些瑶族群众遭遇穿着方面的难题。依据经济实力，瑶族民众不应该或无力追求如此美丽且鲜艳的服饰，事实上却是瑶族民众并不屈服自己的经济现实，而是追求一种服饰美艳的精神享受，这到底隐藏着什么？

首先，始祖盘瓠的巨大影响力。《风俗演义》及其他古籍文献都记载：（1）瑶族先祖织绩木皮，染以草实，好五色衣服，衣裳斑斓，制裁皆有尾形。（2）服饰已经成为瑶族区别于其他民族最为明显的外在特征，成为民族自我认同的基本标记。这个标记与盘瓠直接关联，也与心理补偿相呼应，更为重要的是还与不服徭役免赋税相勾连，形成一种关联效应，并牢牢地嵌入瑶族同胞的血液。在潜意识层面，似乎失去这种服饰标记，就会失去其他关联特征，不仅失去瑶族的民族特性，还会失去现实中不服徭役和免赋税的特权利益，因此从瑶族族群记忆看，都不想丢失这种服饰标记。瑶族对盘瓠的崇拜和祭祀有着悠久的历史。很早就有"以掺杂鱼肉叩槽而号，以祭盘瓠，其俗至今"的记载（见晋干宝《搜神记》卷十四）；城步瑶族民间珍藏的文献《过山榜》中也有记载："祖盘瓠，……广受子孙之祭祀，永当敕赐之高名。"林惠祥著《中国民族史》记载："瑶人祀盘古，三年一醮合，招族类设道场，行七献之礼，男女歌舞。称盛一时。数日而后散。"最为集中的体现就是瑶族隆重的盘王祭祀之盘王节。在历史上瑶族虽饱受灾难，频繁迁徙，但他们始终保持着自己的图腾信仰。有的瑶民随身携带盘瓠的神像（或一块略似人形的石头，或一个木雕人形小像）。每落居一处，必立盘王庙，安放神像，敬拜甚笃。传说中的盘瓠为狗形，"其毛五色"，故瑶族一直喜穿"五彩衣"，其衣前短后长，形似狗尾。有称为"狗头瑶"的一些村寨，妇女的头饰高高耸起，形似狗头，妇女衣服袖口上还绣织盘瓠图案。[1] 穿着这样的服饰就意味着始祖盘瓠就在身边，能够得到盘王的有效保护，可以获得盘王的智慧和灵气，因此瑶族后裔谁都不敢轻易抛弃这种服饰，这就决定

---

[1] 左汉中.湖湘图腾与图符[M].长沙：湖南美术出版社，2012：217.

了瑶族服饰与生活状况不能直接关联。

其次，现实缺失的补偿心理。我们都知道人类有一种心理补偿机制，因为现实中的某种缺失，或者是生理层面的缺陷，或者是现实生活的不足，于是通过某种幻想使得这种缺陷得到虚拟的弥补，并且由此获得心理的满足，实现某种程度的心理平衡。这种心理补偿基本体现在两个层面，一是在幻象的梦境中实现，二是在现实中以反向的方式呈现。弗洛伊德说过，梦是愿望的达成，一个人在现实生活中缺失某种东西，但是这个东西对这个人来说，又是比较重要的，于是在一种强烈的愿望之下，他就会通过做梦来实现自己的愿望，所谓"日有所思，夜有所梦"，这是常人都懂的道理。由于经济实力的原因，许多瑶族民众都没有足够的衣物满足日常御寒的需要，依照这种情形，绝大多数瑶族同胞都不可能拥有鲜艳华丽的服饰，应该始终以一种衣衫褴褛的面貌出现，但事实上并非如此，他们始终追求一种华美的服饰。"瑶家妇女擅长纺织、刺绣，女子从十一二岁开始学传统的挑花刺绣。先学平绣，到十三四岁时，学打结刺绣，到十五六岁就正式绣花衣，为出嫁时绣嫁妆做准备，一直到六七十岁时还针不离手。妇女们多在蓝、青、白色的布底上，使用红、白、黄、绿、橙等彩色的丝线，精心挑绣出刚劲有力、变化多样的花式图案。"[1] 这样一种女红传统引导瑶族妇女一生都要从事服饰方面的工作，从而在现实的传统层面规定了华美服饰的追求，只要还有能力，就不能停歇。这种华美服饰追求的背后，隐藏着的就是对于美好生活的追求与向往，虽然现实生活异常艰辛，但理想总是存在，希望总在前面，所以瑶族始终有着乐观的精神与心态。

最后，隐含积攒财富的思想。瑶族是一个喜爱银饰的民族，在男女成人之时，都会佩戴一定的银饰，以示财富。基本首饰包括头饰、耳饰、项饰、胸背饰、腕指饰及腰间佩饰，用料主要有银、竹、瓷珠、彩线等，银饰则是主要饰品。银饰品样式很多，有银梳、银簪、银带、银链、银铃坠、银花等，工艺精细华美，独特别致，具有十分浓厚的民族特色，妇女戴上这样的银头花显得十分富丽华贵。瑶族"女子盛装由于佩有大量银饰，制作昂贵，打制一身盛装的银饰往往需要五六十个法银，价格在六七千

---

[1] 张力平. 中国少数民族习俗与传统文化 [M]. 南宁：广西民族出版社，1994：369.

元到万元。"① 几乎就是一个家庭一辈子的全部财富,因此瑶族服饰本身具有某种积攒财富的倾向。

这种佩戴银饰的习惯并非一时一地瑶族的个案,而是具有普遍性。"贺县瑶族男女都非常喜爱佩戴银制饰品,主要有银牌、耳环、手镯、八角星、戒指、颈圈、八宝烟具、银链、针筒。这些银饰品以太阳花、龙凤、鱼虾、蝴蝶、玉米花、蝙蝠以及各种几何图案为主要花纹,做工精细,纹式多姿多彩。银饰品中的银牌,又叫银扣,有长方形、菱形、半月形、圆形等各种形状,主要是妇女挂在胸前以作装饰。富有家庭的妇女,往往胸前挂有十数块各式各样的银牌。在贺街、黄洞等地的尖头瑶妇女中,也有把银牌钉在尖帽上以作装饰的。瑶族妇女普遍戴耳环,但最突出的是开山、里松等地瑶族妇女的玉米花样的大耳环,造型新颖,引人注目。贺县瑶族男女都喜欢戴银戒指,主要戴的是马鞍形的戒指,以戴得越多越美,有的人甚至十个手指都戴有戒指,有的一个手指戴两个戒指。贺县一些地方的瑶族妇女还喜欢抽烟,所以八宝银制烟具也是瑶族男女不可缺少的装饰品之一,烟具包括烟盒、烟筒、银链等。一般是烟盒挂在腰间,而烟筒却往往插在帽上以作装饰,非常引人注目。大平瑶族乡妇女则爱把一束银制饰品挂在腰带上,这束银制饰品包括银牙签针、刮耳针、舌刮、银剑、关刀仔以及其他各种装饰品不下十数种,走起路来闪闪发亮,沙沙作响,别有一番风韵。"② 只要深入瑶族聚居地进行实地调查,都可以得到类似的调研结果,由此也成为瑶族的一个外在特征。

于是,也引发我们思考,一边是生活极端困难,一边是银饰多姿多彩,一个是能够吃饱肚子的粮食,一个是只能欣赏炫耀的银饰,却倾向于银饰。很显然,这需要从另外一个层面进行解读,银饰不仅只是为了装饰,还有着其他意义,其中应该包含财富积攒的取向。瑶族是一个处于不断迁徙的民族,具有某种意义的居无定所的内涵,因此就需要以最为方便的方式来保存财富,以此达到有利迁徙的要求。在各种财富载体的选择中,贵重金属不失为明智的选择,因为贵重金属历来既可以作为货币流通使用,又可以作为饰物欣赏,而且体积较小,便于携带,因此金银就成为储存财物的首选。从这个意义上看,贫困的瑶族民众集体地形成这样一种服饰,以求保存必要的财富,确实具有现实意义,那是现实

① 娄自昌,浦加旗.嬗变中的瑶村苗寨 云南省文山州麻栗坡县猛硐瑶族乡坝子村调查报告 [M].北京:社会科学文献出版社,2010:223.
② 陈毓山等.贺县乡土情 [M].南宁:广西人民出版社,1992:142.

教育下的合理选择,能够有效地集实用与审美于一体。

（三）瑶服审美价值

众所周知,瑶族具有崇拜盘王的传统,并且将其融入生活的各个方面。在饮食层面,则禁食狗肉,因为盘瓠是龙犬;在服饰方面,则穿戴五彩服饰,因为盘瓠着五色衣服;在祭祖方面,则举行隆重的盘王节,因为盘王不仅始创瑶族,而且在渡海之时保护瑶胞。瑶族各个族群虽然分散,却穿着极其相近的五彩服饰,民间群众和专家都大体认可其包含图腾的意义,直接指向对盘王的纪念。贺州土瑶服饰刺绣图案纹样上的颜色主要是红、绿、白、黑、黄五种颜色,据当地土瑶族老人讲,这便是象征龙犬的图腾,是一种图腾象征的符号,因为他们认为盘瓠祖先是一只五彩斑斓的龙犬,因此以五色加以象征。贺州市黄洞瑶族妇女包头花帕是狗的耳朵样式,即用一条简单的花帕在头上绕成一对角,村里老人说:"这样包帕是表示我们祖先是犬的意思,那个角就是我们祖先犬的耳朵。"这也表明盘王的图腾崇拜确实深入瑶族的日常服饰中,这是瑶族的共有特征。也同时因为大分散,瑶族内部形成众多支系,虽然都具有一定的共性,但各个支系也形成了极具个性的穿戴风格,因此在论及瑶服审美价值之时,不可一概而论。

在贺州因为帽子形状不同,可以将瑶胞分为两类,即平头瑶和尖头瑶,一般来说居住在平地的瑶族为平地瑶,即平头瑶,而居住在高山密林的瑶族为过山瑶,即尖头瑶。从这个基本居住状态,可以简单判定其帽子形状与居住状态有关,或者说具有居住性质的象征意义。事实上也基本如此,富川平地瑶的传统民族服饰基本上是平头帽子,而贺州市八步区各地盘瑶即过山瑶,基本上是尖头帽子。居住在贺街、步头镇的盘瑶妇女,喜戴塔形尖状头饰。这种大尖头饰,先用一块长约2尺、宽约5寸的黑布将头发包扎成尖形,之后用十多块长方形的黑色大布帕围圈成三角形的帽,做成尖塔状;大帕边沿用白、红、蓝三色布镶边,以成装饰唯美。层层叠叠的帽檐有数寸厚,前高后低,露面遮颈,帽高1尺多,帽上佩饰3寸宽的挑花锦带,帽檐两边系彩色飘带和用丝线串的珠串,帽上还缀饰多块菱形、方形银牌,状如五彩缤纷的宝塔,光彩照人。这种尖头宝塔是否切应山峰,暗指过山瑶"吃尽一山又一山"的过山迁徙生活呢?如此推论应该不是简单的臆测,而是对应的生活意象。因为对比平地瑶,可以发现他们的传统瑶服基本上是平头帽子,甚至选用汉族帽饰。

瑶族服饰因为鲜艳华丽,其图案也是多姿多彩,除了很明显的瑶族图腾意义,还绣织着许多其他图案,诸如日常动植物图案等。这些图案主要有梧桐花、鱼骨花、簸箕花、莲花、韭菜花、豌豆花、人形金鬼花、桐子花等南方常见植物,说明瑶族生活与之具有密切关系,既包含刀耕火种的耕作生产,也包括狩猎采集的生活方式,既有山林生活的影子,也含有平地农耕的影像,否则瑶族同胞不可能对此上心。这种生活图案能够与图腾图案并行不悖,说明瑶族既关注自己的族源来历,更注意当下的生活现实,希望借此表达自己对于美好生活的追求与向往。取象"花"作为美化图案,我们更多的是从审美层面进行解读,或者从伦理意义方面进行解说。例如,有学者认为:贺州黄洞瑶族男子的斜挎包上绣着一些人形金鬼花、桐子花等南方常见植物,它是男人的护身符,将人形金鬼花绣上去,用以保佑男子外出平安。因为金鬼为他们驱逐了黑暗和鬼怪,为他们带来了光明,使他们人丁兴旺、幸福美满。而莲花,则受到汉族文化和佛教的影响,意味着洁净、清纯、馥郁,也表示瑶族人至上的品质。同时,莲子意味着多子多孙。梧桐花是亚热带常见植物,瑶人认为梧与福谐音,在服饰上绣梧桐意味着给族人带来福气运气。韭菜花,韭与久谐音,久也指人长寿,在服饰上绣韭菜花,被认为给族人带来福禄寿,也有长长久久的美好祝福。这些花卉图案象征这个氏族(过山瑶)的繁荣昌盛、多子多孙。其实,如果我们稍加注意,还可以发现一个奇特的现象,那就是瑶族男子习惯以"花"取名,而"花"之意蕴正像前文所述,具有生殖意象的内涵,因此瑶族服饰之花草图案,应该还具有生殖的深层意蕴,表达着瑶族因为人口减少由原来主体民族变为少数民族的历史印迹,深埋着族群的生存忧患。

虽然土瑶民依然保持自己的民族服装,但年青一代往往只在特定时间穿着它,比如盘王节、婚庆、传统节日与政府安排,其他时间大都倾向于不穿戴,这就意味着民族服装的穿着只在于提示族群记忆。这种提示是必要的,虽然从总体趋势而言,其民族服装的隐退似乎已不可避免,但作为非物质文化遗产应当及早予以保护,或许还具有长期存在的可能。否则一旦像汉服唐装那样退出历史舞台,就只能在戏台上审美回味,其失去的民族历史情愫将永远不可能在现实当中复现,这无疑是民族精神的一个损失。这就犹如桂岭镇韦氏壮人,他们要证明自己是壮族都要费上九牛二虎之力,既没有语言上的表征,也没有服装上的呈现,就连传说中的迁移来源也没有确凿的史证,于是精神上成为无所依归的漂泊者。虽然土瑶年青一代已然呈现抛弃民族服装的情感倾向,但毕竟只是一种趋势,还没有形成不可阻挡之势,因此,应当强化特定时空的民族服装族群记忆功能,不断培育年青一代的族群历史情愫,使之不至于真正成为族群历史的失忆者。

二、精神信仰多元求和

人不同于动物,动物只有生理性躯壳的动物性需求,人不仅有着物理性躯壳,更有着精神性欲求,而且这种灵魂世界的诞生自有其支配人的功能与力量。不管是唯物主义还是唯心主义,都会创造属于自己的精神世界,并且依托这种形而上的东西达到统筹社会生态系统的目的,因此人类在进入阶级社会之后,都会高度重视精神世界的统领,以期有效地维护统治者的利益。对普通百姓而言,也可以调剂人与自然、人与社会、人与人、人之自我等多个层面的矛盾冲突,实现灵与肉的多元和谐。

(一)神灵信仰:灵魂的精神支柱

瑶族自其始祖盘瓠就培养了"好山恶都"的族性特征,自主地选择高山密林生活,追求与自然的亲密关系,于是成为自然之子。其实,任何时候人都只能是自然之子,任何形式的"人是万物的灵长"的思想,都有可能因为人类的私欲破坏自然,最后自然必定报复人类,而人类在这种报复面前将会无能为力,因此人类必须敬畏自然。瑶族因为长期生活在高山密林的大自然中,因此更能体会自然的无限威力,也更能体验自然给予人类的恩惠,以此继承和接受古人之万物有灵的思想,形成自然神灵的信仰与崇拜。

由于瑶族大分散,各个小聚居的族群都会基于生存环境形成独具特色的自然信仰与崇拜,因此不可能全面地加以论证,只能以个案为例进行剖析说明。富川瑶族自治县是贺州唯一的自治县,具有某种典型意义。据调查,比较典型的自然神灵信仰与崇拜,集中体现在富阳镇的七星庙,"七星庙为涝溪过山瑶所信奉,里面有五个神像,即风王、雨王、正庙王、雷王、禾魂"。同时,还有"社王庙和土地庙。社王为涝溪过山瑶信奉的主要神之一,土地神也是如此,有的在苞谷地边立一块石为土地神,敬奉保获庄稼"。① 七星庙的祭祀"在二月社、六月社、八月社、十月社时点香纸,供猪肉,是集体的祭拜方式,祭后集体吃一餐"。而"祭社王也是在以上社日,仪式简单,点支香,做几块糯粑供一番。祭社王主要是祈求保护庄稼不被风吹、鼠咬。祭土地也是如此。将土地神放在苞谷地边,就是保护苞谷不被野猪吃的意思。他们打得野猪之后,要用头、尾、胆来祭土地,还要一只鸡陪供,祭后方可吃。在吃时不许说话,否则下次就打不到野猪了"。② 此外,除了建有庙宇的自然神灵,还有其他各种神灵,诸如天神、地神、水神和太阳神等四位"功曹神",以及山神、树神、火神、岩神等,可以说无处不有神,特别是当病魔等各种灾难来临之时,更是寻求各路神灵以求解难。相比较而言,瑶族比汉族更加信奉自然神灵,这是可以理解的。因为瑶族居住在高山密林,与自然有着更加密切的接触,能够更加深切地体验自然的无限威力。大自然的任何变化,诸如狂风暴雨、山崩地裂等自然灾害,瑶族同胞都有深切的感受,人在如此之自然伟力面前,确实显得万分渺小,于是产生强烈的自然崇拜情结。这种崇拜心理,虽然源于人对自然控制力的不足,或者说,对于自然规律掌握的程度不够,但是从目前人类对自然破坏所形成的环境污染情况看,瑶族之敬畏自然的理念还是值得现代人汲取和学习的。

自然是可畏的,人是可敬的,可敬之处还在于人具有反思精神,时常追问"我是谁?""我从哪里来?""我将向哪里去?"似乎这是一些哲学问题,只是哲学家才会追问,其实,普通人也会追问思考这些问题,而且将其化入日常生活,成为精神世界的一部分。在民间,清明节就是一个追思的节日,通过祭祀先祖回答以上一些看似哲学的问题。作为瑶族,各个支系基本上都认可盘瓠作为自己的祖先,由此形成一个民族共有的祭祀节日,即盘王节,进行集体还愿。

富川富阳镇"还盘王愿,平地瑶又叫作踏朝,十二年一小踏朝,二十四年一大踏朝。时间为三天三夜,由全村集体举行。届时,由主事请来两个道师和公选的两到三个头人掌握和主持。由 12 个人各穿着白长袍一件(穿在里面),蓝长袍一件(穿在外面),以白带子扎起来,头上围一块花布手巾。这十二人是由十二房人中抽出(洋冲屯共有十二房),每

① 广西壮族自治区编辑组.广西瑶族社会历史调查(第三册)[M].南宁:广西民族出版社,1985:144.
② 广西壮族自治区编辑组.广西瑶族社会历史调查(第三册)[M].南宁:广西民族出版社,1985:145.

房一个,十二人中有一个扮姑母,是男扮的,十一个扮为姑仔,由姑母领唱,其余姑仔合唱,连唱带舞。在二十四年大踏朝时,须二十四个人,包括头人、道公、师公和另外的十二个人。他们不打长鼓,而打排板,除此之外,在这三天之内全村要聚餐。过山瑶在还盘王愿的内容上有些不同,形式是由主事家庭单独进行,也有集体进行的,在半路举行。要请四个道师,要有三男三女,称为凤凰仔、凤凰女。由唱歌娘(三男三女)唱歌、打长鼓。杀两头猪来祭盘王,祭后供师公,家人及亲友吃,不得出卖"。① 这种大型的还盘王愿,起着动员整个族群的作用,具有最为隆重的意义,因此时限间隔较长。一般家族或家庭也可以做还盘王愿,但由于经济等各方面的原因,就显得没有那么隆重,但也非常正式虔诚。

荔浦县清福乡瑶族同胞"做盘王即还盘王愿,这是瑶族中最主要的宗教仪式。时间没有一定,一般是由问卦决定,都是以家庭为单位来做,所以有做不起的,几代人没有做过。分有大小两种,大愿的时间是一天两夜,杀两头猪(猪大小不定),请三个师公。小愿的时间是一天一夜,杀一头猪,请一两个师公。还愿时由师公将盘王、唐王、刑平王、伏灵王、伏江王均'请'到家中,之后烧香燃纸,请各户老人一个来参加吃三餐即罢。香纸钱要花七元左右"。②

富川县富阳镇祭祀盘王是"在白露之后,选择一个吉日接盘王。接时,轿子里面放上新棉被,将盘王从庙里接到村里米。在全村选五个地点来摆供桌,由附近的各家上供。供鸡鸭香纸。同时还要集中供一桌。一天一夜供两次,第一次是供白糍粑和鸡鸭,第二次是用冒热气的糍粑和鸡鸭,最后晚上杀猪来祭。大家在这一天一夜的时间里唱歌跳舞,如果还愿唱戏时要二天二夜方能送回"。③ 而前往盘王庙祭祀则灵活许多,只要在规定的时日祭祀即可,而且一年之中可以祭祀的时日相对较多。"主要是在二月二十八、五月二十八、八月二十八、十一月二十八和开春节杀一头猪祭祀,请两系道师祭庙。平时也有许愿,小孩有病也到庙中

① 广西壮族自治区编辑.广西瑶族社会历史调查(第三册)[M].南宁:广西民族出版社,1985:143.

② 广西壮族自治区编辑组.广西瑶族社会历史调查(第四册)[M].南宁:广西民族出版社,1986:271.

③ 广西壮族自治区编辑组.广西瑶族社会历史调查(第三册)[M].南宁:广西民族出版社,1985:143.

祭祀求神。"① 与此关联的，还有还洪门愿。

"据洋冲的平地瑶讲，从盘古开天地以来就举行还洪门愿仪式。每年有若干次，时间在正月十二、二月二十八、五月二十八、八月二十八、十一月二十八。每次杀一头猪，做一些糯米粑粑，集体来祭盘王，以求禾苗不生虫，之后共进一餐。要请道师，如果请不到时，还要向神主说明。时间是半天。"②

从这些列举中可以发现，盘王祭祀可谓种类繁多，从涉及的范围看，从一个家庭、一个家族到一个村庄聚落，再到一个族群，范围不断扩大，参与人数也必定越来越多；从时间间隔看，既有一年一次，又有一年数次，还有十二年一次，以及二十四年一次；从还愿的层次看，既有小愿，也有大愿，确实给予民众多层次的选择，也表明还盘王愿的深入人心。这样的一种设计，能够有效地聚合瑶族的族性，能够确保民众从情感层面深入认同。设想，如果没有这样一种还愿形式，作为大分散的瑶族，即使小聚居也是"看到屋，走到哭"式物理间距的疏离，要想团结聚合人心，实现民族认同，确实存在诸多困难，因此必须有一个精神纽带能够将大家牢牢地捆绑在一起。还盘王愿就是这样一种形式，通过共有的仪式，运用不断重复的策略，由此形成一种无意识诉求，使之能够从显性的意识层面进入隐性的无意识状态，并且积淀成为集体无意识，从而达到民族之间的团结与认同。

瑶族毕竟是小聚居，聚居在一起者，基本上具有某种近亲关系，因此我们也可以发现，瑶族在祭祀始祖盘瓠的同时，也祭祀各自的近祖，形成祖先崇拜。瑶族认为人死后还有灵魂，只是祖先生活在另外一个世界，祖先不仅自己生活，还会带给子孙吉凶祸福，因此瑶族对祖先至为虔诚。清明时节，都要去祖先墓地扫墓，认为祖坟上不能断香火。贫困人家，虽然过着极端贫穷的生活，也得想方设法弄些食品供奉和买纸钱烧化，以保证自己能够脱贫致富，能够平安健康。富川县富阳镇"平地瑶和过山瑶两族系都崇拜祖先，家中供有祖先神位，过七月半，接祖送祖等活动都由家庭小单位单独进行。他们认为如果不敬奉，子孙就不得安宁。清明节也是共同的节日，从清明到谷雨之前5—20天内，必须到

---

① 广西壮族自治区编辑组.广西瑶族社会历史调查（第三册）[M].南宁：广西民族出版社，1985：144.

② 广西壮族自治区编辑组.广西瑶族社会历史调查（第三册）[M].南宁：广西民族出版社，1985：143.

祖公坟上扫祭一番,也是以家庭为单位进行的,常常是全家出动,带着孩子同去,这样使孩子认祖坟。在平地瑶中有同房集体扫墓的现象,这是因为同房族的因死亡而绝后,家产由同房的人继之,种他的田,而将收获的一部分,每年用来买些猪肉等,做些糯米粑粑到其墓前祭奉,祭完之后大家聚吃一顿。在过山瑶中多祭近祖。在平地瑶中过去如有不祭祖的则被认为不孝,受舆论谴责"。① 这种慎终追远的习俗,很显然具有中国传统文化特征,西方许多国家在基督教等宗教影响下,崇拜上帝而非祖先,因此可以看出,传统的主流儒家文化已经深入社会各个族群的各个角落,使之能够有效地成为中华民族大家庭的一员,并且能够于心理层面进行有效的认同。

(二)生活信仰:现实的关系桥梁

自从人类从动物界走出,逐渐地学会掌握自己的命运,从单纯"靠天吃饭"向基本"靠人吃饭"转变,构筑属于自己的社会生态关系。在这个复杂的社会生态关系中,协调物质生产始终是人类思考的重要关系,由此形成诸多的社会生产信仰。由于人类支配自然力有限,以及无法全面认知自然规律,因此就会构筑一些信仰禁忌,希望达到约束人类行为,获得自然认可并获得优厚回报的目的。富川县富阳镇"平地瑶的生产禁忌:五月分龙节忌挑粪水。六月十三,祭刘大娘,唱戏四天,不出工,如果不这样做,禾苗就会生虫,天也不落雨。七月送'虫',不出工一天。八月游神赛会,三天不出工(有时半月)。八月十日,砍牛祭庙,不出工。四月初八,牛生日,不得用牛。土皇日,忌下种,否则不得收。带工具出门时,不能讲怪话(如鬼、蛇、妖怪等),否则出门不利。过山瑶的生产禁忌:大暑、小暑忌进田地,否则老鼠多。上午砍山不能说话,否则就会砍伤手脚。二月初一忌生产,否则害鸟多。二月、六月、八月的社日要祭社王,不出工,否则禾苗长不好,害虫也多。四月初八牛生日,不得用牛。带刀出门不能讲怪话,否则出门不利"。② 现在看来,设立这些禁忌有些荒谬愚昧,其实,不能使用现代人的眼光看待历史先人,不仅因为人都有历史局限性,而且因为信仰基点不同,各个族群历史生成的文

---

① 广西壮族自治区编辑组.广西瑶族社会历史调查(第三册)[M].南宁:广西民族出版社,1985:142-143.

② 广西壮族自治区编辑组.广西瑶族社会历史调查(第三册)[M].南宁:广西民族出版社,1985:108.

化也不一样，否则，同是一地的瑶族就不会有平地瑶与过山瑶的禁忌区别。这种禁忌的设立，真实地反映了瑶族民众敬畏自然的心态，通过一些具体的禁忌体现对自然的尊重，规范并约束民众遵守自然节律，只有这样，才能从顺应自然中获得人类应有的利益。

自然的生产是重要的，人类自身的生产同样重要，在人类对自我生育现象没有充分认知的情况下，也一样生成许多禁忌。贺州市"土瑶妇女怀孕时，千万不能犯'六甲'①，否则要么会流产，要么会生产畸形儿。孩子没满月时，妇女也不能犯'六甲'，如果不慎犯忌，孩子会患睁不开眼，口吐白沫，全身起水泡或脊背起青色斑纹等怪病"。"怀孕期间，妇女一般不能用剪刀剪裁自己或丈夫的衣物。如果非要动剪刀，必须先用扫帚象征性地在要剪裁的衣物上扫几下，表明已把'六甲'扫除。孕妇也不能使用自己家的石磨，一般使用邻里家的石磨。如果实在要用自己的，也必须先用扫帚扫净磨盘，以示扫开了'六甲'。"②类似的禁忌在各个民族中，均有不同程度的发现，虽然具体禁忌条目不一样，但是思想内涵一致，都是为了保护母亲、胎儿，最终保护族群人丁兴旺。应该说，孕妇确实需要一定的禁忌，因为现代医学已经表明，自然环境和人类行为本身都会不同程度地影响胎儿的生长发育，为了优生优育起见，必须有所禁忌。当然，禁忌的具体内容有所差异，古人更多的是基于一种经验和信仰，现代人则更多依据医学和技术，但是其禁忌指向是一致的，那就是确保生命质量。对人类社会而言，人总是第一位的，虽然我们不应保持人类中心主义，但保持人应有的尊严，却是从古到今永恒的命题。

人类社会说到底还是人的社会，必须协调人与人之间的关系，建立一种基于仁、义、礼、智、信的社会生态关系。人与人之间只有诚信，才能构筑一种和谐的社会生态关系，而瑶族之诚意（关系）信仰自古而然，广为人所称颂为民风淳朴。《岭外代答》记述："瑶人无文字，其要约，以木契合二板而刻之，人执其一，守之甚信。"《溪蛮丛笑》也说："刻木为符契，长短大小不等，冗其傍，多至十数，各志其事，持以出验，名木契。"钱元昌《粤西诸蛮图记》记载："有相讼者集于社，推老人上坐，两边各剪草为筹，每讲一事举一筹，筹多者胜，盖理拙则筹弃，理直则筹存也，

---

① 六甲：甲子、甲寅、甲辰、甲午、甲申、甲戌六个甲日。
② 袁同凯.走进竹篱教室[M].天津：天津人民出版社，2004：100-101.

是谓寨老,亦曰论理。论毕,刻木记之,终身不敢负。"许朝《镇安风土诗》写道:"官府文约都无用,木刻相要信自孚。"《溆浦县志·风俗》则云:"凡交易不立券,以圆木斜削两头而中分之,各藏半以为信。若有事投入,亦用木口明。有事一以木口传闻诸峒,急慢束炭及鸡翎于上迹迅速。"这些历史古籍文献资料表明,瑶族极为重视诚信,已经养成一种诚意信仰,并且已经深入每个民众心田。"在各地瑶山,凡是有主的东西,旁人绝不会染指。瑶山的山腰间、村寨旁、菜园边以及柴堆上,常能见到一根根'茅草结',这种特殊标志是表明这些地方或物品已经有主人了,旁人不会索取。农忙时节,全家人外出劳动,住房无锁,也不会丢失东西;收获期间,人们一般不把谷物带回家,而是寄放在路边或山间简易仓库里,亦没人偷窃。这种'路不拾遗,夜不闭户'的淳朴之风,在瑶山随处可见。"[①] 这就是诚信已经化入生活的具体表现,否则对于无人值守的东西,在许多情况下都会发生物主的转换,会被别人卷走。正是有着整个族群的诚意信仰,才会有着"非己之物不取"的社会氛围,才会形成如此良好的社会风气,也才会构筑和谐的社会生态。

(三)社会生态:和谐的审美意识形态

广西贺州是一个多民族居住的地区,在各少数民族中,以壮族、瑶族人口最多。而瑶族又有盘瑶、过山瑶、平地瑶与土瑶等支系,据人类学家考证,土瑶是独存于贺州的一个瑶族支系。土瑶全部散居在贺州市绵延一百多千米的大桂山脉边远山区,他们生存的自然生态环境形成地理上相对封闭的独立社区。

土瑶族群社区比较典型地反映了瑶族"入山唯恐不高,入林唯恐不密"的生活环境选择,这种基本上与世隔绝的生存状态虽然客观上阻碍了瑶族社会的发展,但也相对完整地保存了瑶族的民族特性,因此对于土瑶族群社会生态之审美意识形态的考察,可以比较原生态地揭示土瑶民的人文审美心理状态,从而有助于了解这个独特的瑶族支系。

1.人际关系:追求社区和谐

由于历史原因,土瑶民选择了具有地理层面相对封闭的自然生态环

---

① 周宗贤.瑶族的传统道德规范研究[A].思想战线,1983(5).收入张有隽.瑶学研究(第四辑)[C].南宁:广西人民出版社,1997:323.

境,于是人们很自然能够理解土瑶民与周边汉人缺乏某种人文心理交融,但是却难以料到土瑶民与其他瑶族支系也缺乏某种人文心理交融,比如同在鹅塘镇生活的过山瑶,土瑶也不认同,这就是土瑶民现实的人文生态环境。因此,在这样的人文生态环境下,他们的人员流动也多限于土瑶族群内部。"几个世纪以来,土瑶人的社会交往主要限于各山寨之间,因此,几乎寨与寨之间都有虽艰险却能行走的蜿蜒小路。每年每个村寨都在农闲季节自觉维修各自村寨地界内通向其他村寨的路段。在土瑶山寨,条条崎岖的小道犹如一条条飘逸的缎带,在群山峻岭中穿梭,走村串寨,网络般地把各个山寨紧紧地连在一起,使二十四条山冲中的土瑶山寨成为一体。"① 如此看来,土瑶社区不仅具有自然生态环境的某种相对封闭性,而且人文生态环境也具有某种相对封闭性,且社区人口较少及分散居住(各个聚落的居住人口就更少了),正是这种自然生态环境与社会人文环境的双重作用,使得土瑶内在地生成追求社区和谐安稳的审美意识形态,从这个意义上说,对和谐社区的追求就是土瑶的一种生存策略。

贺州各瑶族支系有的生活在峒外平地,如富川平地瑶;有的生活在山地边缘,如与土瑶毗邻的过山瑶;只有土瑶整体生活在远离平地的大山深处。长期蜗居在深山老林的恶劣自然生态环境中,延续着分散居住的生活方式,这就迫使土瑶民不得不选择相互支持从而获得共生的生存取向,否则族群的有效生存都可能成为问题,因此内在地倾向社区和谐。据民间相传,土瑶祖先从广东迁徙到广西梧州,再从梧州被迫迁至贺州市八步区贺街镇,之后又被迫迁至八步区沙田镇芳林村、马蜂村、龙井村和移石寨,这些地域都属于现在贺州市相对肥沃的小平原区域,最后才迁至群山峻岭的大桂山脉深处。迁居贺州的几百年,又使这种追求内化为集体无意识,从而更加根深蒂固。伊格尔顿说:"文化是唯一真正的社会和谐,是目前极少对立的社会,是神秘地超然于事物和原因的现象领域的、人和目的的本体王国。"② 可以说,正是土瑶独特的文化孕育了他们追求社会生态和谐的审美意识形态,而如此之审美意识形态也巩固了他们自有的独特文化。其实,相对封闭的人文生态环境也导向土瑶民追求社区和谐,在几乎没有外拓的情况下,只有求诸内,因此具

---

① 袁同凯.走进竹篱教室[M].天津:天津人民出版社,2004:82.
② [英]特里·伊格尔顿.审美意识形态[M].王杰等译.桂林:广西师范大学出版社,2001:103.

有寻求内部和谐的心理欲求。土瑶民不仅整体人口较少,而且分散居住,绝大多数聚落的住户相当分散,一个聚落往往占据整条山冲。更有些散居的山寨,从村头聚落走到村尾聚落,可能都要走上一个多小时。这也就意味着每个聚落不仅具有同一自然生态环境,而且形成社区的共生社会生态关系,同时也由于族群内部山寨间的婚姻关联,因而是一个典型的传统伦理社会。整个族群交织于人情伦常之中,形成一荣俱荣一损俱损的生存利益共同体,这也是生成社区和谐生态的必然要求。

人作为社会动物,总是趋向群体性生活,因此就在生活层面天然地倾向于社区的生活方式,从而内在地生成社区共生的审美意识形态追求。这在生产力相对落后的历史时期表现得更为明显,因为个体不仅难以应对恶劣的自然环境,也难以应对艰险的外部社会环境,为了有效生存就必然倾向于相互帮助,努力营造一个相互依存共同生活的人文环境,从而求得个体与群体的共生。土瑶民就具有相互帮助的传统,特别是个人有着红白喜事之时,一定表现为整个自然村和衷共济共同操办。建房对于任何一个家庭都是大事,备料就需几年甚至十几年的时间。及至建造之时,任何一个家庭都难以独自完成,因而形成相互帮助共同建造之势。主家在完成建房材料准备后,就请赛选(土瑶社区对神职人员的称呼,即师公或道士)看日子确定建造日期,这时,主家就要事先通知亲属邻里,以便安排时间前来帮工。这是义务帮工,是土瑶山寨的传统,建造期间每天都会有十几个亲属或邻里主动前来帮工,直到房屋建成为止。而主人会以他们各自的方式记录哪些人前来帮工,帮了多少天,日后他们会亲自或派家人偿还所欠的人工,只多不少。如果有人故意不来帮工,那么他就会站在不义的被告席上,受到全村的舆论谴责,并自外于族群社区,此后他也难以得到族人的帮助。因此,这也是自我调解邻里小矛盾的好时机,原先的一些矛盾就在帮工的劳动氛围中化解,一个和谐共生的社区氛围进一步得到巩固与加强。而对于偷窃、赌博等破坏和谐共生人文环境的行为,则依照土瑶民的习惯法进行制裁。"如发现某人染指偷窃或赌博,全寨老少都会来到当事者的家里,见鸡杀鸡、见猪杀猪,在其家里连续大吃大喝,直到把他家里的东西吃光为止。"[1] 当然也有一些村寨只是每户派一人到当事者家里吃一顿并处以罚款,其效

---

① 袁同凯.走进竹篱教室 [M].天津: 天津人民出版社, 2004: 230.

力与之相当,如沙田镇狮东村白虎寨。[①] 这就从正反两个方面维系着土瑶社区和谐共生的社会生态关系。

土瑶社区作为一个自然环境与人文环境都趋于相对封闭的社区,长期以来他们的社会交往基本上局限于土瑶族群内部,但是随着政府及社会各界人士的重视,对外交往日渐增多,封闭状态开始打破,土瑶社区的对外社会生态场得以衍生。土瑶民历来就有好客传统,如果有重要的山外来客,如原来香港中文大学袁同凯博士,村里曾组织人员出山十几二十里去迎接,一路上唱着瑶歌嘘寒问暖,带给客人一份暖烘烘的感动。进村之后就是长桌酒招待,菜肴多数是土瑶民自产的"涡苏"(腌猪肉)、竹笋、豆腐、腐竹、咸菜等,虽然简朴但也已经调集全村经济资源了。虽然极端困苦,但是依然倾其所有招待客人,显现出土瑶民努力构建一个和谐共生的外在生态环境的善良意向。

2. 身心二元:基于现实的交往互动

文明对于人的身心是一个悖论。史前荒蛮时代,人类拥有一体的身心,或者说心灵思想全然从属于身体,是身体化的思想,正如现在一些动物并没有独立于身体之外的思想一样。但当人类走出荒蛮进入文明的时候,一体的身心却遭到了破坏,心灵从身体中觉醒并独立出来,造成身心二元,从此人类开始不可逆转地身心分裂。这种分裂在世俗社会既是一个常态的现象,也是一个基本现实,更是基于文明发展的生存策略。当然按照否定之否定的哲学规律,身心发展运动不会止于分裂状态,还会继续发展直至生成新的身心合一,那是遥远未来的前景。而在身心分裂的常态社会现实中,也可以在某些特殊状态下短暂地实现身心归一,比如审美状态。由此可知,身心合一的追求不仅是未来的远景,而且也是现实社会的一个梦,因为植根于生命本源,所以具有不可抗阻的无限生命力。

毛泽东曾经说过,身体是革命的本钱,这反映伟人在身心二元对立中十分关注身体作为物质性存在的重要性。对于维持身体物质性存在的物质财富创造,土瑶民虽然也相信儒家的命运说,所谓"命里有时终须有,命里无时莫强求",但还是更多地倾向于依靠自己的双手:相信勤劳(身),不尚空谈(心)。"土瑶人具有勤劳实干的传统美德,民间鼓励人

---

① 袁同凯.走进竹篱教室[M].天津:天津人民出版社,2004:102.

们凭自己勤劳的双手养家糊口,任何踏实肯干的人都会受到社会的赞誉,而'光故'(讲故事)则被认为是不务正业。"①这确实具有某种朴素的唯物主义情愫,虽然土瑶民并没有那样的明确意识,却天然地暗合了这种哲学思想,并且将之化为行为准则。回顾土瑶的生存历史就可以发现,他们具有这样的思想也是生存所迫。恶劣的自然与人文环境迫使土瑶民只有依靠双手才能生存,否则不是被峒外的族群吞灭,就是被森林猛兽伤害,只有依靠自我才能有效自存。土瑶族群历史上一直处于弱势,因而没有什么可以引以为豪的光荣历史,也就难以产生如同阿Q反顾历史的精神胜利法,因此难以在精神上祈求祖先的保佑,只能求助于自我之当下。正因如此,土瑶民的现实感特强,非常注重当下现实的关注,不祈求与历史及未来对话,只求现实身体的存在。

财富创造实现身体的物质性存在,疾病治疗就是确保良好身体的维护手段,如果说实现身体存在倾向于依靠人的努力,那么身体维护就表现为既依靠自我的草药治疗,又寄托神灵的神力且于总倾向方面更倾向于神灵。整个土瑶社区不仅长期以来没有正规医疗院校毕业的科班医生,就是所谓民间草医也没有专职者,都是兼职为之。在这种情形之下,土瑶民对生老病死的态度,更多的就是顺应天意,于是往往求助于当地赛迭施法。人吃五谷,哪能没有伤灾病痛,而这就可能影响人的寿命。自觉追求长寿,这是具有自我意识的人类区别于动物的一种标志。于是在伤灾病痛发生之时,就会积极寻求身体维护之策,不能求诸人,自然转求诸神。当地赛迭不仅具有师公、道公身份,而且往往还略通医道,其于求神施法之时将二者融合在一起。渗以医道的求神施法总有成功的时候,这种成功不是增强医道的信任,而是强化了神灵的作用,从而使得土瑶民在身体维护方面更倾向于精神治疗。

马克思说人类存在两种生产,一是物质财富的生产,二是人类自我的生产。婚姻作为人化的自我生产,显然不同于动物的物种繁衍,其充分体现身心交往与理性取向的文化性。不同的文化具有不同的婚姻形态,因而体现不同的身心交往方式。土瑶民历来崇尚自由恋爱、两情相悦,充分尊重身体的物质性生理欲望,这是最能体现土瑶民身心交往平等性的平台。"结构主义把空间(单个建筑或城市)看作一个文本,而文本则由一整套的'符号'或'信码'系统组成,这些符号'和'信码'或编

---

① 袁同凯.走进竹篱教室[M].天津: 天津人民出版社,2004:59—60.

码在一个具有共同信码的有机统一体中。"① 自由生命总是在一定的时空中,才能获得生存,因此土瑶民在提供空间的同时,也提供一定自由的时间。除不限时令外,在土瑶社区还有专门谈情说爱的日子,那就是二十四节气的当天,这天大家都不下地劳动,而是走村串寨唱歌说情谈恋爱。青年男女在确定恋爱关系之后,还要请赛迓合八字,如果八字不冲,那么就可以确定婚姻关系,如果八字相冲,那么只能作罢。婚宴是社区认可婚姻关系的必备程序,如果因为经济原因,那么可以先行同居,但不管如何,都必须举办婚宴,因此会出现三代喜的现象(祖父、父亲与儿子同时举办婚宴)。依照土瑶习俗,如果不举行婚礼,女方及其子女都不能享有土地山林,因此不管怎样一生之内都必须举办婚宴。赛迓在确定夫妻婚礼之时,还会赐给男方一个新名字,称为正名,具有重生之意。而这名字并不成为世俗通行名字,只作为通往神灵的一个符号。

死亡属于身体的物质性消解,正如其他族群,但这并不意味着心性灵魂就此消亡,而是以神灵的方式继续存在于世俗社会并影响现世的人们。因此,各族群普遍重视逝者、先祖与神灵的身后联系,这既是对他们的祭奠,也是与其沟通,从而使之能够更好地为现世人们服务。对于家人逝者,土瑶人一般实行土葬,如果是死于传染病或原因不明的怪病,则实行火葬,以免祸及社区,显现土瑶人在权衡利弊之后保护现世人们的实用观。丧葬时间一般为三天,报丧一天,打斋做道场一天,出山入土一天。打斋做道场是最重要的仪式,由村落赛迓主持,一般在晚上举行。其中最重要的是搭梯送入天堂,一孝子披麻戴孝面向大门匍匐于前,一缕白带从门前屋檐悬挂而下直达孝子背上,构筑一座通往天堂的天梯。赛迓念念有词,引导着逝者通往极乐的天堂,这个环节需要耗费1—2个小时。逝者入土为安之后,每年还有许多节庆祭奠神灵,主要有:正月初四,拜大王庙;二月初二,奉社王;春社(日期不定,主要根据日历通书而定),拜社王;清明节,祭祖;五月初一,奉土地神;六月初二,奉社王;七月十三,奉大王庙;七月半(七月十四),奉祖公和神祇;八月初二,奉社王;九月初九,奉大王庙;新年春节奉祖公、土地神。这些节庆虽然不是专祭家人逝者,却是祭祀神灵,因而也是对于身体消解后灵魂的尊崇,属于身心交往注重心灵的一种交往方式。

① [美]弗雷德里克·詹姆逊.快感: 文化与政治[M].王逢振译.北京:中国社会科学出版社, 1998:100.

107

3. 生态个性：尊崇个体生命自由发展

生态系统从来都是立体的，其中必然包括许多层级，因此只有系统的整体和谐，才有可能实现生态个体生命的自由发展。社区作为一个社会生态系统，每一个体就在其中占据一个生态位，系统必然要求每一个生态位都要设法与其生存的人文环境相契合，从而实现个体与社区发展的最优化。"在生态学中，有一个'生态位'的概念，生物学家给出的定义是：'生态位是指生物在环境中适合生存的不同环境因子变化的区间范围。'这个定义很'学术'，换一个通俗的非标准说法：'生态位'是指物种与环境的和谐与统一，是物种与环境的'契合'。每个生物物种在长期的生存竞争中都拥有一个最适合自身生存的特定时间位置、空间位置和功能地位。"①土瑶社区追求的和谐社会生态，很重要的一点就是讲究个体位处不同的生态位，在社会交往当中遵循自有的生活区间，追求人际关系的和谐，体现儒家中和的美学思想。表征这种社会生态系统层级的礼制，比较集中地反映在土瑶民特有的长桌酒文化当中。长桌酒形式在婚礼中体现最为完整，是土瑶婚俗礼制的必备程序。自由活动的长条形桌面板从堂屋神牌下开始摆置，沿两边屋墙延伸，遇角即拐，从不中断，从而形成不间断的长桌。女方亲戚坐正堂，座位严格按照客人亲疏辈分高低依次就座，其间没有年龄区别，只看辈分，只要辈分高，就是小孩也必须安排一个位尊的正席。神牌正下之位最尊，之后才是左席右位，最尊之位必定留给为婚礼看日子的赛迭，然后才能安排女方亲戚。客人不能自己就座，必须由司仪依照辈分高低一一请上，然后才能就座。于是，这个程序一般都要花上一个小时。这样一个排座顺序充分体现出土瑶民对个体社会生态位的关注，这是确保社区社会生态作为一个系统和谐运作的基本要求。

长桌酒形制似乎在限制生态个体的自由，其实不然，土瑶民在确保社区整体和谐的前提下，给予每一个体充分的生命自由发展空间。个体的自我发展既表征一种义务，也表征一种社会关系的相互作用。土瑶民在意识层面认为个体的发展既是义务更是权利，因此尊重生态本真生命的内在发展需求，不仅如此，一个和谐社区还创造宽松氛围促成个体的和谐发展。这就是土瑶生态个体发展的人文环境。

俗话说"三岁看老"，这虽然有些言过其实，但也确实说明了童年时

---

① 佚名.优胜劣汰与适者生存[J].企业管理，2004（8）：79.

代对于个性养成的重要性。土瑶民有着某种儿童中心论的征兆,给予儿童相对自由的发展空间,提供密切宽松的成长环境。在土瑶社区,几乎没有严重体罚儿童的现象,都是以宽容心态教育儿童,给儿童以犯错误并改正错误的机会。不仅对自己的小孩如此,对他人的小孩也是如此,整个社区都在为儿童创造一个有利于身心健康的人文环境。这是土瑶民能够构建和谐社区的基础。

童年时代有着个性发展的自由,其个体生命得到有效尊崇。长大成人之后,自我已经获得独立意识,其命运之舟更由自己掌握,个体生命更是得到社区的有效尊重。恋爱婚姻是年轻人社会生活的一项重要内容,也是显现个体生命意识的重要事项。在这里,所谓"父母之命,媒妁之言"没有市场,不仅年轻人有着强烈表达自我情感的愿望,而且家人及社区都鼓励年轻人自己寻找幸福。社区约定俗成的二十四节气的当天是谈情说爱的日子,其他重大节日的社区活动也是良机,年轻人利用走亲访友的时机寻找意中人。在土瑶社区,虽然也存在着重男轻女的意识,在婚姻层面并不显得特别突出,不仅因为可以男婚女嫁,也可以女娶男嫁,而且还有女婿每月至少抽出 10 天到岳丈家义务帮工的习俗,女婿没空则由女儿替代,由此,娘家不会因为女儿出嫁而明显减少劳力。再则,女儿也可以承担儿子的责任,因此儿子在传承家族的使命层面就显得不是很突出,实际上土瑶民的家族传承意识也不是很强,峒外人十分注重排辈,土瑶民基本上没有这方面的意识,男子姓名极少表征辈分。这应当也是土瑶年轻人能够获取婚姻恋爱自由的一个很重要的层面。

恋爱就要结婚,结婚就要有自己的洞房婚床,已婚子女的房间具有相对独立性。土瑶民居结构一般是这样:一进式厅堂,厅堂两侧是房间,每侧一般有两个房间;房间之间有过道,靠里房间的房门向着过道开;靠外房间突出厅堂一米多,其房门就与大门成直角,从而形成不受大门关锁影响的相对独立性。已婚子女一般都住在外间,父母居住在里间,从而形成互不干涉的居室自由。回想从儿童直到成年的整体人生历程,土瑶民都给予个体充分的生命自由,给予自由发展的时空,从而构筑身心的和谐,这就是明证。生态的基本要义之一就是追求生存的最优化,土瑶社区基于自己独特的自然与社会生存环境积淀形成的审美意识形态,正是追求生存最优化的一个基本策略。这种意识渗透社区生活的各个层面,此之分析只选取其中一斑,但已可以略窥全貌了。土瑶社区不专长形而上的建构,而是立足于现实,尊崇生命本真的身体需要,这就是其特点。

第四节　壮人的歌唱生活

一、无日不歌的壮族

山歌的重要功能是男女交流,一些未婚的男女青年在歌唱中寻找意中人,进行"歌圩幽会"。青年男女通过对歌相识之后,相约到另一个地方进行情歌对唱。这种情歌,曲调低回缠绵,以甜言蜜语倾诉双方的爱慕之意,表达男女青年的爱情。如《相思树上画眉叫》唱道:

相思树上画眉叫,
等娇冇到哥心焦,
妹呀妹,
眼中流出相思泪,
心习习,
手巾抹烂几多条。
举歌一只悠娇连,
想娇夜里冇成眠,
仔细想起心六六,
三更半夜剩啼哭,
悠思情,
四更流泪到天明。

正因为歌会原本就是提供男女交往的一个平台,因此必然带有调情色彩,只是壮人更加开放些,而客家人稍微收敛些,仅此而已。梧州人受到壮人和瑶人的影响更加深刻,因此倾向于开放的调情。客家人因为入迁较晚且更注重族群的根的意识,具有更强的族群自律性与内敛性,于是就倾向于收敛的调情。这种现象也是民族交融的一个例证。

壮族是善歌的民族，很早就形成了歌圩习俗，歌圩这种文化娱乐形式也就真切地影响着周边族群，如汉族的客家与瑶人等。"关于歌圩的起源说法不一，民间传说—壮族老者，生有三女，为让女儿们'自己找婆家'，选择心爱的对象，便倡导举办歌圩；有说古代某对青年恋人因未能实现婚姻自主而殉情，后人为凭吊其不幸而举行歌圩；还有说刘三姐传歌后形成歌圩的；也有说歌圩源于宗教的祈年活动等。种种说法均有一定的道理，虽不能作为歌圩起源的直接依据，但毕竟是历史的折射，归结到一点，即歌圩的起源与人类的爱情生活有关。就拿'起源于宗教'来说也无不如此，《粤西丛载》云：'宾州罗秦岭，去城七里，春秋二社，土女毕集，男女未婚者，以诗歌相应和，自择婚配。'……据蓝鸿恩先生于民间调查的材料，也证实了这一点。即：百色汪甸歌圩，先是抬白帝神像游街，然后到田里烧香拜神预祝丰收，以后放花炮和抢花炮，然后才正式歌圩。田东敢仰歌圩，是每年三月，先请道公和师公来打醮，祝贺丰收，保佑太平。然后男女们持火把到岩洞看各种景色，出来后才闹歌圩。"[1]

南乡壮族的歌圩文化主要是以"隔河歌圩"的形式在延续。"隔河歌圩"，俗称"歌堂夜"，一般在春节期间的正月初一到十五举行。歌圩其间，每当夜幕降临，男男女女都穿上盛装，迫不及待地从四面八方前来赶歌圩。歌圩地点一般都在村寨旁边的小河边，小河两边摆有歌台。每晚要进行隔河对歌，对歌以村寨为单位。歌队成员又分成很多组，每组有四男四女，每个组都有"歌王"。他们还自带柴火，每组燃起一堆篝火，自带板凳围火堆而座，大声唱歌。歌圩有严格的程序，必须先唱"来路歌"，接着由领唱的歌王唱"贺年歌"，即以歌唱的形式表示对另一方的祝福，然后双方共同唱"尊敬歌"，互相表达敬意和请安。接着又唱"请教歌"，对另一方表示谦虚。接下来才是双方斗智斗勇的唱歌比赛。先从"测字歌"唱起，再唱"盘歌""大话歌""典故歌"等。歌唱的内容十分广泛，包括古今中外，天文地理知识，以及壮族群众生产劳动和日常生活的内容，以及人情世故，道德哲理等。对唱要唱几天几夜，直到双方满意为止。"歌圩"反映了南乡壮族人民的风土人情，表现了壮族人民的聪明才智。

壮族民歌多为五句一节，也有四句一节或六句、七句、十句构成一节的自由体，但五句一节最为常见，一三五句押韵，也有第五句与第四句不押韵的利用第三句（只三个字）作转韵，体裁较活泼自由。壮族民歌

---

① 赵毅.乐海涛声[M].北京：京华出版社，2001：266.

有快调(又称过山调)、慢调(又称半过山调)、高调(又称过山调)三种。有的用壮语演唱,也有的用连山方言演唱,这是千百年来壮汉民歌互相融合的结果。快调每在深山密林中唱,音调高亢悦耳,悠扬动听;慢调多用来对歌,旋律优美,装饰音淳朴华丽;高调常用于年晚歌、年夜歌对歌,风韵粗犷,旋律流畅自由、活泼明亮。

二、神奇舞火猫

壮族也是一个喜好舞蹈的民族。南乡壮族的民间舞蹈主要有龙舞、狮舞、火猫舞、马鹿舞和装皇舞。龙舞和汉族差不多。狮舞则和汉族稍有不同。他们是以三人为一组表演狮子舞。南乡壮族最有特色的舞蹈是火猫舞,也是至今所发现的南乡壮族保存最完好的古老舞蹈。火猫舞主要是在春节期间表演,一般要从正月初一舞到正月十五。村寨中进行舞猫活动,要由有威望的老人来组织,成立"舞猫会",而且每家每户都要出钱作为活动经费。舞火猫有两种形式,一种是"舞长猫",另一种是"舞猫人"。

据当地老艺人反映,舞火猫是祖宗传下来的,在南乡镇已流传很久。但究竟源于何时,无考。从壮族的迁徙历程推测,"舞火猫"应该是从桂西壮族区域带来,但是目前当地已经没有"舞火猫"。南乡壮族视猫为神,因猫捉鼠保护庄稼而对其产生崇拜,源于古代中原祈求农业丰收的大型祭祀活动——"蜡祭"。对于猫的祭祀,还可追溯到周代的"蜡祭"。蜡祭,年终祭祀之名。据《礼记·郊特性》记载,上古蜡祭所祭八神之中,猫就被列为祭祀对象之一,其云:"迎猫,为其食田鼠也。"宋苏轼《东坡志林》记载:"八蜡,三代之戏礼也。岁终聚戏,此人情之所不免也,因附以礼义,亦曰不徒戏而已矣。祭必有尸,无尸曰奠……今蜡谓之祭,盖有尸也。猫虎之尸,谁当为之,置鹿与女,谁当为之? 非倡优而谁? ……"南乡壮族舞火猫实际上是古代腊祭的遗存,从中也可看出贺县壮族民族文化历史之悠久和与中原文化的渊源关系。

据此分析,南乡镇壮族的"做功德"仪式和"舞火猫"活动当在明代即在当地流传了。据当地老艺人韦家来(1928年生)说:"舞火猫"原是在壮族民间宗教仪式——"做功德"中表演的。"做功德"是南乡壮族全村联合举办的一种超度孤魂野鬼的祭祀仪式,一般在冬天进行,祭坛设在村外,法事由师公主持,要搞三天三夜。除了法事外,穿插"舞火猫"的活动,第一天《舞长猫》,第二天《舞猫人》,第三天又《舞长猫》。

现在做功德的祭祀活动已自行消亡,"舞火猫"即演变成娱乐性的民俗活动,主要在欢度春节时进行。一般在农历正月初一至十五期间活动,具体时间各村寨不尽相同,但过了十五就不能再舞。

"舞长猫"和汉族、瑶族的舞香龙有些相似,只是将龙头换成了猫头。壮族村民用草绳结成粗绳,绳头扎成猫的形状。夜晚时分,全村人聚集起来,燃起篝火,点燃神香,并插在猫身上。"舞长猫"时,前面有几个小孩手持神香装老鼠在跑,"长猫"则左右扑腾,在后面追逐"老鼠",祈求今年能够五谷丰登。舞猫时,他们先是围绕村寨走一圈,接着走出村寨来到圩上表演。表演队伍旁边还有众人手拿神香,随时在猫身上加神香。夜幕里,长猫身上香火点点,十分壮观。

"舞猫人"则是用人装扮成"猫"起舞。至少要有七人扮猫共舞,多则不限,但人数必须是单数。这些"猫人"头戴用稻草扎成的猫头帽,双臂和双腿都扎有草绳。夜晚时,众人共到村外,点燃神香,一支一支地插在帽子和身上的草绳上。表演者排成一字形长队,一边走一边舞。前面也有几个小孩扮老鼠在往前逃窜。开始时,他们先是在村寨里一边走,一边舞,然后就到人多的地方表演,但一定都要到南乡圩上表演。表演时他们要边走边转圈,相互弯腰对拜。在黑夜里只见一只只"火猫"正在弯腰捉"老鼠",蔚为壮观。在猫的后面还有用草扎成的牛、马、羊、鸡、鸭等禽畜的动物,身上都插满燃着的神香,脚下安装有木轮,跟随在"猫人"队伍后面游动,预兆今年六畜兴旺。

"装皇",也称"做皇""装古事",这是南乡壮族人民春节期间最大的活动之一,是一种一边走一边舞的集体活动。在活动中,其表演形式有两种:一是圩日进行表演,叫"白日皇",化装的服饰要华丽,第一个人物面前都有一个牌子,牌名的形式要多种多样,而且还要排成长蛇队伍。二是夜间表演,叫作"灯皇",要扎有彩凤、花鸟、孔雀、青蛙、蜻蜓、蝴蝶、雄鹰、金鱼、白鹤、鸡、鸭、牛、羊、马、兔、猪、龟、蟹、龙等各种各样的花灯,以显示主办村寨的高超技艺,特别是走在前面作引路的花灯,做得尤为精巧,后面的花灯不仅需要扎得精美,而且还要品种多。在第一个花灯里插有一支点燃的蜡烛或油灯,一人提一只花灯,灯罩上装饰有一个故事传说里的人物。在夜晚花灯游行中,五颜六色的灯火,构成了长达几里的长火龙,沿着村寨弯弯曲曲的小路前行,锣鼓齐鸣、山鸣谷应,显得极为壮观。

第三章

传承：民间生活教育

第一节　行为教育

在民间,行为教育永远是第一位的教育方式,不仅因为缺乏体制内的教育机构或方式,主要由国家行政部门组织完成,而且因为行为教育是一种无压力的愉悦教育方式,能够给学习者一种轻松的学习氛围,因此普通民众也乐于接受和采纳。这种轻松愉悦无压力的学习状态,只有在与体制内学校教育相比较的时候,才能有更为真切的体验与感受。这样一种无压力的学习方式,虽然于其学习效果而言,可能存在两面性,但是对于传统文化生态观的传播应当具有一定的正面价值,这也是传统文化生态理念长期深入人心的重要因素吧。

一、行为教育消解知识教育挤压的心理压力

虽然这里标示知识教育,但是并不打算给予一个严谨的学术概念,只要感性地知道那是以传授知识系统为基本目标,以学校教育为基本方式的一种教育形式即可。那么相对而言,行为教育属于一种碎片化教

育,与知识教育构成一个对立面,其所传授的知识零散琐碎不成体系,传播方式属于随机分散无计划性,因而也难以形成学习心理压力。

首先,行为教育切割知识的系统性消解知识系统在数量上形成的巨大挤压感。任何一门学科知识系统都是一个庞大的体系,其量之大几乎难以被一个人从深度到广度全面地掌握,普通的读书人都只能把握其冰山一角,于是知识系统就会给人在体量上形成巨大的挤压感,从而容易造成一种学习心理压力。康德在《判断力批判》"崇高的分析"中指出,崇高至少可以划分为两个类型,一是数学的崇高,二是力学的崇高。数学的崇高主要表现为对象的体量巨大,力学的崇高主要表现为对象的力量巨大,它们的共同特征在于能够对主体形成一种压迫感,进而生成一种心理的痛感与恐惧。虽然这种心理痛感与恐惧,最后都会转化成人的本质力量确证,但是毕竟包含压迫感这个心理过程,因此一个知识体量极其巨大的学科知识系统,必定会在某种程度上给学生造成心理压力。

行为教育是碎片化的教育,这种碎片化就是切割知识的系统性,使之以碎片的方式存在,于是也就消解了知识作为一个系统本来应该拥有的庞大体量,这种碎片的体量就变得极其微小,原本因为系统所具有的挤压感也由此消失,自然也就没有了学习层面的心理压力。其所以能够切割,就在于知识传播者与学习者并不追求建构一种知识系统,而是出于实用性目的,只要掌握与生产生活密切相关的片段性知识,能够满足自身工作要求,就不再追求作为学科知识的系统性,从而消解知识系统巨大体量的挤压感,获得一种学习心理层面的轻松感。

作为一个传统的农业大国,农业生产基本上属于靠天吃饭的生产状况,因此在与生产密切相关的生态思想里面,广大农民最为关心的自然环境条件为"天"和"地"两个方面。古人所谓"天"主要是指气候,由于气候变化表现为一定时序,所以又称为"天时"或"时"。古代农时意识之强烈世所罕见。《尚书·尧典》中说"食哉唯时",表明人们很早就认识到把握农时对以食物生产为中心的农业具有头等重要的意义,逐渐形成中国特有的长期指导农业生产的二十四节气。《管子·巨乘马》依节气阐释农耕生产,如"日至六十日而阳冻释,七十日而阴冻释。阴冻释而秇稷,百日不秇稷,故春事二十五日之内耳也"。强调春季二十五天对于农耕的重要性,认为"春已失二十五日,而尚有起夏作,是春失其地,夏失其苗,秋起繇而无止,此之谓谷地数亡"。《吕氏春秋·任地》也说:"知贫富利器,皆时至而作,渴时而止,是以老弱之力而尽起,其用日半,其功可使倍。不知事者,时未至而逆之,时既往而慕之,当其时而薄之,使其民而郊之。"同时还讨论了禾、黍、稻、麻、菽、麦六种主要农作物的"先时""后时"和"得时"的利弊,指出"先时""后时"对农作物生长、结实、收获等均为不利,只有"得时"才是最佳选择。"得时之黍,芒茎而徽下,穗芒以长,抟米而薄糠,舂之易,而食之不喂而香;如此者不饴。先时者,大本而华,茎杀而不遂,叶藁短穗。后时者,小茎而麻长,短穗而厚糠,小米黏而不香。"元代王祯《农书·授时》也认为农业生产应"顺天之时","四时各有其务,十二月各有其宜,先时而种,则失之太早而不生,后时而艺,则失之太晚而不成"。在论述农作物栽培管理中始终强调不误农时,分析"先时"和"后时"的不利,强调要"得时",否则必受其害。民间也流传着许多有关重视农时的农谚,如"人误地一时,地误人一年""节令抓不好,一年白拉倒""春争日,夏争时,一年大事不能迟",等等,都说明了天时在农业生产中的生态含义。很显然,这些道理与农业生产的具体化生态知识完全可以切割,而且能够在具体从事农业生产的时候,以行为教育的方式潜移默化地、年复一年地、点对点地进行教育,自然就可以消解追求学科知识系统所带来的巨大心理挤压感。

贺州市钟山县动物、植物对一年 24 个节气温度的变化,产生了不同的候应,基本对应情况如表 3-1:

表 3-1 候应表 [①]

节气	日期		多年平均温度	候应	
	公历	农历		动物	植物
立春	4—5/2	正月上中旬	10.7℃	斑鸠鸣叫	油菜花开、梅开二度
雨水	18—19/2	正月中下旬	11.3℃	蛰虫蠕动	草木萌动、竹笋出土
惊蛰	5—6/3	二月上中旬	14.1℃	黄莺鸣	桃花盛开
春分	20—21/3	二月中下旬	16.0℃	燕子归来、青蛙始叫	油桐始花
清明	4—5/4	三月上中旬	18.8℃	虫蛇出洞、蟋蟀初鸣	映山红怒放

---

① 钟山县志编纂委员会.钟山县志[M].南宁:广西人民出版社,1995:99-100.

续表

节气	日期		多年平均温度	候应	
	公历	农历		动物	植物
谷雨	20—21/4	三月中下旬	22.0℃	喜鹊雏出、布谷鸟鸣	花生发芽、早糙植秧
立夏	5—6/5	四月上中旬	23.4℃	青蛙交配	梅子果熟、草木丛生
小满	20—21/5	四月中下旬	25.3℃	蚊虫滋生	李子果熟
芒种	5—6/6	五月上中旬	26.4℃	雏鹰出巢	石榴红透
夏至	21—22/6	五月中下旬	27.6℃	蝉虫始鸣	荷花盛开
小暑	7—8/7	六月上中旬	28.6℃	稻飞虱发	粟米熟、烤烟黄
大暑	22—23/7	六月中下旬	28.2℃	萤火虫生	稻谷成熟
立秋	7—8/8	七月上中旬	27.9℃	大雁南飞	小花生登场
处暑	23—24/8	七月中下旬	27.5℃	蝉虫蜕壳	稔子果甜
白露	7—8/9	八月上中旬	26.2℃	燕子搬家	黄麻开花
秋分	23—24/9	八月中下旬	24.2℃	蟋蟀终鸣	桂花飘香
寒露	8—9/10	九月上中旬	21.8℃	黄蜂筑巢	菊花开、野栗子开口
霜降	23—24/10	九月中下旬	19.2℃	鱼游水底	茶子成熟、草枯黄
立冬	7—8/11	十月上中旬	16.3℃	蛙蛇入洞	冬豆萌芽
小雪	22—23/11	十月中下旬	13.2℃	猫伏灶台	甘蔗甜到尾
大雪	7—8/12	十一月上中旬	11.8℃	禽兽生绒裘	油茶花开
冬至	21—22/12	十一月中下旬	9.3℃	蚯蚓结	茨菇出土
小寒	5—6/1	十二月中上旬	9.0℃	鹊始巢	莲藕熟
大寒	20—21/1	十二月中下旬	8.8℃	孵小鸡	梅花傲雪

从这个候应表中，我们可以看到：第一，充分反映了钟山县气候条件与当地动植物之间的某种对应关系。这种对应显然不是一时一事之间的对应，而是通过长期观察且具有相对稳定性的对应关系，具有生态知识的意义内涵。这种生态候应现象具有地方性知识特征，例如茨菇、甘蔗、稔子果等都是产自南方的农作物，可见这是当地民众生产生活的经验总结，也是农业生产与自然环境的生态知识总结。第二，充分说明了这些基于生产生活的生态知识可以有效切割，能够以碎片化的知识形态存在。一定的节气对应一定的事象，各个事象之间没有生物学上的

逻辑关系,只有生态学上的逻辑,因此这些表达生态意义的事象,就可以相对独立存在,亦即以碎片化的方式表达生态知识。每个独立事象所携带的生态意义并不复杂,只是表明相应的节气时日,两者之间具有某种互证关系,旨在告知民众节气的更替和动植物的特征,因此要熟知这些生态意义并不困难,也就没有学习层面的心理压力。第三,充分表明了这些事象完全是熟知的地方动物和植物,因此并不存在认知方面的困难,自然不会形成学习层面的心理压力。

其次,行为教育知识的碎片化消解了知识链条环环相扣造成的紧张感。知识教育追求建构一门学科知识系统,从最为简单的角度论述,一个知识系统的构成包括知识要素、知识层次、知识板块小系统、学科知识大系统等几个最为基本的组成部分,各个要素、层次与小系统之间具有严密的逻辑关系,不能断裂或缺失,否则就不能完整地形成一个学科知识大系统。在这些基本构成要素方面,内部又包含极其复杂的逻辑关系,一个环节不能有效衔接,就会影响整个系统的建构。作为一门学科逻辑起点的知识要素处在基础性地位,属于关键性的核心概念,于其之上还会有重要概念、一般概念和次要概念等,它们共同形成一门学科的基础性要素。只是从逻辑上列举一些概念类型,我们就知道作为一门学术层面的学科是多么严谨,任何一个环节的缺失必定影响学科建构的严谨性,因此也就要求每个环节都必须充分掌握,否则你就是一个跛脚的学者(或读书人),这无疑会带来某种程度的紧张感。这只是就知识要素一个基础层级而言,其上的层次、小系统及大系统,内部不知还要复杂多少倍,许多人一辈子都不能精通一门学科,因此任何一个致力于掌握学科知识系统的人,都会不同程度地存在着知识链条断裂的紧张感,应该说,这是完全正常的一种现象。

行为教育则与此不同,它并不追求建构系统化的学科知识体系,碎片化的知识掌握原本就是它的基本目标,因此也就无所谓对知识链条断裂的担忧,不会由此而产生心理压力。在传统社会,行为教育的基本对象是不识字的广大劳苦大众,因此不可能有着学术层面的学科知识体系追求,只是基于实用性而要求掌握一些相关的生产生活技能,因此必定是一种碎片化的知识传授。这种传授一般只着眼于"知其然",不要求"知其所以然",因此原本就具有知识碎片化的传授特点,自然不会因为这个缘故形成学习者的心理压力。比如,对于"人"的教育,在知识教育方面,则需要给予"人"的学术概念,这可能就是一个永远也不能精密回答的问题；在行为教育看来，能够在现实生活中正确辨认即可，不必将其放在生物学视野或社会学视野，以一种学术的严谨逻辑给予系统性考究。这就是两者的差异，从事学术研究容易产生一种不能有效解决问题的心理焦虑，而实用的行为教育能够产生一种可以解决当下现实问题的心理愉悦，因此行为教育是一种无压力的学习方式。还是回到传统文化生态观的教育传承，对于农耕社会，最需要掌握的生态思想，依然是顺应天时种植农作物。顺应天时即是"得时"，既不能"先时"，也不能"后时"，总之，不能"失时"。如此看来，顺应天时的学习，是否容易产生知识链条断裂的学习心理焦虑呢？其实不会。顺应天时的把握，其实是行为教育之下的一种习得行为，一个人自其还是小孩的时候起，就耳濡目染地感受一年四季的农耕行为，从来都不曾中断，因为农耕生产总是年复一年地进行着。传统社会基本上是一种聚落的居住形态，即便个别人忘记天时，一时存在"失时"的可能，也会得到及时纠正，因为聚落的旁人还会依照天时种植农作物，于是有样学样，也不会错过，不会形成一种学习层面的心理压力。

贺州市昭平县总结了植物方面的天时物候，它们不会带给我们生态知识链条断裂的紧张感。"正月桃李开花。二月种豆种瓜，早稻浸种育秧，油桐、苦楝发芽。三月杜鹃红烂漫，油桐树叶能包蛋（能包过鸡蛋），早稻插秧忙。四月育（红）薯秧，禾苗蓬蓬长。五月早稻扬花。六月早稻开镰，荷花别样艳。七月十四拔秧地（晚稻插秧结束），得空（闲）做餐糯米糍。八月桂花开。九月菊花黄。十月柑橙、松果次第黄。十月田峒空（晚稻收完），茶果满山红。十一月冬种大忙。十二月山桃花开。"① 第一，这些物候植物属于碎片化的农耕生产生态知识，完全可以实现碎片化把握，不会造成知识链条断裂的心理压力。这个涉及一年四季的物候生物，总共包括 15 种植物，它们虽然可以划入一定的属科类别，但毕竟也还是属于不同的植物，因此可以相对独立地进行知识把握，不会因为不认识其中一种植物，就影响到对其他植物的认知。正因如此，对学习者个人而言，可以从任何一个时段切入认知，也可以从任何一种植物切入认知，其中没有任何障碍，因而不会造成一种必须从头到尾才能有效认知的学习心理压力。第二，形成一个以水稻种植为基本线索的农业生产生态物候，既体现一个生产流程的知识系统性，又可以避免系统性知

---

① 昭平县志编纂委员会. 昭平县志 [M]. 南宁：广西人民出版社，1992：84.

识的挤压感。这个对应一年四季的物候生态知识表,可以明显地看出稻作文化的线索,在十二个月中,只有水稻贯穿其中,反映了水稻两季的整个生产过程。从二月的早稻浸种育秧,到六月的早稻收割,再到七月的晚稻插秧,直到十月的晚稻收割,水稻生产对应的天时,被明白无误地加以总结概括,并以此向后人系统性地传播水稻种植的生态知识。照理说,系统性的知识传播容易造成一种学习心理压力,但是,我们注意到,这些所谓系统性知识,并非学术概念的逻辑构架,而是一种现象的感性提示,并且还是一种典型化的生产事象提示,本身能够以碎片化的方式存在,因此并非学术性的系统知识,自然也就没有系统性知识应有的挤压感。第三,这是一种实践性的操作知识,操作技能之间并不具有逻辑关系,可以独立操作,即可以实现一种断裂式把握。这个物候民谚并不在于传播一种学术性知识,而是着眼于告知一种依据天时变化而开展的农业生产操作性知识。这些操作性知识,可以独立操作与断裂式把握,因为不同植物之间的种植技术可以完全不同,例如种豆种瓜就与种植水稻不一样,油桐苦楝也不同于桂花菊花,因此技能技术之间没有非此不可的逻辑必然性,完全可以独立学习,不存在所谓知识链条断裂的心理压力。

最后,行为教育的形象感性能够消解知识系统的逻辑抽象所带来的晦涩感。知识教育不仅是学科知识系统的学习,还是对学术研究成果的温习,具有培养学术精神的意味,因此必然需要运用逻辑抽象思维来把握学科系统。逻辑抽象是一种透过现象挖掘事物本质的思维方法,事物本质既存在于事物之中,又存在于事物本身之外,因此具有某种不可捉摸的深奥感,也就必然带给学习者一定的心理压力。在这个方面,如果没有受过专门的逻辑训练,而要做出符合逻辑规律的抽象推理,确实具有一定的难度,也会因此造成某种学习层面的心理压力。如果再考虑到我们国人长期以来形成的形象的感性思维,那种抛弃自己优势长处,而使用自己劣势短处的做法,毫无疑问容易造成一种学习层面的心理障碍,特别是对没有接受过任何正规教育的普通民众而言更是如此,更容易形成心理压力。

行为教育采取相反的教育方式,不仅能够避免逻辑抽象性带来的深奥感,还能够以其自身的形象感性特点,带来一种学习的愉悦与轻松。行为教育不是基于学科知识系统建构的逻辑教育,而是运用形象思维的感性教育,其以形象作为教育的语言,而不是以概念作为教育的语言,于是也就具有了形象的可感性，并由此避免了逻辑抽象性。具体可感的意象是形象思维的语言，不是抽象思维的语言，因此不会造成类似逻辑抽象的深奥感，相反，由于它切合传统文化所擅长的形象思维，以形象的方式形成生态之间的关联，不是追求形象背后的概念关系，这就必然消解探寻本质意义的抽象性，获得形象意义的轻松愉悦。行为教育不仅以具体可感的事象作为思维的语言，而且作为主体的人，不管是施教者，还是受教者，都与事象一起作为当事者共同参与整个教育过程，而不是作为第三者外在于教育过程，于是必定可以享受教育，并由此获得教育带来的心理愉悦。

二、行为教育消解课堂教学圈住的心理压力

学校教育是体制内教育，也是一种规范教育，因此必然采用课堂教学制度，虽然班级授课制起源于 16 世纪的欧洲，理论建构于夸美纽斯的《大教学论》，但是只要是官方举办的集中教育，我们都可以把它归入课堂教学之列，因为政府都会提供特定的房屋作为学习之所。只要采取课堂教育模式，就必然附带相应的副作用，一定会在某种程度上带给学生学习上的心理压力，因为教室的封闭性、师生角色定位和包含教学任务，它们共同作用就会带来有形无形的学习心理压力。虽然这种学习心理压力利弊共存，既非一味地好，也非绝对地坏，但这里只从客观上呈现压力的存在，重点不在讨论压力的效用。相对而言，行为教育因为没有课堂教学的教育传播模式，而是一种完全开放式的教育传播模式，因此也就没有源于课堂教学的学习心理压力，表现为一种轻松愉悦的学习心态。传统文化语境下的行为教育，不是一种体制内的规范教育，而是表现为民间的非正式教育，也是一种非规范的教育，因此也就没有规范带来的学习心理压力。相对于体制内规范教育的课堂教学，行为教育是一种非课堂教学的模式，没有特定的教室，主要是农业生产的田间地头，没有特定的教师，主要是村庄聚落的长者，没有特定的教学任务，主要是生产生活需要的劳动技能，可以说，完全是一种"三无"教育。这样一种"三无"教育，怎么可能存在如同课堂教学那样的学习心理压力？一定是一种相对轻松愉悦的学习状态，属于一种无压力的学习方式。

首先，无稳定场所的传播模式能够消解教室封闭性带来的有形的心理压力。体制内教育的基本物化表征就是拥有固定的教育传播场所，不

管这个房屋叫作教室,还是叫作学堂或别的什么名称,这是区别行为教育的最大外在特点。房屋是一种人工建筑,通过四面圈围和天面封盖,使之与外界隔绝起来,由此形成的一个封闭性空间就是房屋。归纳房屋的特点,其核心特征就是封闭,而且还是人类的主动封闭,把人与自然隔绝开来,自己建构一个闭锁的相对独立的空间。这种封闭性必然带来某种心理副产品,那就是心理挤压感,使得原本开放无所约束的心理变得有所禁锢和限制,由一种有形有限的物理空间转化成一种有形且约束的心理压力,形成具有封闭的心理趋向,容易导致一种固着心理,包括功能固着心理、信念固着心理、注意力固着心理、角色固着心理等,把自己变成自我的囚徒。

随着地理学和心理学的发展融合,已经诞生出一门边缘学科,即地理心理学,该学科就是研究地理与心理之间的关系的。事实上,我们已经能够从感性层面感受地理环境与人类心理思维的某种关联。日本人有一种比较强烈的末日情结,其产生的原因,应当与其作为一个狭小岛国有关,地域不仅限制他们的有效生存空间,而且还面临海洋恶劣环境的生存困扰,再加上地震频繁,不仅死亡可能随时降临,而且还不能预知,于是时常处于一种死亡的恐惧状态,然后容易形成末日心理,这应当说与地理环境具有某种关联性。相反,中国人则没有末日情结,这应当也与广大的内陆环境紧密相关,西面是广袤的内陆沙漠,有昆仑山、念青唐古拉山、喀喇昆仑山、天山、阿尔泰山和帕米尔高原,西南面是青藏高原、喜马拉雅山、冈底斯山、唐古拉山和横断山脉,南面有云贵高原、南岭、十万大山和六万大山等,北面是阴山和一望无际的蒙古草原,东北面是大兴安岭、小兴安岭和长白山,东面是广阔的太平洋。这样的地理环境不仅具有充分的内陆回旋空间,而且还是一个相对封闭的安全地理空间,因此传统的大陆文明把中国人束缚在土地上,五十亩地一头牛,老婆孩子热炕头,成为中国人的向往,也成就了中国人安于现状的思维模式。由此,我们也真实地感受了人类的生活环境,确实在某种程度上影响着人的心理状态,甚至积淀形成某种具有普遍性的性格。

行为教育是一种基于生产生活的技能教育,因此它的教育场所就是劳动场所,在哪里劳动,哪里就是所谓的"教室",可以在房屋之内,也可以在村社凉亭,更可以在田间地脚,而且主要的教育场所就在大自然底下的天地之间。置于天地之间的田地,其物理空间是广袤无垠没有边界的,不像房屋教室那样总是被砖墙阻隔着,于是人的心灵就不会受到任何阻隔,完全可以天马行空,并且与天地融为一体。没有边界,人的视觉范围就不会受到局限,可以达到人的目力所及,从理论上说,就可以达到无限级别。心理学显示,物象可以积淀心象,心象可以外化物象,两者具有互渗关系。于是,在这样的物理影像观照下,人就容易生成无限的心象,也就不容易形成一种狭隘心理,而是具有一种无比宽广的胸怀,自然也不会产生一种基于自然环境压迫之下的学习心理压力。不仅如此,作为教育传播之场所的劳动田地,从来都不是固定一处,而是随着劳动进程的推进,作为具体一个点的劳动场所也必然随之变换,呈现出教育场所不断变迁的更新态势,于是,每天都能够给人以新鲜感。这种新鲜感能够有效地消解始终在一个教室上课所带来的审美疲劳,当一个人处于审美疲劳状态,不仅容易造成思维迟滞,而且容易形成思维定式,不能保持有效的创新思维。不断转换场所得到的新鲜感,不仅可以保持认知的兴奋度,更加容易发现外界事物之美,而且能够有效拓展思维空间,通过外物新刺激形成联想思维,从而打破思维定式的惯性,生成一种无限宽广的思维心理,自然也就能够消解封闭性心理趋向。

其次,无固定教师的传播模式消解师生角色带来等级的人际压力。传统文化强调师道尊严,师生之间明显不是平等的关系,教师位于学生之上,形成一种等级分明的人际关系,因而也会给学生造成心理压力。现代教育提倡师生人格平等,师生之间应该建立一种朋友关系,要求建构一个"以学生为本,以学生为主体"的新型教育关系,但是由于在行政管理方面师生之间处于管理与被管理、在课堂教学方面师生之间处于施教与受教、在思想品德教育方面要求教师言传身教、在年龄方面师生之间处于长辈与晚辈等各种现实关系,因此也不可能做到绝对意义上的师生平等没有等级,依然存在角色不同所带来的人际压力。这种压力的存在,一定程度上会影响学习心理,也同样有可能造成学习压力。

可以说,行为教育基本上没有因为角色不同所带来等级的人际压力,这可以在三个方面得以说明。一是行为教育的施教与受教之间,没有明确的师生或师徒意识。传统文化都一种拜师仪式,以便确立相互之间的师徒关系,这就说明相互之间具有明确的师徒意识,其师徒关系也因此得到民间公众的认可。通常的行为教育都没有这个环节,相互之间都不认为存在师徒关系,因此当他们之间发生施教与受教关系的时候,就不会产生基于师徒身份的人际关系压力。二是行为教育没有建立明确的师徒关系,个人之间的身份处于随时变动状态。行为教育区别于行业拜师学艺的一个重要不同,就在于学习的随机性,没有明确的施教与受教关系,也没有明确的学习时间,一切都是随缘,表现为一种"见子打子"的学习方式。这种施教与受教非一一对应的关系,使之不可能真正建立稳定的师徒关系,只能是临时性的学习关系,因此不会造成身份角色不同所带来的人际压力。施教与受教还具有角色的不稳定性,即使是相同的一个人,既可以是此时的受教者,也可以是彼时的施教者,完全视其对于具体事物的生态关系情况把握程度而定,也视其当时的具体环境而定。既然施教与受教都是临时组合,就不会形成传统文化师徒关系的敬畏,相互之间就完全有可能处于平等的社会关系生态位,于是互相也处于无压力的人际关系状态。三是行为教育讲究在一个实践平台上劳动,相互之间只是在劳动中予以必要的点拨,不是特意的生态知识传授。在这样一个生产生活实践过程中,谁也没有义务必须传授生态知识,只是在恰当的时候,在看到对方明显违反生态知识,或者根本不能从事规范的实践之时,施教者出于好心好意,才自动地予以纠正并进行必要的点拨与传授,于是临时性形成一种施教与受教的关系。在这个学习活动中,不是一个以师傅身份出现,另外一个以徒弟身份出现,而是相互都以劳动者的身份出现,完全处于平等的社会生态位,因此不会造成一种相互之间的人际压力。

最后,几乎无任务的传播模式消解了教学任务带来的无形的学习压力。作为体制内的学校教育必然规定有不同层面的教学任务,最大层面就是国家的教育方针,然后有各门科目的课程标准(教学大纲)。在地方教育行政部门方面,依照管理权限对学校德、智、体、美、劳等各项工作进行的考核检查;在具体学校方面,则是对科目的课程考核检测和及格率、优秀率和升学率等各项指标的考评。对教师而言,需要完成教学计划,完成学校规定的考核指标,对学生而言,需要完成学习任务,获得及格以上最好是优秀的成绩。可以说,体制内教育是从上到下,从学生到老师再到教育管理者,每个人每个层级都有任务和压力,真正是"教育任务人人挑,人人身上有指标",因此教育压力传导到每个人每个层级,普遍处于一种压力状态。

行为教育相对于体制内教育而言,它是属于体制外的民间教育,或者说属于私人化的个体教育,因此体制内学校教育基于教学任务的心理压力,基本上不存在。这主要是由三个方面决定的:一是没有确定的老师,因此谁都没有责任和义务向他人传授生态知识。在传统农耕社会,由于广大从事一线社会生产的劳动者,基本上没有受教育的机会,因此只能在实践中通过自我摸索和向他人学习,获得从事社会生产生活所必需的生态知识。基于此,从理论上讲,随着年龄的增长和社会实践的增多,其所获取和掌握的生态知识就越多,因此越是年长,就越有资格担任教师角色,所谓"走过的桥比你走过的路还多""吃过的盐比你吃过的米还多"就是这个意思。这只是一个必要条件,说明具备了向年轻人传授生态知识的基础条件,但不是充分条件,也就是说并非年长就必然承担教师的责任与义务。是否承担这个责任,不仅取决于年长者本人,也取决于年轻人本身,还取决于即时的环境条件,以及其他相关的条件,因此哪个人恰巧担任教师角色,确实具有某种机缘性,属于一种低概率事件。正因为行为教育的教师角色属于低概率事件,因此不仅所有可能的教师角色者,没有基于教学任务的心理压力,而且即使是偶然承担教师角色任务的施教者,因为是临时建立的一种师徒关系,也不会形成一种基于教学任务的心理压力,总之,大家都没有基于教学任务的心理压力。

二是由于学习的随机性,受教者也没有一次性必须学会学懂的学习压力,同时,由于生态知识的学习是基于生产生活的需要,因此不仅没有被动学习的心理压力,反而有着主动学习的心理欲求,具有内在的愉悦心理。农耕社会是一个慢生活的社会,社会生产的创新性不强,或者说不是体现一种快节奏的生活状态。这样一种状态下的社会生产,其生态知识的积累速度也不快,可以说几十年甚至上百年都在重复着原有的知识,因此受教者不在乎一时半刻是否学会学懂,总是认为长长的人生肯定可以掌握基本的知识与技能。确实如此,因为农耕社会运用的生态知识,基本上直接体现在农业生产上,不仅一年四季周而复始,而且种植技术也没有什么变化,并且村庄聚落还是一个生产组织,因此只要有人掌握基本的农业生产生态知识,就可以"照葫芦画瓢",有样学样,不必担心错过时节,因此没有那种学习的紧迫感。虽然没有赶时间学习的紧迫感,但是由于是自己从事农业生产,而且还是一种私有制下的生产,农业收成的好坏直接影响到自己的生活质量,因此却有一种内在自发的学习主动性。希望通过掌握必要的农业生产生态知识,既可以做到不求人,也可能获取更好的收成,因此这种学习不是被迫性的学习,而是具有主动学习的心理期待。现代教育心理学认为,凡是充满心理期待的主动学习,学习就不是一种无奈行为,而是一种享受与愉悦,因此必定没有基于学习的心理压力感。

三是行为教育没有第三方的检查机制,教得对与错,质量如何,效果怎样,都不会受到追责,自然也就没有任何压力。行为教育因为是民间自发性的教育,因此没有特定机制加以约束,不存在任何第三方的检查督促机制,因此不管是施教者,还是受教者,都没有害怕被检查的那种心理担忧,都是一种全放松状态的教与学。从某种意义上说,全放松心理状态的教学,正是我们今天体制内教育应该追求的目标。

三、行为教育消解作息制度控制的心理压力

时间碎片化的制度性安排,就是被制作成为作息时间表,使得原来可能是隐性的时间分割真正变成显性的碎片化时间,每个人都可以看懂的时间碎片。作为被制度化安排的时间碎片,就是从制度层面规定个人的时间使用,这个时间碎片是工作,那个时间碎片是吃饭,另外一个时间碎片是休息,总之,不是个人能够自由自主安排,而是被制度强迫性安排。作为作息制度,不是一天如此,不是一周如此,而是长年累月如此,于是不仅时间被碎片化,人也由此被碎片化,人不是时间的主人,而是变成了时间的奴隶,人就在时间碎片化中被异化,成为异化的人。变成了时间的奴隶,而且还是被碎片化的异化人,其心理状态还能够回到过去那种浑然一体,与天地共生的美好状态吗? 显然不能,一定会不同程度地存在心理碎片化现象,不仅一个完整的人格难以存在,而且还会出现基于心理压力的身体亚健康状态,甚至出现心理扭曲、心理偏执、心理臆想等精神类疾病,造成生理与心理的不平衡。

行为教育则是一种完全没有作息时间表的教育,因此也就没有作息时间表设定节点时间的紧迫感,也就没有相应生成的行为控制、身体控制和心理控制,使得行为教育能够获得比较轻松的学习氛围,因而也是一种愉悦的教育。

首先,学习时间可以自定。从理论上说,行为教育受教者是时间的主人,什么时候学习不是由组织机构决定,而是由学习者自行设定,遵从学习者的内心需要。这就意味着不可能确定一个周而复始的固定学习时间,因为那是违背自然规律的,不仅违背生理规律,也违背心理规律,因而在时间方面体现了一种自然天性,也就没有违背天性的心理压力。

其次,学习时长可以随意。在现实中,我们可以看到行为教育的学习时长极具个性,每次学习的时长都不相同,基本上不会产生学习时长相等的现象,因为每次学习内容不同,环境不一样,接受效果也有差异,各种因素叠加,这就导致了学习时长因人而异、因时而异,真正体现个性化因材施教的特点。学习时长随着具体情况而异的特点,不仅可以消解学习者的心理压力,也同样消解施教者的心理压力,老师没有必须在规定时间内完成教学任务,必须教会学生的心理负担,师生双方在没有心理压力的情况下进行互动教育,彼此都处于一种教育的愉悦状态,学习的效果可能会更佳。

最后,学习内容可以自选。行为教育从来都没有固定的施教者,虽然可以圈定某个范围,诸如家庭内部的长辈,或者村庄聚落的叔伯兄弟,但是都不会具体落实到某个对象上面,而是具有极大的随机性。这种施教者的随机性,也就注定不可能安排统一的学习内容,不管是源于施教者的安排,还是源于受教者的安排,都只能是一种随机性的学习内容,或者说,特定环境决定学习内容,因此表现为一种顺应天性的自然性。其实,这种顺应自然的学习方式,在人的层面而言,其选择权更多地被赋予受教者,而不是施教者,受教者在特定的环境下有疑问,这才请教在场的智者,于是临时性地形成师生关系。这种学习内容的自选性质,源于学习者的主动学习要求,避免了被安排学习内容的被动性,自然也就可以消解由于学习内容带来的心理压力。这种情形的学习,不仅不是一种负担,反而成为受教者的一种学习享受,确实是一种愉悦性的学习。

第二节 规约教育

民间的所谓规约,是一种非国家法律层面的规章约定,依赖民间道德力量或宗族势力的监督,基于约定俗成属于道德层面体现自律性的规范要求,其内容既可以形成文字,也可以诉诸口头,具有明显的民间性特征。因为是行为的规范性要求,因此既包括能够做什么,也包括不能做什么,是疏与导的统一。疏者既排除堵塞物,又构筑防波堤,重在禁止做什么,防止损坏和谐的社会环境;导者既告知当下能够做什么,又指引前进方向,描绘未来发展蓝图。民间规约因为不具备国家法律效力,因此动用道德力量与宗族势力,道德力量起于内心,目的在于形成一种自觉追求,宗族势力是借助外在力量,通过外在的震慑阻挡,由此设定行为边界。通过内心与外力的共同作用,就可以实现规约应有的教育功能,实现一种基于村庄聚落的内部自治,也可以实现个人的自我管理,达到无为而治的效果。

一、民谚:一种理念的传承

民间谚语是劳动人民生产生活的实践经验结晶,使用言简意赅且相对稳定的短语,反映自然界与人类社会带有某种普通意义的现象与规律,体现劳动人民的集体智慧与哲理思索,旨在形成一种草根文化以教育传承百姓价值。民谚确实不只是一种语言现象,而是一种草根文化,也不只是知识的简单传播,而是百姓价值观的传承,更不是自我戏谑,而是对抗庙堂文化的宣示,因此是具有丰富文化内涵的意象。在不能充分享受官方正规教育资源的前提下,民谚就是民间不可多得的教育资源,可以确保草根文化绵延不断,可以增加民众的自豪感,因为其另辟蹊径开拓了别样的教育空间。

(一)民谚是基于民间的历史经验总结

民谚是历史的总结。历史具有三个基本特征,即指向过去的时间性、不间断的时间延续性与导向未来的隐含性。依照历史的三个特性,可以考察民谚是如何总结历史经验的。民谚已经是一种现实存在,但是它的生成不在当下,而在过去,是在过去时间里面发生人与事关系的凝练与总结,因此一定体现指向过去的时间性。自然界一年四季周而复始地运转,带动一切生物都呈现反复轮回的周期,于是这种叠加就具有了规律性。规律性一旦出现,就为人们了解规律且掌握规律提供了必要平台,由此就可以形成历史的经验总结,出现了许多有关农事的谚语。例如:清明前后,种瓜种豆。秋禾夜雨强似粪,一场夜雨一场肥。类似的谚语肯定不只是一次观察所能得到的结论,必定是在多年的反复轮回过程中,经过必要的比较研究,从个人的农事经验提炼变成一个地区具有普遍性的规律,从而指导农业生产。这种谚语提炼出来之后,还会在生产生活中进行反复验证,确证其基本正确,才会被流传,因此谚语本身必定积淀着历史的印迹。自然界的生物可以中断灭亡,诸如统治地球数千万年的恐龙,但是就历史本身而言,从来没有中断,因为只要时间延续,历史就会从过去一直走向未来。这种不间断的时间延续性,也是谚语之所以能够生成并得以流传的基本前提,因为谚语总结的是具有规律性与普遍性的人类智慧,反映的是自然界与人类社会的历史现象。假如时间没有延续性,而是在某种阶段中断了轨迹,那么谚语所提炼的经验就只是阶段性的个别现象,只适用过去时间的当下,没有指导过去之未来(即现在)的意义,自然就会被后人所遗忘。被遗忘的“谚语”就会被历史的尘埃掩埋,或者永远不被后人所知,或者只是作为考古的历史材料呈现,可以确证曾经有过的历史经验。这就说明谚语应当能够指导未来,体现历史应有的导向未来的隐含性,否则就只能成为档案材料。

但是,这只是说明过去的事实,随着科学技术的发展,基于传统的经验总结或许不再能够指导未来的生产生活。比如有农谚说,“七月种葱,八月种蒜,千万莫搞乱”。这种指导民众按照时令开展种植活动,对过去而言,只能认真遵守,否则就没有收获。但是,我们现在发展了智能农业,依托人工制造的小环境,已经能够打破自然界的气候限制,可以生产反季节农产品,于是一些有关时令生产的谚语由此失效。非常明显的例子,在过去的年代,冬天是公认的农闲时节,已经不适合种植农作物,但是如今已经打破了这个铁律,冬天依然能够看到春天的蔬菜,可以吃到夏天的水果。这不是历史的中断,只是技术的截止,当下更为先进的技术替代了传统技术,于是历史按下了休止键,开启了另外的篇章。这个开启,既是时间的延续,也是历史的发展,昭示着历史总是从过去走向现在,再从现在走向未来,从来不以人的意志为转移,却可以推进认知的进步,可以不断地提炼历史经验,并产生新的谚语。

民谚是集体智慧的结晶。民谚属于民间文化范畴,它与其他民间文化一样,是集体智慧的结晶。在这个方面,应该是比较容易理解的。民谚没有确定的作者,不可能找到具体的版权所有者,民谚的创作属于这个区域的全体劳动人民。没有具体作者,也就没有个人特征,民谚带有全民的普遍性内涵,它是这个区域文化的集中体现。例如:“立夏禾出岔,插也罢,不插也罢。”这是江南,特别是岭南地区稻作文化的反映,在双抢季节,如果到了立夏还没有插秧,之后的收成将会甚微,因此才有“插也罢,不插也罢”的说法。相反,在非稻作文化地区,就不会有如此说法,就是北方,如东北地区,虽然也种植水稻,但不会有如此经验总结,因为他们盛行一季稻。同样,在海南地区,也不会有如此说法,因为他们可以种植三季稻。不仅内容无专属性,而且表达方式也没有专属性,不像专属作者那样追求自己的语言风格,努力打造自己的烙印。作为任何智慧的表征,还可以从时间层面加以论证。如果有着专属作者,一定具有明确的时间标志,可以不确定具体年份,但是应当可以确定时间段,因为作者总在一定的时间范围内生活,于是可以确定大体的时间。但是,民谚则不同,几乎没有哪个民谚能够确定年代,更不必说能够确定具体年份了,由此也可以断定不是具体个人创造,而是集体智慧的结晶。"禾怕寒露风,人怕老来穷。"类似的谚语,我们确实不能肯定其产生的年代,自然也不能确定其作者。同时,民谚所反映的公共知识,也使之变成无主的存在。即使最初确实能够确认一个作者,但是在口耳相传的过程中,由于它是公共知识,百姓只会记得知识的内容,不会记住最初的作者,因此随着时间的推移,也必定变成无主存在,成为集体智慧。例如:"惊蛰未到雷先鸣,阴阴暗暗到清明。""蚂蚁搬家,大雨哗哗。"类似天气变化的气象谚语,完全就是公共知识,百姓只要理解谚语内容,就可根据谚语提示开展农事活动,确保自己的工作能够有序开展,不去理会作者是谁,这就决定即使有作者,也必定会消亡在公共知识里面。

民谚是区别于庙堂文化的草根文化。民谚确实创造了一套属于自己的知识体系与话语系统,这套系统的核心特征是草根性,知识是承接地气的实用知识,话语是接纳底层的百姓语言,形成了隶属百姓的草根文化。从知识体系看,民谚有不同的分类,就其一种分类而言,即有自然天象谚语、农业谚语、为人处世谚语、婚姻家庭谚语、卫生养生谚语、生产劳动谚语等,大凡直接关联百姓生产生活的事情,都有相应的谚语。相反,庙堂文化的琴棋书画、抒情言志、四书五经、诗骚辞赋等,在民谚中没有其存在的位置,更不可能存在讨论国家命运与宇宙哲理的宏大叙事,这是基于官方的知识体系。就话语而论,民谚具有通俗易懂、朗朗上口、言简意赅、生动形象的特点,大多直接取自百姓口语,充分利用与尊重百姓语言,旨在几乎都是文盲的百姓中间可以有效流传,达到民谚应有的传播知识的目的,因此民谚的语言不具备个性,都表现为通常性。相反,庙堂文化则不同,因为他们有着专属作者,特别是发展成为文学之后,文人意识不断增强,个性品格不断突出,作品一定想方设法打上个人创造烙印,因此语言具有个性特征。

李白的语言不同于杜甫,白居易的语言不同于元稹,辛弃疾的语言不同于苏轼,柳永的语言不同于晏殊,总之,只要致力于形成自己风格的作家,都有自己独特的语言表达方式,而不会与他人雷同。我们从两个最为基本的方面就可以确认民谚应该是可以区别于庙堂文化的草根文化,具有自己明确的特征。

民谚作为历史的经验总结,已经形成了自己的草根文化,普通百姓在这样的文化氛围中生活,必定浸染民谚所显现出来的文化信息,由此得到有效的教育。这种教育主要通过三个层面得以实现,一是历史教育,二是实用教育,三是软性惩戒。民谚是历史的产物,携带着历史的信息,必然包含历史的文化遗传基因,于是可以较为有效地实现民谚所携带的知识传承。民谚已经代代相承,每个生活在当下的人,都不知道其起于何时,只知道这是前人的经验总结。这样一种历史的意象,使得一般人不敢轻易违背,只能遵照谚语所提示的内容去做,生怕万一违背,就会遭受不可承受的惩罚。也许,不只是物质上的惩罚,也不只是身体上的体罚,更重要的是精神上的折磨,一句"不听老人言,吃亏在眼前",一个背祖逆宗的指责,可以让所有人都承受不起,这就是历史的力量。更何况,许多时候,民谚本身确实具有内在知识的正确性,特别是有关生产生活方面的谚语,自然界总是在大概率上印证其正确,由此,其正确性也惠及其他谚语,使之具有全部正确的假象。虽然,事实上可能并不完全正确,但已经在主观层面认定其正确了。

民谚作为草根文化,从来就不是虚晃一枪,以空洞的说教掩饰自身的苍白,民谚一定有所实指,而且对应客观现实,因此具有极强的实用性。作为基本上都是文盲的劳动人民,不会听从长篇大论的理论说教,他们要的是实在的干货,能够照葫芦画瓢的具体操作,民谚具有这样的特征,于是得到广大百姓的欢迎。正是这种出自内心需求的欢迎,民谚才能跨越时间的限制,才能跨越空间的限制,真正植根在百姓中间,并且有效地指导生产生活。这是正面的指导,当然也有反面的教训,因为只有正反对照,才能达到所设定的目标。如果没有反面的惩戒,万一有人违背民谚的教导,不按照要求去做,不仅没有受到惩罚,而且还得到某种好处,那么整个民谚体系就会坍塌。作为没有法律强力约束的民谚,其惩戒不可能使用国家强制机器,一般也不会动用宗族的武力惩戒,而是运用民谚本身所包含的内在规律加以惩戒,也就是软性惩戒。

自然规律本身似乎不具有外力强制武力可怕,但是却有其独特的惩戒手段与力度,可以从更深层次迫使违背者必须遵守且信奉民谚。反映农业生产的民谚尤其明显,诸如:"春争时,夏争日,莫失好时机。""清明种姜,谷雨插秧。""冷惊蛰,暖春分,播种在抓准(抓紧)。",如果不按照民谚提示的时间段安排农事,其直接的惩戒就是收成减少,这对农民而言,那是不可承受的损失,因为长期以来,我们的粮食产量就很低,基本上每年都不够吃,都处于饥饿状态。如果因为一次没有按照民谚提示开展农事活动,就遭受如此重大损失,那么必然给予其本人,以及其他相关民众极大的心理震慑,从此以后再不敢轻易违背民谚的教导。这是从百姓生存角度给予的自然惩戒,虽然没有国家机器的介入,但是较之武力惩戒,其效能应该更大,教训更加深刻,也更加强化了民谚的教育作用与权威。

(二)民谚传达草根自强不息生存理念

民谚属于草根文化,具有不同于庙堂文化的特质,承载着民间的理想追求。民间草根生活在社会底层,承担着所有的生产任务,却只能得到不足十分之一的劳动成果,其他绝大部分财富都被统治者所掠夺,而其人员不足人口总量的十分之一。民间草根百姓的生活状况可想而知,一直都处于艰难困苦的生活状态,但是这些占据人口总量十分之九的劳动人民并没有因此堕落颓废,依然充满活力与热情,这无疑与其自强不息的精神密切相关。这种自强不息的精神表现在生产生活的各个层面,同样也积淀到民谚里面,我们可以透过民谚感受百姓强烈的生存理念。

统治者实施愚民政策。文字具有神奇的力量,传说仓颉造字成功之后,那是一个惊天动地的时候,以至于"天雨粟,鬼夜哭"。为什么?因为有文字以后,"造化不能藏其密,故天雨粟;灵怪不能遁其形,故鬼夜哭",也就是说文字揭开了天地间的奥秘,人类可以自由自在地进入自为世界,开始成为自己的主人,能够有效地掌控自然。文字具有如此巨大的魅力,历朝历代统治者都会实施文化垄断,致力于文字控制,确保草根百姓成为文盲,以便能够更好地维持其统治地位。就连大规模开办私学的孔子,也不能免俗,他说道:"民可使由之,不可使知之。"只可以告诉百姓怎么做,不必让百姓知道为什么这样做,言下之意,就是没有必要让百姓掌握文字,因为百姓一旦掌握了文字,就掌握了知识系统,就可以与统治者进行理论,民就不能随便"使由之"了。实际上,从先秦至夏、商、周开办官学以来,就明确不同级别的统治阶层成员享受不同等级的教育,不能随便越矩,坚决杜绝百姓享受官学教育,甚至私学也严格限制普通百姓的学习权利。也许有人会说,孔子开办私学,曾经弟子三千,而且提倡"有教无类",怎么能够说限制百姓学习的权力。其实,三千也只是虚数,并非实数,文献从来就不可考据,且能够为其所称道也就是七十二贤人,这七十二贤人也不是全都有名有姓,有名有姓者都不是草根百姓,都是拥有相当财富之人。统治者的愚民政策除了限制学堂,故意制造大量文盲,对有权力学习的统治阶层内部的读书人,也是采取思想钳制政策,不时实施文字狱,秦始皇的焚书坑儒,宋代的乌台诗案,清朝的文字狱,都是典型的代表。在这样一种政策之下,民间草根百姓就生活在光明的阴影里面,外面是阳光,但是与我无关,这就是长期以来的两极世界。

民间依托实践发展实用技术。由于统治者推行愚民政策,普通百姓失去学习机会,基本上都是文盲,不可能形成自己的理论建构。但是,由于百姓承担着整个社会的生产任务,不可能如原始社会那样完全是攫取性经济,只是向自然索取收割,不承担种植任务,那样已经不能满足社会需要,特别是统治阶级的需要,而是必须发展与传承生产技术。这些技术不可能由统治者提供,因为他们不从事生产活动,不可能创造相应的生产技术,百姓只能自己摸索创造,于是在愚民政策之下,民间也必然需要发展自己的生产技术。如果不发展生产技术,劳动效率就会非常低,而统治者的剥削不会减少,普通百姓的生活将更加困苦。在严酷的现实面前,百姓必须关注生产技术,关注自然与生产的关系,虽然不是有组织有意识的活动,却是基于生存需要的内心驱动,因此可以形成自成体系的实用性知识系统。

确实,这些生产技术的发展是非常缓慢的,不仅因为生产活动以年度为周期,了解并掌握一种自然现象与生产规律需要以年度为单位,个人的生命周期非常有限,而且因为没有体制的任务驱动,没有必要的组织管理,没有个体的知识积累,几乎是从零开始,从无意识开始,从无组织开始,生产技术的创造、发展与积累,都是在慢节奏的状态下以自然发展的态势延续着,焉能不慢?《钟山县志》有天象谚语,云:"天上云交云,地下雨淋淋。""朝有破絮云,午后雷雨临。""东亮西暗,等不到吃饭。""乌云在东,有雨不凶。""日落乌云走,雨落半夜后。""夜看西边明,明日天会晴。"没有人布置观测任务,也没有专人有意观测,都是你看到一个现象,我看到一个现象,可能在某个时候大家闲聊之时,或者某个有意之人,稍加关注,经历若干年的积累与印证,这才有了相应的谚语提示相关天象气候。由此看来,确实不会在一时半刻完成谚语的创作,必须依托实践,在实践中留意,在实践中检验,最后才能变成谚语。此外,即使获取了生产生活技术与规律,由现象转为语言,也需要一个转换过程,并非每个人都能够做到,这里必然也会耽误一些时间,所以提炼总结的历史经验再以谚语形式传达出来,时间就更长了。这些技术与规律,不能长篇大论,必须言简意赅,以民间草根文盲百姓能够理解的通俗易懂的语言表达,才能达到应有的教育效果。虽然我们现在看到的谚语集成,基本上都由统治阶层内部的读书人收集整理的,但是不能说即由他们创作而成,他们就直接参与了生产实践活动,即使参加了劳动生产,极个别人也不能代表统治阶层,谚语还是劳动人民生产生活的历史经验结晶。

百姓打破垄断展现自强不息精神。统治者的庙堂文化居于高端,都是使用书面语言加以记载,讲究咬文嚼字的精确与文采,显示自身高大上的所谓气质与品味。通过垄断文化,特别是垄断文字,统治者不仅使自己成为物质层面的贵族,还成为精神世界的贵族,以高高在上的姿态俯瞰民间百姓,目的在于不仅通过统治者显性地压抑百姓,使之抬不起头,而且还让百姓自觉地矮化,使确认自己真的低人一等、矮人一截,从而认可自己的被统治地位。在统治者的打压之下,民间百姓确实存在自我矮化现象,但是作为有意识的人,作为占据人口十分之九的劳动人民,不可能全体成员都没有觉醒意识,一定还会有少数民间精英自觉地抑制庙堂文化,致力于建构属于民间的草根文化。这种草根文化的建构,民间精英自然起着重要作用,民间精英也影响着其他普通民众参与其中,因为每个人都有一颗自证的心,于是就形成了一个文化场域。在这个文化场域里面,民间草根百姓的智慧与人格都得到有效提升,而且可以高于所谓的文化人,充分展现了文化自信与自强不息的奋斗精神。

统治者对民间草根实施文字垄断与文化封锁,使之永远处于无文化状态,以便能够永远"使由之",但是民间还是创造了自己的草根文化,使得自己走出野蛮状态,而且通过草根文化反衬统治者的愚蠢,展示自我基于实践的聪明,表达了自强不息的文化自信。村庄聚落的民众在这样一种草根文明氛围的浸染下,虽然没有掌握书面文字,但是依然可以展现自己的文化体系,由此可以在文化层面获得与统治者平等的人格尊严,实现一种无为而治的文化教育效果。

（三）民谚依托生活实践选择案例传承

民谚的知识体系具有极强的应用性,因为它们来自实践,因此民谚的传承也首选实践。实践出真知,既然知识从实践中来,自然要在实践中才容易理解,特别是没有生活经验的人,没有实践就不可能有效理解谚语本身的含义。例如："黄犬（蚯蚓）站岗,大雨落汤。""黄犬（蚯蚓）卷沙,唔见雨来。"现在一些大城市的小孩,如果根本没有见过蚯蚓,那么最多只是记住这两句话,不可能转化成生活知识,指导生产生活。即使知道什么是蚯蚓,但是什么情形叫作"站岗",什么情形叫作"卷沙",也不可能将这两句谚语的含义弄清楚,不能判断什么时候下雨,什么时候无雨。对生活在乡村的人也是一样,也会选择在实践中讲解相应的谚语,不会离开实践本身而无来由地传授。还是以蚯蚓物象为例,大人在路上看到蚯蚓出窝,探头探脑,在过马路的时候,就会告诉小孩这条谚语,说到"黄犬（蚯蚓）站岗,大雨落汤",大雨马上就要来了,赶紧回家避雨。在经历连续几天的下雨之后,大人在路上看到蚯蚓虽然出窝,却是钻进沙子里面,似乎在寻找凉快之地,就会告诉小孩这条谚语,"黄犬（蚯蚓）卷沙,唔见雨来",天就要放晴了,而且温度还不低。只有在这样一个实践场景下,小孩不必死记硬背,也不会感觉任何的学习压力,完全是在放松的状态下学习相关谚语,获取相应的生产生活知识,自然就会变成自己的知识体系。

农业生产总有一定的时间性,但是这个时间不像现在的精密仪器,应该也必须精确到分秒,而在靠天吃饭的年代,天在掌控着我们的生产,因此即使想精确也是不可能的,需要依据每年的气候变化进行观察,然后确定生产安排。这时,谚语概括的时限,必须具有一定的宽度,不可能具体到一个时间点,那么具体拿捏把握还需要在实践中体验摸索,因此更离不开实践的指导。有这么一条谚语,"立冬前犁金,立冬后犁银",这是指导农民要犁田翻冬,它设定了一个具体的时限,即以立冬为界,于之前犁田,那么可以充分滋养恢复地力,于之后犁田则效果减半。这似乎没有任何问题,但实际上"之前""之后"就是一个模糊概念,于立冬当日犁田呢,没有明确。保水田,还是旱水地,自然不能一概而论,应该有所区别。于立冬节气到来之前的气候状况也有关系,例如霜降节气来临的早晚,也影响着翻田养地的效果。"霜降在月头,卖撤棉被来买牛；霜降在月中，十个牛栏九个空；霜降在月尾，冻死老虎尾。"这些都需要在实践中，才能具体把握，因此民众对于民谚的传承，都不会空对空的传授，都会选择相应的实践场景，以期达到最佳效果。

民谚与实践紧密关联，实践就是一个具体的语境，因此民谚文化的传承也一定是在语境中传承，才能达到应有的成效。任何一个经验的总结，总不会无缘无故，都有其具体语境，也有着对应的教育对象。只有在具体语境中引出相关的谚语，小孩才能对号入座，才能领会其中的含义，也才能转化成自己的知识体系。在这个方面，有关为人处世的谚语，如要理解其中含义，并且转化成自己的行为原则，不经历相关事情，就会理解不深理解不透。比如，"多叫一声叔，少行十里路"，从字面上看，没有任何深奥之处，也容易理解，但是不经过相关事情，真的只是字面了解而已。首先，对应着谚语提示的问路情形，要让小孩知道请教的重要性与必要性。在岔路口的时候，自己不知道应该走哪条道，这时最好的也是最省心的办法，就是向人问路，由此可以避免走冤枉路。这是第一个层面的语境，可以告诉孩子虚心问路的好处。其次，在遇到多个选择，难以抉择的时候，实际上也是一个十字路口，这时也应该虚心请教，可以避免付出不必要的代价。长辈所言，"我走过的桥，比你走过的路多"，类似的情况长辈可能有过经验教训，可以为我们抉择提供有益的参考。这种语境，较之第一种情况更加隐蔽，但是其指导意义更强，大抵关系人生道路，如果没有必要的语境，那是很难理解并被运用到实践中去的。我们的长辈不是专职老师，不会专门创造语境开展教育活动，都是适应已经出现的语境进行教育，因此语境具体客观真实性。这就不像学校教育，由于体制教育的关系，学生相对远离社会环境，只在学校封闭环境里面学习，因此接触不到真实的客观环境。为了弥补真实环境的不足，于是开发了虚拟环境，努力创造一个虚拟的仿真语境，以便更加有效地训练学习对于知识的实践性把握。这也说明，真实的实践性语境，对于学习知识是多么重要，没有真实语境，就想办法创造虚拟语境。在这个方面，民间教育确实有其优势，不必创设虚拟语境，其真实的场景，实践性的活动，确实有利于草根文化的传播，能够更好地传承民谚知识，获取其应有的精神内涵。

民谚来自实践，实践最具有形象性，也能够开启故事性。民谚创造者是百姓，长期以来他们就是一个文盲群体，因此其创作的谚语一定包含良好的具象，不会以抽象的理论符号概括，否则不利于大家的理解，也不利于有效地传承扩散，创作民谚的目的也不能达成。民谚描述的对象是具体事象，不是深奥的哲学命题，这也决定了民谚应该采取具体、生动、形象的语言，从而能够以此见彼，即使是说明一些做人的道理也一样。一些为人处世谚语，虽然是说明做人的道理，但是使用比喻等形象性意象进行描述，让人能够透过具体意象感悟其中道理。例如，"有拐杖跌唔倒，有商量错唔了"。"前留三步好走，后留三步好行。""未做生意先学肚量，未出门先学谦让。"这些谚语就极具形象性，通过一些具体行为告诉我们，做事应该有所商量，做事不能做绝，做事应该学会谦让，因此，我们只有充分利用谚语本身所具有的具体生动形象性进行传承，才容易达成效果。

此外，我们还可以依托谚语本身的语言描述，丰富其形象性，这样也可以达到更好的传播效果。千百年来，我国劳动人民在生产实践中根据云的形状、来向、移速、厚薄、颜色等的变化，总结了丰富的"看云识天气"的经验，并将这些经验编成谚语。

"炮台云，雨淋淋"：炮台云指堡状高积云或堡状层积云，多出现在低压槽前，表示空气不稳定，一般隔8—10小时就会有雷雨降临。

"云交云，雨淋淋"：云交云指上下云层移动方向不一致，也就是说云所处高度的风向不一致，常发生在锋面或低压附近，所以预示有雨，有时云与地面风向相反，则有"逆风行云，天要变"的说法。

"江猪过河，大雨滂沱"：江猪指雨层云下的碎雨云，其形像猪，出现这种云，表明雨层云中水汽很充足，大雨即将来临。有时碎雨云被大风吹到晴天无云的地方，夜间便看到有像江猪的云飘过"银河"，也是有雨的先兆。

"棉花云，雨快临"：棉花云指絮状高积云，出现这种云表明中层大气层很不稳定，如果空气中水汽充足并有上升运动，就会形成积雨云，将有雷雨降临。

"天上灰布悬，雨丝定连绵"：灰布云指雨层云，大多由高层云降低加厚蜕变而成，范围很大、很厚，云中水汽充足，常产生连续性降水。

"云往东，车马通；云往南，水涨潭；云往西，披蓑衣；云往北，好晒麦"：这里所指的云，是低压区里的低云。低压是自西向东的（实际上往往是自西南向东北移动）。云往西，说明该地处于低压前部，本地将因低压移来而降雨；云往东，说明低压已经移过本地，本地处于低压后部，天气即将转晴，转晴之前常常要刮一阵风。

"乌云接落日,不落今日落明日":指太阳落山时,西方地平线下升起一朵城墙似的乌云接住太阳,说明乌云东移,西边阴雨天气正在移来,将要下雨。一般来说,如接中云,则当夜有雨;如接高云,则第二天有雨。

"西北天开锁,明朝大太阳":指阴雨天时,西北方向云层裂开,露出一块蓝天,称"天开锁"。这说明本地已处在阴雨天气系统后部,随着阴雨系统东移,本地将雨止云消,天气转好。

"太阳现一现,三天不见面":指春夏时节,雨天的中午,云层裂开,太阳露一露脸,但云层又很快聚合变厚,这表明本地正处在准静止锋影响下,准静止锋附近气流升降强烈、多变。上升气流增强时,云层变厚,降雨增大;上升气流减弱时,云层变薄,降雨减小或停止;中午前后,太阳照射强烈,云层上部受热蒸发,或云层下面上升气流减弱,天顶处的云层就会裂开。随着太阳照射减弱,或云层下部上升气流加强,裂开的云层又重新聚拢变厚。因此,"太阳现一现"常预示继续阴雨。这句谚语和"太阳笑,淋破庙""亮一亮,下一丈"等谚语类同。

"天上鱼鳞斑,晒谷不用翻"(瓦块云,晒煞人):鲤鱼斑是指透光高积云,产生这种云的气团性质稳定,到了晚上,一遇到下沉气流,云体便迅速消散,次日将是晴好天气。但是,如果云体好像细小的鱼鳞,则是卷积云,这种云多发生在低压槽前或台风外围,短时间内会刮风或下雨,所以又有"鱼鳞天,不雨也疯癫"的谚语。

这些都是类故事性的形态,并非真正意义上的谚语故事性传承,其实谚语当中包含完整故事者,除"路遥知马力,日久见人心"外,还真是不多。但是,这并不影响我们以故事传承来标示草根文化对于谚语的传播,因为故事无非就是包含事件情节,以具体生动的语言,塑造一个形象加以传播,而谚语基本上都包含相类似的因素,而且百姓在传播具体谚语的时候,也是绘声绘色地讲述,因此可以归结为以故事来传承的传播特点。这种传播特点的归纳旨在突出谚语的实用性,既在具体实践环境中生成,也在实践语境中传播,既具有区别庙堂文化传播的突出特点,也强化民间草根文化的独特性。

二、村规:一种行为的约束

有记载显示,我国最早的成文式"村规民约"可以追溯到北宋陕西蓝田吕氏兄弟创制的《吕氏乡约》，其主旨是"德业相劝、过失相规、礼俗相交、患难相恤"，体现为一种道德教化、规劝互省之内部成员的行为约束。因此，如果相对全面地考察村规，则从本质上看，村规民约是一种基于社会道德的组织性契约；从定位上看，它是介于国法与家规之间用来调整成员关系的秩序规范；从管理方式上看，则大体上遵循一种"集体行动的逻辑"，即以个人与组织间的"利害关系"来约束成员行为，由此看来，村规的重要功能是行为约束。当然，我们还应该思考，村庄聚落为何会制定村规来约束村民？简而言之，就是为了构筑和谐的人际关系，创造一个和谐的聚落社会环境，追求一种美好的社会生活。

（一）村规是村民意志的集中体现

村规由会议决定。村规，既然是一村之规，自然不能由一个人说了算，必须由会议决定，这是村规的基本属性所规定的。会议决定能够更好地体现村民的集体意志，因为这是需要所有人遵守的规约，就应当体现村民的集体意志，否则就不可能维持下去，就会变成一张废纸。虽然这个集体意志，并不等于全体村民都同意，因为各自的诉求有所不同，认知方面也存在差异，对一个问题具有不同看法，那是完全正常的，但是只要大多数村民同意，就可以通过，就可以列入集体意志。这个集体意志必须代表公共利益，取得各方利益的最大公约数，才能为大家所认可，即使有少部分人有意见，也可以有效说服且能够执行。最大公约数是一个重要理念，不管是过去，还是现在，只要是人，都有自己的思想，从理论上说，每个人的思想完全不相同，这就意味着有多少个人，就很有可能存在多少种思想。这些不同人的思想，虽然很难完全重合，但也不可能完全相异，因为大家都生活在相同的社会环境中，受到相同的文化浸染熏陶，因此一定存在交叉部分。这个交叉重合部分可能不会立即显现出来，需要通过多次会议讨论，然后得到最大公约数，这就形成村规的基础内容。至于细节部分，则可以仔细斟酌。总之，村规内容必须体现村民集体意志，通过会议方式决定，以便使之合法化。

村规具有全员性。村规是由全体村民通过的约定，面向全体村民是其基本外延，不应该有所例外。村规从最初设计，必定具有全员性特征，只有集中全体村民的意志，才能普及每个村民，只有如此，村规才具有权威性。具有权威性的村规，才能获得村民的信任，也才能得到有效执行。贺州市土瑶1983年的《"四甲"会议决议书》分为"婚姻"和"作风"两个部分。婚姻方面第六条规定："一律不准与汉人谈情恋爱,犯者罚款,一次30元,二次加倍。女的28岁以上,没有与同族人谈成,可由本人意愿,也可与汉人结婚。"在结婚年龄上,规定土瑶男女嫁娶年龄限制在20周岁以上,配合了国家婚姻法规定。在婚宴上也做出新的规定,由以前的婚礼长桌宴连吃三天三夜,修改为一天一夜。在婚宴招待礼俗上,删除在婚宴上异性相互嘴对嘴"敬菜"的规定。在作风方面,严禁偷盗与赌博,凡是偷盗与赌博,一经发现,则整个土瑶村民都可以到该村民家里免费吃喝,直到吃完其全部粮食与禽畜为止,迫使其无法生活。这样非常严苛的惩罚,其威慑力远远高于国家法律,因为你在聚落根本无法生存。这些规定虽然起因于个别现象,针对当时土瑶出现的婚姻问题,似乎已经影响到土瑶族群的发展,于是做出相关的规定,但是并非只是专门针对个人,而是对整个土瑶族群提出的要求。正因为村规没有特殊性,才能发挥其应有的约束作用,否则就是一张废纸,因为村民都是平等的,相互之间不具有国家行政权力。也许,在实际执行过程中,还会出现一些偏差,村里有威望的人士或族长、族佬,在他们自己违反村规的时候,确实有可能网开一面,或者是他人也会有意为其减轻惩戒力度,这确实是现实的可能存在。然而,这并非村规制定的初衷,其初衷还是一视同仁,没有特别设定例外,充分尊重民意体现民情,遵循村规之下人人平等的原则。这就不像传统社会的统治者,其制定法律之初,就已经明确"刑不上大夫",法律只是针对被统治阶级,是用于控制与惩罚被统治阶级的工具。这种明显的法律阶级性,明确表示它是一种统治工具,用来维护自身的统治地位与政治经济利益,迫使被统治对象永远处于弱者地位,永远不能翻身。因此这种法律从来就不具有全员性,即使他们宣称"王子犯法与庶民同罪",也是一个幌子,虚拟地构筑一个平等的法律环境,旨在让百姓能够从内心认可其法律,以期达到完全遵守其法律的心理期待,进而诱使百姓认同自我的奴隶身份。

村规具有相似性。村规民约作为村民集体意志的体现,既可以从形成的机制上考察,也可以从各地村规内容的相似性层面考核,都可以说明其内在精神具有集体意志特征。一个村庄聚落内部自然不必考据,因为会议的决定形式,已经表示其合法性与全员性。如果不同村庄聚落的村规同样具有大体相近的内容或精神,那么更加能够说明其条款具有普遍性,不是一个村落的独特现象,而是民间百姓所共同的要求。诸如对赌博偷窃、卖淫嫖娼、乱砍滥伐、打架斗殴等具体而微的违反社会公共治安的行为予以必要的禁止，一般不讨论与涉及刑事犯罪、国家安全等重大事件，那些行为都由国家政权机关管理，不在村规民约之列。

村规具有持续性。跨越时间依然得到百姓遵守，就说明其具有持续性，也是本题之义。这里特别作为一个方面加以强调，旨在说明中华文化精神的一脉相传。正因为传统文化之精华内涵的强大生命力，因此在现代社会之全球化语境下，一定需要保持战略定力，真正树立四个自信：道路自信、理论自信、制度自信、文化自信，特别是文化自信不能在西方文化的冲击下自我丧失，否则就会造成文化中断，也会失去民族的特质，并被同化进西方文化里面，导致自我的完全迷失。这里可以列举众所周知的《朱子家训》为例，虽然它不是村规，但是依然具有村规的性质，因为其影响整个朱姓，而且在以朱姓为主的村庄聚落里面，它就是村规。

《朱子家训》从宋代到清代，一直到现代，历经上千年的历史，其内在的精神内核并没有改变，而且还得到有效传承，不仅在朱家内部传承，而且在各个族群当中传承，依靠的就是精神品质。《朱子家训》从治家的角度谈了安全、卫生、勤俭、有备、饮食、房田、婚姻、美色、祭祖、读书、教育、财酒、戒性、体恤、谦和、无争、交友、自省、向善、纳税、为官、顺应、安分、积德诸方面的问题，核心就是要让人成为一个正大光明、知书明理、生活严谨、宽容善良、理想崇高的人，这也是中华文化的一贯追求。大家如果真正依此践行，不仅能成为一个有高尚情操的人，更能建立美满家庭，进而构建和谐社会。这种共同的价值追求，才使得《朱子家训》具有强大的生命力，在传承的深度与广度方面不断拓展，进而成为中华文明精神的重要载体，充分体现家国一体的思想。

（二）村规重在禁止性的行为约束

禁止是文明发展的必然。我们知道，任何一个国家、民族或族群，并非一开始就有法律、制度等法规性的东西，这些是人类社会发展到一定程度之后的产物。其实，这也是很容易理解的事情。人类最初一如现在的动物，没有任何法规制度，既没有成文的法典，也没有不成文的口头法典，完全是出于动物本能的自由活动。但是，随着人类意识的生成，人类社会性活动不断增加，已经形成了一个相对严密的组织，这个时候就生成了法规制度，否则无法组织群体性活动，也影响人类自身的发展。例如，婚姻制度的生成，不是哪个圣人精妙点子的结果，而是人类产生意识之后,在现实的残酷生存法则之下,获得的理性选择。在没有任何婚配限制的情况下,一些部落人种退化甚至灭亡,因为他们可以父女婚配、母子婚配、兄妹婚配,于是带来毁灭之结局;而另外的一些部落或人群,他们是无血缘的婚配,族群后代身体强壮,最后得到有效延续。血的事实教育原始社会的先人,必须将这种婚配关系告知后人,以便确保部落的兴旺发达,于是逐渐形成婚姻制度。从这个具体事例看来,婚姻制度的形成不是个人头脑发昏的结果,而是人类总结经验教训的智慧结晶,也是文明发展的标志性成果,使之与动物区别开来,成为真正意义的人。推而广之,法规制度的禁止思维,不是天生而有的,而是人类付出巨大代价之后的经验总结,它是文明发展的必然成果,因此应当倍加珍惜。

禁止是构筑行为防波堤。自然状态下的人类行为,如同动物一样,它是散射型无方向的混沌行为,没有任何规律性。当然,也不是真正没有规律,它的规律就是动物本能,它是没有理性的行为规律,表现为一种随机随性的行为特征。很显然,这是与文明社会不相符合的行为习惯,文明社会的基本特征就是构筑一套理性行为准则,有效地规范所有人的行为,使之具有条理性与秩序性,形成一个程序的社会群体。针对散射无方向的行为,那就要使其定向且有方向,如此就可以构筑一个秩序的社会群体行为。如何定向,如何确定具体方向,这就呼唤法规的出台,形成了一个有利的社会氛围。定向且有方向,这就意味着不能四处散射,必须依照既定的范围与方向行动,于是行为边界的理念由此形成。边界是一条红线,意味着不可逾越,所谓行为边界,就是为行为设定一条红线,规定只能在红线之内活动,不能逾越红线,否则就是违规,将要受到处罚。行为边界的红线,不是一条物理界线,而是一条法规道德的界线,具有极强的意识形态性,通过法规道德的条款标示,使用语言文字的办法划定,直接作用于人的内心世界。这条红线犹如现在汽车考试的红外线界桩,似乎没有物理可见性,但是确实存在,只要触碰,马上就会报警,之前的行为成果立马作废。行为边界所标示的红线,应该说,还是具有可见性的,明确规定哪些行为不可触碰,那些行为一定是具体可见的曾经现实,因为其具有内在危害性,因此不允许再次发生。其实,所有设定不可再犯的行为,都是过去曾经出现的行为,残酷的现实已经印证那些行为具有社会危害性,因此形成法规条款拒绝其再次出现,以免再次危害社会,这就是禁止的意义,也就是在于防范。当然,对具体个人可言,那些危害社会的行为不一定都见过,从社会角度而言,也不应该让每个人都见过,否则社会的代价太大,这也是制定法规制度的出发点,就是构筑行为防波堤。这种防波堤的基本作用如同江河的防洪大堤,把滔滔洪水封锁在江河里面,保证广大的村庄农田免受洪水的侵害。堤坝就是红线,堤坝里面是安全区域,堤坝外部是危险地带,人们的内心世界必须时刻悬挂这条红线,做到手有戒尺、心有戒律,不越雷池半步。

禁止是防止禁止行为发生。既然已经划定行为红线,也就意味着应当防止禁止行为的发生,于是需要下达禁令。人类的行为从量上而言,可以说那是不可计数,任何人都不可能完全列举,因此只能从禁止的角度,划定一些行为不能做,属于禁止行列。如果只是原则性规定,人们可能就不知道哪些行为可做,哪些行为不可做。例如,如果这样规定,"不与陌生人说话"。那么这种禁止性行为,就不具备操作性,因为"陌生人"的边界划定过于宽泛,只要走出家门,可能面对的都是陌生人,诸如乘坐公共汽车,公交司机难道不是陌生人？进入超市买菜,售货员难道不是陌生人？村规所列举的禁止行为,一定是概念明确,外延清楚,不需要特别解释说明的行为,才能够达到真正禁止的效果。

禁止是保护合法规范的行为。禁止是贯穿辩证法的思维方式,既然禁止了某种行为,也即必然保护了另外一些行为,而且这应当是村规禁止的核心要义。从逻辑角度看,禁止与允许是两个相异外延的概念,两者共同组成一个完整的概念,因为两者不存在重合(同一)或交叉关系,因此否定禁止的行为,那么就应当肯定允许的行为。被禁止的行为毕竟是少数,因此只列举禁止行为,不会列举允许行为,明确禁止的行为,也就保护允许的行为。如果不对禁止的行为加以明确,就有可能将其与允许的行为相混淆,那么在禁止相关行为的同时,就有可能涉及损害应该得到允许的行为。因此,禁止不是对正当行为的损害,相反是对正当行为的保护,因为大家完全明白了什么行为可以做,属于正当允许的行为,什么不可以做,属于禁止的行为,于是可以放心大胆地干工作做事情。

（三）村规旨在创造一个和谐聚落

村规民约的实质不是为了束缚村民的手脚,相反是给村民大展手脚提供时空保证,不再有什么后顾之忧。条款的禁止性约束,并非其目的,是让人明白哪些事情不能做,于是可以放心大胆地做没有禁止的事情,由此达到一个"吃定心丸"的作用。总之,村规民约的真实指向是创造一个和谐社会环境,打下一个美好生活的基础,致力于形成一个有序的人居聚落。

村规是为了防微杜渐。村规制定之初,一般有两种基本情况,一是发生了不良事件,影响到公共利益,由此需要对某种行为加以禁止;二是并未发生危害性的事件,而是为构筑一个美好愿景,更好地实现美好计划,于是制定村规民约。不管是哪种情形,村规都不是为了事后的惩戒,而是着重事前的防范,因此防微杜渐是其出发点。这也与村规民约所能起到的作用相一致,因为村庄聚落没有执法权,不能对村民实行法律层面或与其相当深广度的惩戒,主要是诉诸道德谴责与约束,最多是轻微的民事惩戒。因此对于上升到刑事层面的事情,村规民约无法惩戒,也不能进行约束,只能由国家权力机关管理,从这个层面上看,也只能管理一些小事情。

村规是行为纠错平台。村规是设定一些禁止性行为,告诫村民不要做明令禁止的行为,但是由于每个人都是天使与魔鬼的集合体,自律能力强且修养强的人,天使能够战胜魔鬼,于是能够遵守村规民约,自律能力相对较差,或者一时头脑发热,内心魔鬼的一面占据主导地位,必然会做出一些禁止性行为,于是出现破坏村规民约的现象。对于这类现象,村规也规定了相应的处罚办法,一者为了维持村规的严肃性,二者也是教育其本人,这时,村规民约起着一个纠错平台的作用。比如,贺州市土瑶族群的村规,其中规定赌博偷窃,一旦发现,全村人把他家的粮食禽畜吃光。广西环江县南昌屯养猫村规,也规定类似的纠错措施,有意打死家猫者,大家也是到他家猛吃一顿,让其得不偿失,记忆深刻。其他的一些处罚措施,诸如罚款几十元等,虽然数量不多,但是其作用还是一样,都是在出现违规行为之后,通过惩罚的方式纠错,让他承担必要的责任,使之记忆深刻,从而达到不再犯错的效果。如果杜绝了每个人犯错,那么村庄聚落就是一个和谐社会,我们就希望村规变成一种摆设,不再出现类似情况,也不必诉诸惩罚,达到以治而不治的境界。

村规是意在众志成城。村规在表面上是禁止大家不能做什么,似乎束缚了众人手脚,其实,是把村民可能离散的心聚拢起来,形成一个众人向往的圆心,创造一个团结友爱的良好集体。禁止之外的行为就是允许的、可以做的行为，其意在于号召大家积极行动起来，在这个广阔天地大展手脚，大展宏图，可以创造属于我们自己且为大家所称赞的事业，因此禁止性的村规背后是热情的鼓励。这种隐性的激励虽然不如直接的表扬那样明显，但是因为这是一个熟人社会，只要号召得当，并且有人主动领头，那么就可以形成一个良好的氛围，也能够真正调动村民从善的追求与行动。

村规是构建有序生态。为何要制定村规民约，无非就是自然生态与社会生态都遭到破坏，于是需要修复。在这个方面，我国先贤老子有着非常辩证且深刻的思考，他说："大道废，有仁义；智慧出，有大伪；六亲不和，有孝慈；国家昏乱，有忠臣。"一个东西的出现，一定伴随其对立面的出现，而且这个对立面已经影响到正常的运转，因此需要采取措施加以治理。村规就是针对两个生态而提供的主要基于道德层面的治理措施，一是自然生态方面，生产生活涉及的各个物质事情，已经遭到破坏，并且影响到正常的生产生活，因此需要禁止相关行为；二是社会生态方面，原有和谐的人际关系遭到破坏，一些良好的社会道德被某些人所抛弃，这些不良行为已经侵害村庄社会体系，如果不加以制止，整个村庄聚落就会一盘散沙"国将不国"，成为罪恶的发源地。因此，村规的一个重要职能就是修复已经损坏或即将被损坏的生态关系，使之重新恢复有序状态，被禁止的行为坚决不做，应该发扬的行为大力提倡，通过这两个手段，达到有意识建构良好生态关系的目标。一个有序的生态系统，不管是自然系统，还是社会系统，一定是各安其位，各谋其事，各美其美，美人之美，美美与共，天下大同。

三、礼俗：一种礼制的人化

礼是制度化的社会规范与道德准则，具有较强的官方性质，或者说其起源于官方。礼还可以分为礼、仪两个部分。仪是行礼的程序、方法和细节，是体现礼的外在形式；礼乃仪式体现的内在精神。俗则是相对固化的行为模式或社会习惯，具有基于民间的基本特性，并非制度性安排。由于风俗的多样性，所以习惯上，人们往往把自然条件不同而造成的行为规范差异，称之为"风"；而将社会文化差异所造成的行为规则之不同，称之为"俗"。《礼记·曲礼》如此评价礼的效用："道德仁义，非礼不成；教训正俗，非礼不备；分争辩讼，非礼不决；君臣上下、父子兄弟,非礼不定;宦学事师,非礼不亲;班朝治军、莅官行法,非礼威严不行;祷祠祭祀、供给鬼神,非礼不诚不庄。"①周礼将礼分为礼制和礼俗两部分。礼制乃一朝一代典章制度,由国家实施;礼俗乃一地一族的风俗习惯,由百姓传承,二者相互联系,并行不悖。本题以礼观俗,以俗返礼,礼俗一体,并行不悖。

(一)三个仪式标志人生转换

仪式就是一种形式,可以是特定场合举行的、具有专门程序、规范化的活动,也可以是非正式场合、相对自由随意、无规定性程度的形式,可以是官方组织的正式形式,也可以是民间提议的凑合活动,总之,它是一个事情的标志性形式。作为基于民间的规约教育组成部分,这是主要考察属于民间层面的仪式,剖析其对于人之教育作用与意义。具有仪式性质的民间活动非常之多,不仅有共同的仪式活动,诸如春节、清明等,而且还有各具地方特色的活动,比如赶鸟节、秧盆节等,不一而足,因此不可能对此进行全面的讨论。这里主要选取人生历程的三个重要阶段加以考察,即出生、结婚与死亡,这是各个族群都一定举行仪式的三个时间节点,因为它标志着人生必经的转折点,具有典型性意义,也由此形成不同的社会文化。

第一,降生仪式迎接生命轮回。完整的降生仪式包括一个属相周期,即到 12 岁,才最后完成,但是一般以满月与周岁为核心仪式,现在则倾向于以满月为基本仪式。

在降生仪式中一个重要的意象那就是鸡蛋,报生、三朝、满月都少不了鸡蛋,其他时段的降生仪式,各地有所不同,鸡蛋通常也是必备之物。为何各地都如此不约而同? 其实很简单,因为鸡蛋是生命意象,是生生不已的象征。恩格斯说:"看一看神圣的东西是怎样产生的(在所谓的原始部落是可以看到的),这很有意思。神圣的东西最初是我们从动物界取来的,就是动物。"②为什么呢? 因为"动物是人不可缺少、必要的东西,对于人来说就是神"。③鸡是人类最初驯养的动物之一,很早就与人

① 吉发涵等.中国古代散文卷(2)《先秦散文》(下)[M].济南:山东大学出版社,1997:6.
② 马克思,恩格斯.马克思恩格斯全集(第35卷)[M].北京:人民出版社,2006:121.
③ 费尔巴哈.费尔巴哈哲学著作选集(下卷)[M].荣震华译.北京:商务出版社,1984:86.

朝夕相处，于是鸡蛋也是熟悉之物。《山海经》有记载："鸾鸟自歌，凤鸟自舞；凤凰卵，民食之；甘露，民饮之……百兽相与群居，在四蛇北。其人两手操卵食之，两鸟居前导之。"它表明在"百兽相与群居"的时代，人们可以经常吃到凤凰卵，凤凰卵可能是鸡蛋，这与人类的日常生活一体。我们祖先对于宇宙天地的认知，认为其最初就像一个鸡蛋，《艺文类聚》引《三五历记》云："天地浑沌如鸡子，盘古生其中。""一唱雄鸡天下白"，雄鸡的召唤，天地就有了白天与黑夜的变化，即是阴阳的变化，也是生命的轮回，因此雄鸡很早就具备生命的意象。盘古开天地，正如小鸡破壳而出，从混沌的状态走向清晰，从无中生有，生命的奇迹就此诞生，因此鸡蛋也延续雄鸡所代表的意义，变成生命的意象。由此，我们祖先很早就崇拜鸡，有高端的凤凰，也有民俗的雄鸡与鸡蛋。《荆楚岁时记》说：正月一日，"贴画鸡户上"。《太平御览》引《庄周》云："有挂鸡于户者。"意在利用画鸡和鸡驱邪，因为鸡可使"百鬼畏之"。不仅如此，《太平御览》引《玄中记》还说："以雄鸡毛置索中，盖遗勇也。"《荆楚岁时记》引周处《风土记》云：人"生吞鸡子一枚，谓之练形"。雄鸡具有神性，鸡蛋具有神性，鸡毛也必定具有神性，因为原始思维具有全息思维倾向，认为事物的任何部分，都可以具有整体的特质与能力。再依据原始人之互渗思维的相似律与接触律，认为凡是事物表象之间具有关联，大抵与之相似或接触的事物，也必然具有原物的性质与能力，因此在降生仪式上出现鸡蛋，也具有必然性，因为小孩的降生就是生命体的降临，开启了一个生命历程。

降生仪式仅仅只是欢迎一个新生命的降临吗？不是的。仅仅表示新生命从无到有的过程吗？也不是的。降生仪式除使用鸡蛋等相关物象象征生命意象外，其实更为重要的表达意义在于生命的轮回，小孩并非从无到有，而是本来就有，它是前世今生的轮回。为何要庆"三朝（日）"？而不是二朝或其他朝？其玄机在于三。古人认为，世界万物的诞生，其理是"道生一，一生二，二生三，三生万物"，因此三是一个极其重要的数字，标示万物由它生成。父母两人生养了孩子，由二变成三，作为"三"的小孩出现，不是至此为止，而是还要不断繁衍，子子孙孙盛世不竭，表达了家长对人丁兴旺的美好愿望。

"野火烧不尽，春风吹又生。"人们在自然界的植物生命更替中，已经有效认知生命存在轮回现象，依照原始思维的相似率，推而广之，人也是一种生命存在，不可能每个个体只有出生到死亡的历程，没有再生的复活,这是不可想象的,一定会以某种方式复活再生。在降生仪式中,我们确实看到了百姓生命复活再生的理念,并且以其隐晦的方式,表达着这种良好愿望。如果说"三"侧重象征生命的无限繁衍意象,那么满月、周岁与十二岁,则更加明确传达出了生命轮回的想法。满月,是一个月的结束,也是一个月的开始,是月亮的运行轨迹,构成周而复始的闭环回路。周岁,是一年的结束,也是一年的开始,是基于太阳的地球运转轨迹。月亮是阴,太阳是阳,于是又构成了阴阳交替变化,阴阳有序轮回,确保生命源源不息。十二岁,是十二生肖的结束,也是十二生肖的开始,是古人对自然现象与社会现象的经验概括,对应着地支与天干,它是自然与社会相交融的生态圈,具有无限循环的特性。三个层面的轮回,又暗含"三"的运用,充分表达了百姓对永生的期望。

第二,结婚仪式承担现世责任。降生仪式主要是庆生,庆祝新生命降临人间,结婚仪式则是表明一个儿童的成长,已经到了需要承担社会责任的时候,亦如其父母那样承担生产生活两重任务,生产是承担创造社会财富的责任,生活是承担繁衍后代的责任。结婚仪式是一个分水岭,也是一条分界线,由此完成社会身份与家庭角色的转换,具有明确的通过仪式特征。这个通过仪式,可以从以下几个方面得到有效确认。

一是迎亲。迎亲是仪式的第一步,也是最为重要的环节,那是将新娘从女方家庭接到男方家庭,确保新娘与新郎由两家合为一家,以便实现身份与角色的转换。虽然过去可能更多表现为抢亲,带着历史演变的暴力痕迹,现在更多是迎亲,表达文明社会的男女平等趋向,但是其形式内核还是一致的,都是把新娘带到新郎家里,促其两人成为一家。婚礼之前,从理论上讲,新郎与新娘都还被认定为儿童,还不是真正意义上的成年人,也许举行了加冠礼与及笄礼,但还不必完全承担各自家庭的主体任务,并不具有家庭核心成员应有的权力。但是,自从举行婚礼之后,两人便要开始新的生活,另立门户组建新的家庭,承担新家庭的生产生活任务,获得新家庭应有的主体权力。很显然,结婚仪式就是一个通过仪式,婚礼就是一个分水岭,一条分界线,之前与之后两人的身份与角色截然不同。对于这个变化,可以说是悲喜交加,新娘与新郎的心态各不相同,新娘的主要情感是悲,悲中带喜,新郎的主要情感是喜,喜中带忧。新娘因为要离开生她养她的父母,离开自己熟悉的家庭,进入一个陌生的家庭,开始陌生的生活,这个身份与角色转换需要瞬间完成,自然是心中无底,不禁悲从中来,于是有了哭嫁歌。新郎是在自家迎娶新娘,结婚意味着成长为男子汉,拥有家庭的主体权力,自然喜从心来,但是能否独立支撑一个家庭,心中依然没底,因此忧也自然隐约生成,这是仪式带来的身份与角色转换的心理变化。

二是跨槛。说明身份与角度转换的形式,还有一个可以统称跨槛的仪式,非常形象地传达了这种象征意义。一般而言,可以分为两个层面,一方面在女方家庭的时候,通常会设置一些障碍,只有跨越这些障碍,才允许新郎将新娘接走。另一方面迎亲将要进入新郎家门的时候,男方家庭也会特意设置一些障碍,新娘只有跨越这些障碍,才能进入正厅,正式成为男方家庭的一员。在现代婚礼中,我们看到女方亲友,当男方前来迎亲的时候,早早地就把门关起来,只有新郎送上红包递上礼物,满足女方要求之后,才打开门让男方把新娘接走,这就是很明显的跨门槛,门槛内是女方人,门槛外就是男方人了。

贺州市客家人"出门前,新娘要在厅堂中央的竹筛里站着哭泣,并一一拜别祖父母、父母、伯父母、叔父母、姑父母等至亲长辈,被拜的至亲长辈则要给新娘一个表达祝福的红包(俗称'叫嘴包'),此红包由牵新娘者代收,等出门后再交给新娘。之后牵新娘者一只手替新娘撑着雨伞,一只手牵着新娘的一只胳膊步出大门。门边预先站着一位同宗的大哥,这位大哥手执米筛,筛内置一碗水,水中放有青竹叶两片。当新娘跨过门槛(不能踩门槛)时,执筛者摇动高举的米筛,把水及竹叶洒在新娘头顶的雨伞上,并高喊:'早生贵子''白头到老'之类的彩话(吉利话),此举俗称'出瓦檐水',客家人认为新娘从筛下走过能筛去百灾,幸福久长。出了大门后,所有相送的女亲属亲戚及姐妹同伴都要赐予新娘一杯茶,称'留茶',以表惜别之情。新娘接茶,依依哭别,并把茶轻轻淋洒在地上。陪新娘一起去新郎家的,有新娘的小弟或小妹,还有若干未出嫁的同村姐妹或女友(送嫁妹),新郎家招待送嫁人的礼节很周到,并于次日上午把他们送回家。新娘在路上如果路过一座桥,就要往桥下的河水中丢铜钱或硬币,并把哭别时抹泪水的手帕扔到桥下,称为'丢抹泪帕'"。[①]这里可以很明显地看到几道"槛",跨过门槛、出瓦檐水、留茶、丢抹泪帕,只有不停地跨过这些"门槛",克服这些障碍,才能到达男方家庭,也标志着与自己娘家生活的终止。

走出女方家门有通过仪式,想要进入男方家门也不容易,也必须使

---

① 韦祖庆,杨保雄.贺州客家[M].桂林:广西师范大学出版社,2010:145.

用通过仪式,才能被承认是男方的人。旧时贺州客家人迎娶新娘跨入男方家门,"花轿抬至新郎家大门口停下,新郎的弟弟或妹妹行至轿前拜轿;新郎自己则以折合的白纸扇于左右轿杠和轿身处各击打一次,以煞新娘威风,然后掀开轿帘,由男家派出的引娘婆(已婚的妇女)扶新娘下轿。'客家人新娘过门入男家大门时有解邪入门之俗:在大门坎下燃烧丝茅草(避邪)、艾叶(化浊为香)、秽草(去秽气)和柚子叶(吉利)合扎的火把,由新娘跨火而过以解邪。'① 然后,由一人执数根竹篙扎成的火把引路进入正堂行拜堂仪式"。

"贺州'本地人'的新娘进入男方家门的习俗与客家稍有不同,但都有跨火程序。新娘临到男家门口要等待吉时。吉时一到,媒人婆随即打开轿门,男方小姑执红漆盆盛两颗红柑请新娘下轿,新娘回赠以红包,然后由'好命'(寿高多子孙、夫妻双全)的老妇女扶新娘出轿,媒人婆吟唱彩句。同时有长辈用贴上八卦的米筛(或雨伞)遮在新娘头顶上,一般都由帮手先在大门口烧一把火,要生起炭火炉或烧一把稻草,让新娘'跨火薰',新娘走进大门。新娘跨过火堆时,并随手把手帕包着的花生、糖果等撒在地上,男家帮手就会去抢着捡来吃。"② 不管是贺州客家人,还是"本地人",新娘都要跨过火堆这个象征性的门槛,才能进入新郎男方家庭,标志着已经成为男方一员。

当然,各地的跨槛仪式一定存在差异,但是,在过去应该都有类似仪式,因为从婚姻制度发展的历史来看,男女双方的结合确实存在暴力时期,暴力就意味着障碍,跨越障碍就是跨槛,这是典型的通过仪式特征。

三是红色。在传统婚礼上,有一种显著的颜色,那就是红色,可以说红彤彤一片。红色既是喜庆的标志,也是转换的象征。红色进入审美视野起于原始社会狩猎时期,由于工具简陋猎杀动物实属不易,尤其是大型动物更是如此,于是野兽被击中流血,大家就异常兴奋,因为这是获得食物的标志,今天可以不挨饿了。在长期的历史进程中,狩猎的场景隐匿了,红色的记忆保留下来了,于是红色成为喜庆的象征,也代表生存状态的转换。传统婚礼上,新娘新郎一般都穿着红衣服,特别是新娘一定穿着红衣服,这是在外观层面表明身份与角色的转换。平时,不管新郎还是新娘,一般情况下都不穿如此大红大紫的衣服,婚礼的红衣服

---

① 苏斌,李辉.桂东客家人[M].南宁:广西民族出版社,1997:69.
② 韦祖庆.客家人生态性生存[M].北京:光明日报出版社,2013:153-154.

大抵只穿一次，婚前与婚后都不再穿着，从经济角度看，确实有些浪费，但是即使只为这一次，大家也都热心追求，因为这是一个象征符号。红色的氛围弥漫整个婚礼现场，到处都是喜庆的红联，还有随时分发的红包，以及新娘的红棉被，等等，一切都昭示着这不是一个平常的日子，这是一个新家庭组建的美好时刻。还有一个非常隐匿的红色追求，就是新婚之夜新娘的落红，这是传统社会很重要的一个环节，第二天早上报红，既说明新娘的贞洁，更表明新娘实现了身份与角色的彻底转换，开始正式承担生产与生活的双重责任。

第三，丧葬仪式欢送本体回归。人较之于其他动物高级，就是因为有自己的意识，而且能够有效地预知人的生老病死，每个重要节点都会举行仪式，说明生命不同阶段的转换。一个人走到了生命的终点，大家也会为其举行丧葬仪式，表示现世生活的终结，来世生活的开始。丧葬仪式各地有所不同，但是程序都比较复杂，一般包括以下几个程序："出厅下"（由房间搬到厅堂）、讣告（报单）、饰容、小殓、开锣（道场开场）、堂祭、大殓、成服、点主、绕棺、出殡、下葬、拜七、百日、对年等，以一年为期，完成丧礼。包括本体回归意象的仪式，主要包括两个基本方面，一是招魂，二是还阳。

招魂。具体招魂的仪式也很复杂，从大的层面看，最为基本的有道场和旌幡。人死了，灵魂与肉体就会分离，如果不及时招魂，人就不可能再投胎还阳，那时就是真正死去了，于是必须招魂。一般人没有招魂的能力，只有专职道士，才能与神灵沟通，具有招魂的能力，因此必须做道场。道场开始有一个开锣仪式，"开锣时，男子死请祖叔，女子死请外家。开锣前要说四句，如：'日吉时良，始建道场，孝家人等，大吉大昌。'又如：'日吉时良，始建道场，驱邪出外，引福归堂。'说完后即敲锣三下（如死者还有父母健在则敲一下，如父母不在而丈夫在则敲两下），以示为死者召亡，随后道士方可做道场"。[①] 道场的基本功能就是招魂，既保证死者不会变成孤魂野鬼，也不会肉体与灵魂分离，确保死者在阴间也能够很好地生活，届时可以及时还阳。

"点主是丧礼中的主要仪式，一般在半夜举行。过世的人都有一个牌位，称'神主牌'（灵位牌），一般用杉木制成，高一尺二寸，象征十二个月，宽四寸，象征春夏秋冬，厚一寸二，象征每天二十四小时，顶部圆

---

① 韦祖庆，杨保雄.贺州客家 [M].桂林：广西师范大学出版社，2010：149.

形象征天,底座方形象征地,示意无时无刻不念亲。也有的地方为高七寸,宽三寸,象征三魂七魄之意。神主牌上要写字,字数不拘多少,但末字必须按小黄道'生老病死苦'口诀算,合'老'字则吉,如'显考谥某某讳某某公大人神王'或如'显妣谥某某母老孺人之神王',牌位的最后一字是'王'字,即把'主'字留着一点,这一点要让点主人拿毛笔来点上,所以叫'点主'。点主的实质是替神主牌开光,是将亡者之魂招引进神主牌之意。"①

做了道场之后,就是出殡,出殡就必须安排旌幡。旌幡就是送葬之时的白色出行仪仗。现世达官贵人,为了展示其威严,每次正式出行,都会安排五彩斑斓的旌幡仪仗队护卫,因此旌幡仪仗具有标示出行、闲人回避的功能。同理,先人去世安排白色旌幡仪仗,就是告诫任何狐妖鬼魅必须回避,确保灵魂不受干扰,死者要前往其安魂之所。一般是出殡"起枢后,长子双手捧神主牌,次子捧死者遗像,在服之人及亲戚祖叔都哀哭送枢。出殡队伍必须从大门前方走,不能走重复路,如遇到岔路要绕着走,回来时必须走另一条路,总之不能走重复路,哪怕是一小段都不能重复。出殡队伍次序一般这样安排:放路钱(纸钱)者走在最前面,后面依次为放鞭炮者、持香者、持火把者、铭旌、挽轴、花圈、遗像、神主牌、灵枢、抬灵枢者(打八仙)是同族的十六个青壮年人,孝子孝孙等分别前后扶枢,再次是八音响乐及族亲戚友等送葬人员,长长的一列队伍一路徐行,即谓扶枢还山。中途孝子跪于路口谢亲友,送葬亲友即另外绕道转回"。②送葬队伍在白色旌幡仪仗护卫下,浩浩荡荡向着墓地出发,死者也安然前往其安魂之所。

下葬。出殡之所就是墓地,然后将棺材放入墓穴加以掩埋,整个过程谓之下葬。葬,篆书写作"𦵏",《说文解字》解释:"葬,藏也,从'死',在'茻'(mǎng)中,'一'其中,所以荐之,《易》曰:'古之葬者,厚衣之以薪。'""荐"是指草席,"葬"的意思就是"藏",是指人死后,用草席把遗体给藏起来。后来发展为在草地里挖一个坑穴,将遗体掩埋进去,如同把植物种子埋入土里一样,蕴含期待死者再生之意。古人很早就有入土为安的思想,在进入农耕时代以后,古人已经学会人工种植,既然植物能够种植再生,根据原始思维之互渗律,人也应该如此,于是从简单

---

① 韦祖庆,杨保雄.贺州客家[M].桂林:广西师范大学出版社,2010:151.
② 韦祖庆.客家人生态性生存[M].北京:光明日报出版社,2013:152.

的暴露式遗体处理，转而为掩埋式处理。这种掩埋显然不是把遗体抛弃，而是如同种子那样，把遗体植入泥土，期待亲人来世还阳。人掩埋入土，实际上回归地母，回到生命的本初状态。一个人从"无"的状态，出生在世变成"有"，"有"存在一定时间之后，依照循环往复的原则，必定也要回归于"无"，也即回归本体之初。自然界的万事万物，都生长于地母，特别是人能够亲身感受的植物，时刻不能离开大地母亲，只要与地母分离，植物就会死亡。动物虽然不是直接由地母孕育，但是都要依靠大地母亲生活，食物来源于大地母亲，居住也要回归大地母亲，一些动物直接生活在地穴山洞，人之最初也生活在地穴山洞。后来人有了更强的能力，可以居住在自建的房屋里面，但是地穴山洞情缘依然没有消退，生前不再居住，死后也要回归，这是生命本体的召唤。下葬不是掩埋生命，而是播下希望的种子，等待亲人来世还阳。

还阳。活人死后存在肉体与灵魂分离的危险，如果不及时招魂，就可能导致肉体与灵魂的永久分离，人就真的死了，没有了来世还阳的机会与希望。下葬是掩埋肉体，似乎死者与活人永远分离，其实那是在招魂之后，实现肉体与灵魂的合体，为死者来世还阳做好准备。在丧葬仪式当中，还阳意象一直贯穿始终。在民间，凡是达到阳寿 60 岁以上的老人，其丧葬仪式也被称为红白喜事，先是办白事，哀悼死去的亲人，入葬之后，马上换成红事，庆幸老人获得来世还阳的机会。因为六十一甲子，生命自此轮转，生命获得重生，因此不管活人还是死者，60 岁以后都是生命的重生。据说，印度有一个部落，其人的年龄计算以 60 岁为限，出生计 60 岁，每增长一年减一岁。如果其人超过 60 年的寿命，减完 60 岁之后，再重新计算，此次从 1 岁开始计算，以后逐年增加。因此红白喜事本身确实包含还阳的内涵。

还阳还有公鸡、油灯等重要意象。在下葬之前，要在墓穴里面点燃一盏油灯，还要用纸钱净烧墓穴，再现场宰杀一只公鸡，并把鸡血淋到棺材背上，然后才下葬。火已经确证是新生意象，也是一个转换的象征，因此在婚礼上，跨火盆是共通的仪式，表明新娘已经与过去的"我"告别，开始新生的"我"。在墓穴里面烧火，点燃油灯，其意就是一个转换，既从原先的活人变成了死人，更从死人转世变成活人，开始一个全新的生命，因此这是一种还阳。公鸡也是非常明确的生命意象，而且是由阴转阳，由黑暗转向光明的意象。在墓穴里面宰杀公鸡，并且将鸡血淋到棺材背上，就是传达现世亲人的愿望，期待刚刚死去的亲人，能够及时还阳。灯、火、鸡,三者都是纯阳之物,足以抵挡墓穴的黑暗,活人为死者做足了功课。

对于死者之祭,初起头七,即死者去世之后的第七天,必须进行祭祀。这个"七"也有其文化意蕴,七是阳数,七也是新生之始。《周易》以日为太阳,星为少阳;太阳之数为九,少阳之数为七。七为阳数,但不及阳数之极,故称少阳。九为阳数之极,故又为君主之数。九为阳之极,只能用于君王,是为九五之尊。平头百姓不能僭越,于是使用阳数第二,即为七,显其阳也。许慎《说文解字》说道:"七,阳之正也。从一,微阴从中斜出也。"其阳中含阴,阳占据主导地位,其与死者入葬相符,虽然有纯阳之物照耀,毕竟入墓而阴。于阴环境里,阳必须抓住机会,才能获得重生。据《庄子·应帝王》记述:"南海之帝为倏,北海之帝为忽,中央之帝为浑沌。倏与忽时相与遇于浑沌之地,浑沌待之甚善,倏与忽谋报浑沌之德。曰:'人皆有七窍,以视、听、食、息,此独无有,尝试凿之。'日凿一窍,七日而浑沌死。"由此可知,七是生死交界之期,浑沌死,而宇宙生,死生于此交互。《汉书·律历志》也认为:"七者,天地四时人之始也。"因此,"七"也是生命轮回的意象。由此就不难理解,为何亲人要在死者头七的时候祭奠,而不是其他时间,只是希望死者能够早日还阳,实现生命的轮回。

(二)祭祀文化告慰前世今生

从丧葬仪式开始,一个人就变成先人,列入牌位进入祭祀行列,享受祭祀文化丰富多彩的祭奠纪念。这是传统文化不可或缺的重要组成部分,因为我们是崇拜祖先的社会,虽然也崇拜天地神灵,但那是在祖先崇拜基础上的拓展。人是具有高度意识的动物,能够感知自己的生老病死,但是"我是谁""我从哪里来""我要到哪里去",这三个现实而又哲学的问题始终困扰着我们。古人没有解决这个问题,今人也没有令人信服的答案,中国人没有解决,西方人也没有解决,估计这是一个不能解决的问题。但是,不能解决也要回答这个问题,不管是否圆满,西方人着眼于宗教寻求答案,中国人则侧重在祖先获取资源,路向不同,旨归相近,都是回答人的前世今生。从三个现实且哲学的问题出发,祭祀文化可以划定三个基本阶段,于过去在于打通血脉,于今天重在行善积德,于将来是落实归宿。这是我们思考祭祀文化的思路。

第一,祭祀打通传承血脉。祭祀就是祭奠逝去的先人,先人已经逝去不在人间,现世活人为何还要祭祀已经逝去的死人? 从纯粹的唯物论思想看,似乎没有意义。从历史唯物论看,每个人都是历史的一个节点,只有记住节点,才能延续历史,因此祭祀先人就具有联结历史节点的作用。换成人类传承的语言,那就是血脉,这也是祭祀的基本功能,传承延续血脉,从现实角度回答"我是谁""我从哪里来"的问题。在传承血脉方面,具体有三个环节需要关注,一是修谱,二是筑坟,三是祭扫。修谱是梳理传承关系。现世生活的家庭,我们清楚地知道内部的传承关系,现代社会多是三代同堂,知道己辈、父辈与祖辈,传统社会一般是四世同堂,再往上增加曾祖辈,部分还有五世同堂,则再往上添加高祖辈,这基本上已经是上限。人类发展历经几百万年,一个姓氏有序传承可以上溯到氏族部落,则拥有上万年的历史,中华文明也是通常宣讲的五千年,总之不管是一个民族,还是一个族群,或者一个家族,都不止我们所能看到的三代、四代或五代,而是具有更加悠久的历史。往上的人和事,我们没有亲身经历,并不知晓,怎么办? 修谱就是民间解决这个问题的基本办法。

族谱一般分为两个部分,一是文字溯源,二是名单罗列。族谱的序言部分,主要介绍宗族的源流,溯源到始祖,记述始祖的伟业功绩,其后发展壮大分派支流,各自发展情况,使得大家明白各个支系的血缘脉络与传承关系。名单罗列就是笔录从始祖到支系,再到各房支的具体成员名字,一般只记录男丁,不记录女孩,男丁配偶以氏记录,不录入具体名字,形成排列有序的花名册。只要列入其中,就在宗族里面占据一席之地,百年归寿以后,也成为后代的祖先,享受子孙的供奉。如果因为犯错出宗,则不能列入族谱,将永远没有宗族的位置,他族也不会收留,于是变成孤魂野鬼,这是对个人最大的精神惩罚。我们看到,族谱基本上传承有序,一代接一代地不断延伸,人丁兴旺。但是,我们也会发现,一些名字到此为止,不再有接续的名字,这就是所谓的断子绝孙,这也是人们最为恐惧的事情,因此才有"不孝有三,无后为大"之说。传宗接代血脉相传是宗族文化的内核,修谱就是使用花名册的手段强调提示族群成员,必须履行自己的责任,既要保证自己不被出宗,又要确保后代能够延续,必须在族谱序列中占据一席之地。

筑坟是建造溯祖路碑。修谱是做好祭祀的前期工作,但是并非每个姓氏都有自己的族谱,也并非同一姓氏每个村庄聚落都有族谱,更不可能每家每户都拥有族谱,也不可能随时随地添加族谱,因此对于普通族群成员,族谱只是观念存在,很难看到实物文本,于是有时并不特别在意。坟墓则有所不同,这是一种现实存在,每个人都看得见摸得着,而且只属于自己的家族,具有某种唯一性。建造显性的坟墓标志,后人才会知道祖先具体的存在位置,或者说祖先有了具体的势力范围,那才有了重生还阳的平台,这是族谱所不能提供的。坟墓作为埋葬先人的场所,也是先人肉体与灵魂合体的地方,还是后人寻根溯祖的路碑。死者已经逝去,对先人而言,有与无都无关紧要,坟墓其实是后人的需要,满足后人溯祖的精神需求。溯祖就要提供追溯的路径,以及路径的标志物,坟墓就是这样一个路碑。坟墓对于先人并无实质性意义,这才有现代社会基于唯物主义的火化选择,逝去的亲人由此化为一缕青烟,不留下一丝痕迹。传统文化则不同,死者必须留下痕迹,而且应该是显著的标志,以物化的宏伟启示功业的伟大,以期永留青名于后世,也能够成为后人学习的榜样。因此,帝王将相的坟墓都异常宏伟巨大,以山岳为陵墓,而且规定陵墓等级,不能僭越。坟墓留下了祖先的足迹,顺着这个足迹,就可以不断上溯,直至始祖。为何一些族谱上的成员空缺,却没有中断,还有后代,就是没有完整信息导致名字失传,墓碑则能够弥补这方面的不足。由此我们可以看到,一些具体的溯源活动,需要向坟墓求证,就是墓碑能够起到路碑的作用。

祭扫是亲近前辈先人。血脉关系厘清了,溯祖路碑建好了,那就沿着这条道通过祭扫方式去亲近前辈先人了。祭扫是祭奠逝去的祖先,是丧葬仪式核心内涵之还原,具有与祖先见面之意,丧葬是与死者见最后一面,祭扫是与祖先进行灵魂相见。祖先已经逝去,活人还在人间,两者是阴阳两隔,毕竟属于不同世界,不能像人类社会那样可以随时亲近见面,需要有特定的时间。大体而言,主要有两个时间界限,一是每月的农历初一和十五,二是清明节或中秋节。初一和十五是月亮盈亏至极之时,也是转换的节点,亏极而盈,盈极而亏,包含阴阳转化的理念,于是选择这个时候祭奠祖先,可以实现阴阳的对话与交融,能够更好地亲近祖先。清明是天气清明的转折性时间节点,标志着春天全面来临,生命处于上升阶段,阳气不断充盈人间。这个时候与祖先亲近,能够借助人间的阳气,加速促进先祖的重生与还阳。中秋也是气候转换的时令,寒凉全面逼近,冬天就要降临,此时亲近祖先,意在提醒祖先必须保留阳气,以便有效抵御浓重的阴气。总之,亲近时段的选择,并非随意而为,而是有所寄寓,也是传统文化的历史语境使然。不管怎样的选择,其核心还是以恰当的时间，表达对逝去祖先的亲近之情，通过走动往来建立稳定的情感联系。时间已经确定，自然就要前往祖先居所进行祭奠，以表达亲近之意了。坟墓历来是祭奠的主要场所，因为这是祖先的安居之所，作为晚辈后人，一定要前去行礼祭拜，才能表达诚心与敬意，正像春节时我们要主动向长辈行礼问候一样。前往祖先居所之坟墓，自然不能空手而去，必须带上手信，这就是祭品。古人说过，"夫礼之初，始诸饮食"，表示礼节必须有食物，因此祭祀强调三牲。这也是传统文化人际交往的内核，什么事情在餐桌上都好说，甚至都能够解决，否则就难办。亲人不是公干，自然没有那种官气，然而在热气腾腾的饭桌上聊天，更能够增强亲情氛围，因此三牲就成为必备的礼品。这种虚拟的团圆饭，确实可以创造一种亲情氛围，既是活人之间的亲情，也是活人与逝者的亲情，实现多方的互动交融。

第二，祭祀引导行善积德。祭祀是纪念前人，其实是为了后人，因为血脉是一路相承，因此祭祀也是为了告慰自己的前世今生。告慰前世的基本方式，就是前辈祖先现在享有的今人祭祀，也启示今生后人要将这种祭祀祖先的方式传承下去，不断行善积德，不断厚实宗族荣耀，后世才能兴旺发达。祭祀这个平台，后人在表达愿望的时候，一般是有两个指向，一是美化祖先，二是祈求祝福。不管哪个指向，其核心价值都是向好，祖先形象越来越好，后人发展越来越好，而且更加偏向于今生后人的美好。在祭祀场合的向好氛围，能够净化心灵，培育良好心态，激发积极上进的心理，形成一种行善积德的精神，既可以为宗族增光，也为个人添彩。在这样一种特定场合下，即使某些人心有邪念，也不敢表露出来，也会起到抑制作用，通过不断的抑制，就有可能改变个人的价值观，转化成为如同祖先一样的荣耀之人。这就是祭祀平台的向好作用，能够潜移默化地引导后人行善积德，创造一个美好人生。

祭祀时候的美化祈好，只是形成一个心理场域，植入良好的心理暗示，这种暗示一定程度上能够引导后人转化成现实行为。心理暗示是人类最简单、最典型的条件反射，从心理机制上讲，它是一种被主观意愿肯定的假设，不一定有根据，但由于主观上已肯定了它的存在，心理上便竭力趋向于这项内容，最终有可能促其变成事实。从心理学的层面看，心理暗示分为自我暗示与他人暗示两种。自我暗示是指自己的显意识不断重复，迫使潜意识接受显意识的思考内容从而得到改变。他人暗示则是指个人接受外界或他人的愿望、观念、情绪、判断、态度影响，不断由自我的显意识转化变成潜意识,从而向着他人的预测结果靠近的心理特点。在祭祀平台获得的心理暗示,不仅有自我暗示,也有他人暗示,是两种暗示共同作用的产物。宗族力量培植向好的行为,在各个族群聚落中不是少数,其具有一定的普遍性,这确实包含祭祀的祖先力量。当然,这种向好行为不能只是指向自己,或者自我族群,还应该扩大到他人,尤其是其他族群,也就是现在所言的做公益事业。公益倾向于公众受益,且不计个人利益,是一种无私奉献精神的行为表征,这才是真正意义的行善。通过做善事,从个人私利中走出来,将自己的能力有效拓展,使得更多人获益,于是这些善行就转化变成品德,个人也由此高尚起来。以公众口碑树立形象,那才是真正的形象,这也与祭祀平台所引导的行善积德之初衷相吻合,因为祭祀本身营造氛围,氛围需要公共烘托,才能形成。具有氛围之后,行善积德才不是个人行为,才能转变成社会行为,整个社会才能呈现和谐状态。

第三,祭祀预定天上人间。祭祀是祭奠逝去的祖先及他们生活的天堂世界,这也是行善积德之灵魂归所。能够享受子孙后代祭祀的祖先,肯定不是被打入地狱的恶鬼,虽然阴间有着这么一个去处,但肯定不是祖先的居所,也不会是后人期待的地方,大家还是期待死后能够升入天堂。这是祭祀平台给予活人的心理期待,在地狱与天堂之间,一定会选择天堂。这是不言自明的,因为地狱是其人在人间作恶,然后被发配到地狱接受惩罚,甚至永世不能超生的一种惩戒手段。依照生死轮回规律,人死后总会重生还阳,而且与生前的行善积德程度挂钩,只要升入天堂,不管重生还阳到怎样的人家,毕竟还是返回了人间。如果被打入地狱,可能连还阳的机会都没有了,那将永世不能翻身。即使在地狱诚心接受惩罚,也必定经历严酷的考验,承受严苛的酷刑,经过脱胎换骨之后,才能转世还阳重新做人。因此,祭祀的行为实际上也昭示着天堂或地狱的选择,每个人都会从内心角度预定天上的人间,也就是于天堂展现美好的人间蓝本,更是超过人间美好的天堂世界。这是一个人的选择,也是族群的选择,更是全体百姓的选择。

古人不仅相信天堂的存在,而且确认那是幸福美好的地方,也将是人人向往的地方。这样一个幸福美好的地方,怎样才能预订入住呢?因为这首先是一个灵魂所在,其次才能承载肉体,于是在各种预定条件中,净化灵魂应该是最为重要的先决条件,所谓"放下屠刀,立地成佛",表达的就应该是这个意思。净化灵魂,这就表明权力不是重要的,财富不是重要的,地位不是重要的,最重要的是心灵美好行善积德。因为人从动物走来,动物本能具有最为本原意义,不可能完全剔除,只能加以控制,于是就需要净化心灵。如何净化? 简单而言,就是管控个人的动物本能,遵守当下的社会公共道德,控制个人利益,拓展公共利益。在传统社会,主要遵守当时的公共道德,即温良恭俭让、仁义礼智信、忠孝廉耻勇,以达到净化灵魂的要求。在当今社会,是依法治国与以德治国相结合,因此在道德层面主要遵守社会主义核心价值观,即富强、民主、文明、和谐,自由、平等、公正、法治,爱国、敬业、诚信、友善,去除个人私欲,广做公益事业,就可以成为一个善人,就具备进入天堂的基本条件。

第四章

创新：体制学校教育

第一节　传统官学：培养封建人才

传统官学作为国家教育，"官"字就是其核心特征，那是国家兴办的教育，为国家培养人才，因此国家意志必须得到充分体现，否则就为国家所不允许。这是由官学的性质所决定的。

一、设置分级办学台阶

最初的教育只有官学，没有私学。原始社会末期，已经有了传说中的官学，到夏、商、周三代，出现了典型的"学在官府"形态的官学教育。学在官府也可以说是官府办学，只是此时官学的范围要比后世所说的官学广泛得多。由于夏、商、周三代学术、典籍等都为官府所把持，因此民间无学术，更无学校教育。官学作为国家教育体系的主体，任何朝代任何时代，都承担着教育的主体任务，满足社会各个机构的需要。

分层办学。官学始于夏、商、周三代，西周官学已有较完备的制度，已经划分职责，是分层办学的模式，大体可分两类两级：一类是国学，另一类是乡学。国学又有大学与小学两级，乡学有庠、序、校、塾。大学是练兵习武之处，又有两种：一种叫作辟雍，设在天子的都城，另一种叫作泮宫，设在诸侯国都。泮宫规模比较简单，仅有一学。辟雍规模较大，有"四学""五学"之称。小学有两种：一种是设在宫廷附近的贵胄小学，另一种是设在郊区的一般贵族子弟的小学。乡学的设置，完全是按照当时地方行政区域规划的。至于具体设置情况，历来有不同的说法。《礼记·学记》说："古之教者，家有塾，党有庠，术（遂）有序，国有学。"虽然"乡学"开办在地方，而且命名"乡"，却仍然是为近郊或远郊的一般奴隶主贵族子弟所开设的学校，平民及奴隶没有享受教育的权利。由此可见，西周的学校不仅实施分层办学，中央有中央开办管理的学校，地方有地方开办且管理的学校，而且不管是中央或地方的学校都具有明显的等级性，这是奴隶社会的宗法等级制度决定的。

自从周朝区分办学主体，明确中央与地方两级开办官学，其后的历代王朝都援例而行，只是学校类型、数量与下沉的地方级别有所不同，其精神大体一致。汉代的官学分为中央和地方两种。中央办的官学又分两种，一是大学性质的太学，二是特殊性质的学校，比如"鸿都门学""四姓小侯学"等；地方办的官学也有两种，一是大学性质的"郡国学"，二是小学性质的"校""庠""序"等学校，并规定郡国曰学，县、道、邑、侯国曰校，乡曰庠，聚曰序。唐朝的封建官学体制是由国子学、太学、四门学、弘文馆和崇文馆组成。其中崇文馆、弘文馆更受统治阶级的重视。在官学教育制度中占有重要地位，但它们的教育质量比国子学、太学、四门学都低，因为二馆学生都是贵胄出身，养尊处优，求学自然肤浅，所以其学习程度，实不如其他三学。宋朝的中央官学有贵胄学校和国子监。贵胄学校由朝廷直接管辖，下设宗学、诸王官学和内小学，宗学是宋初为皇族子弟设立的学校，分为小学和大学两级。国子监，其下设置国子学、太学、四门学和广文馆。地方官学仍照唐制按地方行政区域建学，地方行政分路、州（府、军、监）及县三级，但只在州县设置教授儒经的学校，即州学、县学。清朝的学校教育制度基本上承袭了明代的旧制，中央官学包括国子监、宗学、觉罗学、旗学、算学馆、俄罗斯学馆。清朝地方官学，依其地方区划设有府学、州学和县学，统称为儒学。这些学校教官不事教授，士子不重读书，实则为科举考试预备场所。由于地方官学有名无实，徒具形式，所以真正求学的士子，多在私人所设的学塾读书，故清朝私塾甚为发达。

分类办校。官学的人才培养目标，其核心是培养统治阶级管理人才，也就是官僚人才，因此属于经世致用性质的中央及地方各级学校，都是围绕"四书五经"进行教学，特别是汉代"独尊儒术"，各级官学的教学内容主要是儒家经典。太学的教师称博士，由精通经学的学者担任。汉武帝时在太学内设五经博士，博士只需精通一经或一经中的某一家，实行分科施教。地方官学的教学内容也是儒家经学，由经师教学。这是官学中最为重要的类别，也是通常百姓所言的"万般皆下品，唯有读书高"的学校，因为大家的目标很明确，读书就是为了做官。

然而，社会并非只要经世致用的儒学官僚集团，就可以有效运转整个社会生态系统，还需要大量具有实际劳动技术的人才，才能保证社会的充分物质生产，于是，后来开始出现一些专科性学校。这些学校虽然始终没有占据官学的主流，也并不被广大学生所青睐，但是毕竟已经存在，这也是国家教育政策引导的结果。古代自然科学的专科学校始于唐代，由于唐代社会经济、政治、科技的繁荣发展，教育也有了显著发展，唐代的专科学校主要有律学、书学、算学等。在南朝宋的时候，设立了史学与文学，这是中国学校分科设置之开端，史家称为元(玄)、儒、文、史四科，时在南宋明帝泰始六年(470年)。宋朝的专科学校有六所：武学、律学、医学、算学、书学、画学。唐朝之时，文学艺术获得极大发展，到了宋代，为了有效继承与发扬唐代形成的艺术氛围，于是设立了书学与画学，书学是将对文字学的研究与各种书法的练习相结合，画学分为佛道人物、山水鸟兽、花竹及屋木等科目，也兼习书法。之后，元明清在此基础上有所增减，不过其基本范围，无出其右。

总的来说，在唐宋以后基本上形成了以儒学为主体，以自然科学和艺术为点缀的分类办校格局，大体上满足了农耕社会的人才需求。从学校分类布局看，传统社会坚持以儒学为主体，讲究修身养性，注重培养官僚人才，形成文官政治的社会氛围。但是，在这样一个农业大国，农耕人口占百分之九十的比重，农业生产是国家稳定发展的命脉，却没有一所农学学校，这与政府以农业为根本的重农抑商政策有所背离。这大致也可以说明，农业生产是一个靠天吃饭的状态，农业生产技术还是依靠代际相授的方式传承，政府对农业生产实行一种完全放任的管理方式，表现为一种重视之中的不重视态度。这种态度也表明，统治者对于劳动者的鄙视，坚持"劳心者治人，劳力者治于人"的理念，甚至连与之相关的农业技术也给予鄙视，从来不开办农学学校。对于其他自然科学类的技术传承,统治者虽然也怀有鄙视心理,但还是给予一定的教育地位,开办了相应的学校,诸如医学、律学、算学等,说明在现实中依然觉得有用,不可缺少,于是需要培养相应人才为自己服务。其实,分类办校反映了一个社会生态的等级思想,因为传统社会就是一个等级森严的社会。

二、按照人才规格培养

作为一个社会生态庞大的系统,其所需要的人才具有复杂多样性,从来就不是仅具有一方面技能的人才就可以主导,并且有效运转的。因此,在人才培养方面,我们简要地从行业规格、层次规格与专业规格三个方面加以剖析,以此透视国家对人才的需求状况。

行业规格。俗话说,"三百六十行,行行出状元",这说明一个道理,即使最为简单的社会形态,也必然存在多种行业,需要多方面的人才,不管这些人才是否为正规教育机构培养,它都是一种客观存在。纳入国家教育体系,说明政府对于这些方面的人才的重视,没有纳入国家教育体系的其他行业,确实说明国家对其不够重视,甚至可能存在鄙视心理,正如农业一样。农业在传统社会的地位,正应了一句民间戏语,"说起来重要,忙起来将要,做起来不要"。历朝历代统治者都推行重农抑商政策,应该说对农业非常重视,这也不能说只是"说得重要",因为禁止性的抑工抑商政策也得以推行且落实下去,就是在教育层面却从来没有设置过专科的农学学校。这是一个非常矛盾的心理,农业关系政权稳定,因此农本思想从来没有中断过,农业又是一个异常艰苦的劳动产业,历来为统治者与读书人所不齿,因此没有资格与底气开办农学学校。如果聘请农民当教员,又有违"劳心者治于人"的祖训,会无形中提高农民的地位,而且农业生产技术可以口耳相传,能够在农业生产实践中逐渐习得,因此也不必开办农学学校。没有开办这类学校,农业生产也没有受到什么影响,因此觉得农学学校可有可无。

基于经世致用的儒学就不同了,那不仅是培养经世管理能力,更重要的是网罗人才,钳制思想,以便巩固"家天下"的统治政权。西周至春秋的官府学校,主要课程为礼、乐、射、御、数、书等,称为六艺。《礼》为表现西周宗法制度、政治制度的各种仪式,是当时社会生活的重要内容,今天指《周礼》《礼记》《仪礼》三书,称为"三礼",是贵族子弟及士大夫必须学习和掌握的知识。乐指音乐,包括舞蹈,当时的诗歌,有歌词也有乐谱,唱诗舞蹈已用于庙堂和盟会之上。射指射箭,御指驾车,这是军事训练的内容。书就是识字写字,有点像后来的语文课。数就是算数,包括计算日子的干支表,这些都是从政治民所必需的知识技能。开始,这些都是约定俗成的官学科目,不一定有课本。这种科目安排,也反映了先秦学科浑然一体的知识体系状况,类似于现在的素质教育了。通过这样的素质教育,确实也能够培养具有实际能力的经世之才,可以很好地从事行政管理工作。

以经世为主要目标的官学教育,教学内容以儒家经籍为主,以"四书五经"为主要教材,授"孔子之术,六艺之文"。很明显,这时的官学已经改变了春秋时期素质教育的理念,不再学习一些技术性的科目,专于儒学经典,就是为了文官政治而进行人才培养,旨在培养政客了。如果再加以科举考试的指挥棒,那么这个人才培养规格就更加明确了。宋初的科举考试延续唐代旧制,考试科目中以进士科最为重要。在考试内容上,"凡进士,试诗、赋、论各一首,策五道,帖《论语》十帖,对《春秋》或《礼记》墨义十条"[1],但是其中的帖经和墨义流于形式,在考校中不发挥作用。[2] 余下的四科则以诗赋、策、论三场依次进行,由于实行逐场淘汰制,故而诗赋考试显得格外重要。不但如此,在录取过程中,考官也明显以诗赋来决定取舍,这无疑更加突出了诗赋的位置。科举考试不考自然科学,只考人文知识,明朝乡试、会试头场考八股文,能否考中,主要取决于八股文的优劣。八股文以四书、五经中的文句做题目,只能依照题意阐述其中的义理,而且要求必须使用朱熹"四书"注解立论。其后的清朝,在科举考试方面更甚于明朝,严重束缚了应试者的思想,扼杀了读书人的主观能动性和创造性,其培养选拔出来的就是听命于皇帝的奴才。

古代教育,除建立学习儒家经典的学校系统外,还设立专科学校,培养各种实用的专门人才。早在东汉时,就建立了中国古代第一所文艺专科学校"鸿都门学",直到明清时期,曾设立过律学、医学、武学、阴阳学、算学、书学、画学、玄学、音乐学校、工艺学校等各种专科学校。这些学校培养出了不少专业人才,对发展中国的自然科学、法学、文艺等起过很大的作用,形成以儒学相对的人才培养规格。鸿都门学招收的学生

---

① 《宋史》卷155,《选举志·一》,第3604页。
② 司马光在治平元年上的《贡院定夺科场不用诗赋状》中说道:"所有进七贴经、墨义一场,从来不曾考校,显是虚设,乞更不试。"见《温国文正司马文公义集》卷28.四部丛刊本。

和教学内容都与太学相反，学生由州、郡三公择优选送，多数是士族看不起的社会地位不高的平民子弟，开设辞赋、小说、尺牍、字画等课程，打破了专习儒家经典的惯例。中央医学内部有明确的学科专业分工，即医、针、按摩和咒禁四科，这是我国历史上唯一形成学校系统的专科学校。医学学校在普及医药卫生知识，促进医药事业的发展方面，起到了重大作用，许多医药学名著和传统医药成果，流传国外，至今仍在世界上享有盛誉。唐代从武德初年始置律学，隶国子监，学生多来自中下层，八品以下子弟及庶人通律学者，年龄在18—25岁，都有资格入学。学生在校主要学习律令，兼习格式、法令。"律"的主要内容有12部分：名例、卫禁、职制、户婚、厩库、擅兴、贼盗、斗讼、诈伪、杂律、捕亡、断狱。"格"指百官有司所常行的事；"式"指所常遵的守法；"令"指尊卑贵贱的等数。律学学生还要选学大经（《礼记》《春秋左氏传》），中经（《诗》《周礼》《仪礼》），小经（《易》《书》《春秋公羊传》《谷梁传》《孝经》《论语》）。学习期限为6年，考试分旬试和岁终试两种，毕业后即获得参加科举考试的资格。学生连续6年通不过毕业考试，即罢废。这些专科学校能够面向社会需求，适度培养社会需要的技术人才，不仅填补了儒学主体教育的不足，而且促进了传统科学的发展，诸如天文学、算学与医学的一度领先地位，确保社会发展长时间处于世界领先地位，确实功不可没。

层次规格。东汉时期，地方官学受到朝廷重视。汉平帝下令将全国学校按照主办机构的行政级别进行梳理，形成五个等级：第一等，中央官学，包括太学、鸿都门学等；第二等，郡学，包括郡及王国主办的学校，配备经师1人；第三等，县学，包括县、道、邑、侯国等地方政府开办的学校，名之为"校"，配备经师1人；第四等，庠，为乡一级机构主办的学校，配备孝经师1人；第五等，序，为村一级机构主办的学校，配备孝经师1人。各等次地方官学均以儒学五经为教学主干课程，毕业后可以通过察举、朝廷征召等途径入仕做官。仿照中央政府的做法，地方政府也设置一些专科学校，培养某一领域的专门人才，如医学、兽医科等。此类学校以专业课程学习为主，同时兼修儒家经典。这一制度设计奠定了比较完备的官学体系，为后世官学制度所效法。[①] 如果不必细化，那么官学的办学层次，总体层面可以划分为两类，一是中央层次，二是地方层次。中央官学的办学宗旨是培养各类封建统治人才，以供朝廷之用，为此设

---

① 王成等著.中国政治制度史[M].济南：山东大学出版社，2014：163.

置了专门的教育行政机关和教育长官进行管理。以汉朝太学为例,其学生以官宦子弟居多,秩六百石以上官员子弟均可入学。郡国也可以选送部分高才生入学。太学生毕业后,官宦出身的太学生通过二经考试,增补为文学掌故;已经身为文学掌故并且任职满两年的太学生通过三经考试,擢升为太子舍人;拟任太子舍人两年以上且能通过四经考试的太学生任命为郎中;担任郎中两年以上并能通过五经考试的太学生可以在较高的职位上补吏。从其生源与毕业去向,就已经表明中央官学的办学宗旨就是培养官僚人才,而且是直接在朝廷任职的官吏。

中央官学主要是用来培养朝廷使用的人才,那么地方官学的首要任务也是为地方培养人才。"汉代最早兴办地方官学的,当推汉景帝时的蜀郡太守文翁,文翁为改变蜀地文化落后于中原的状况,亲自挑选了十余名聪敏有才者,派到京城,有的随博士学习,有的学习法律。他节省府库开支,购买蜀中特产赠予博士以表酬谢。几年后这些人学成归蜀,文翁均予以重用。"① 此例说明,地方官学开办之初,就是为了解决地方人才的短缺问题,确保地方政务能够准确有效地推行,促进地方政治经济文化的发展。

此外,"地方官学还是当地从事礼教活动的中心场所,如韩延寿在颍川(今河南禹县)'修治学宫,春秋乡射,陈钟鼓管弦,盛开降揖让',李忠在丹阳(今安徽宣城)'起学校,习礼容,春秋乡射,选用明经',卫飒在桂阳(今湖南彬县)'修庠序之教,设婚姻之礼',都是以地方官学的礼教典范来推动社会风尚的转变,培养学术人才仅为其次"。②

地方官学一旦开办起来,人才逐渐涌现,那就不是地方所能够完全掌控的了,因为人往高处走,不仅中央要从地方选拔人才,人才本身也会流动,因此向中央输送人才,就是地方官学的必然任务。这种输送,一般来说,就是以考试的方式来实现,极少是直接由地方推荐,或者由中央直接抽取。这种考试方式,自从隋唐开启科举考试以后,直至清朝覆灭,就一直没有中断,这也证明考试选拔人才的方式还是有其生命力及合理性。

专业规格。传统社会的官学基本对应着行业,一个行业之中可以分派不同工种,于是产生专业。官学本质上没有专业设置,因而也没有专

---

① 李楠,陈幼实.中国古代教育[M].北京:中国商业出版社,2015:29.
② 李楠,陈幼实.中国古代教育[M].北京:中国商业出版社,2015:29.

业学校，虽然专科学校大致相当于专业工作，但其实与专业还是存在差别，不同于现代意义的专业。依照专业体现工种的思路，还是可以发现在官学中存在专业的影子，因此也从专业的视角加以透视。在专业培养方面，最为成功且值得称道者只有医学。随着医学知识的增加和医疗技术、医学理论的提高，为了更好地培养人才，太医院、太医署等很重视按照学科分类对医学生进行针对性的培养。《唐六典》表明唐代相当重视分科教学，从大的方面讲有医、针、按摩、咒禁、药不同专业，而医学专业又有体疗（相当于现在的内科）、疮肿（相当于现在的外科）、少小（相当于现在的儿科）、耳目口齿、角法（相当于现在的拔罐法等）等不同分科，每个学科的师资、培养年限、学习内容均不相同。宋代亦是如此，如分为内科、针科、外科等进行培养。《宋史》卷一百五十七记载："医学初隶太常寺，神宗时始置提举判局官及教授一人学生三百人，设三科以教之，曰方脉科、针科、疡科。凡方脉以《素问》《难经》《脉经》为大经，以《巢氏病源》《龙树沦》《千金翼方》为小经；针、疡科则去《脉经》而增《三部针灸经》。"① 当然，人体是一个有机整体，中医药学更是一种整体医学，古代也早就注意到这个问题，他们并不是急功近利地一开始就加以分科教学，而是强调要先打好基础，即《唐六典》所谓的"既读诸经，乃分业教习"，这是古代教育的宝贵遗产。

自从隋唐创立科举考试制度之后，科举考试就成为检测学校教育质量的重要手段，也是国家选拔人才的重要渠道。在官学之粗分的三类办校情形中，有时还是比较难以分辨专业性，于是可以通过科举考试的科目看其专业人才培养取向。"唐朝沿用隋朝的制度，仍实行科举取士制。据统计，常科的科目有秀才、明经、进士、俊士、明法、明字、明算、一史、三史、三传、开元礼、道举、童子等50多种。武则天在位时增设武科。常科中明法、明算、明字等科，不为人重视；俊士等科不经常举行；秀才一科，在唐初有很高的要求，后来逐渐作废。所以，明经、进士两科便成为唐代常科的主要科目。唐高宗以后进士科尤为时人所重。宋代前期的科举科目与唐代几乎没什么差别，以进士科为主，其他各科称诸科。王安石执政时，曾对科举制度进行改革，废除诸科，只保留进士一科，其后虽有反复但也没有质性变化。元代的科举不再分科，专以进士科取士。宋代考试的指定读物有所变动。新的规定是：如果经义的考

---

① 脱脱 . 宋史 [M]. 北京：中华书局 .1985：3689.

试内容包括四书,则以朱熹著述的《四书集注》作为主要的依据。明清时期只有进士一科,科举考试在乡试及会试皆以四书的内容命题,要求考生以古人的语气阐述经义,'代圣人立言',用八股文作答。除此之外,还有皇帝特别主持临时举行的各种制科,唐代就有100多种,其他各朝代也根据皇帝的要求临时设置各种制科考试项目。不同的科目其内容的侧重也不同。科举除特制科目外,明经科考的内容主要是儒家经典,以四书五经为主。进士科重在考杂文诗赋和策论,明清时特重经义。明法、明书、明算等科,还要考试各科所习专业课程。明法科,以律令为主。明书科,以书法为主。"① 从不同的考试科目可以得知,对专业人才的培养指向还是有所不同的,并非只是一种工作技能的专业要求,而且包括多个工种的专业性要求,表明内含专业人才规格指向。诸如,明经科的知识考点与进士科不同,明法科的知识考点与明书科不一样,明算科的知识考点与一史科不相同,这些都说明不同科目重在选拔不同的专业人才,因此包含专业人才的培养规格。这是古代官学在没有专业划分的情况下,通过考试的杠杆进行协调,以便获得专业人才的做法。

三、给予不同层次的利益

官学与私学确实存在较大差异,这是由于"官"字帽所决定的,也是官学的办学宗旨所决定的,因为官学就是要培养朝廷所需人才,必须能够忠心为朝廷服务,于是给予的利益必然有所差异,才能吸引学生前来就读。官学与私学最大的利益差异,就在于官学可以给予直接的物质利益,私学则需要自己承担学习费用,官学可以直接给予大家最想获得的官位,虽然仅极少数学校有此特权,私学则一定需要参加选拔考试,才有可能获得官职。从官学自身而言,其利益差异还是存在的,不同办学主体所拥有的利益不一样,中央官学一般较之地方官学可以获得更多的利益,经世的儒学可以获得专科学校更多利益,因此并非官学就可以享受同等利益。其设定的利益差异,其实也反映国家意志在不同层级学校的落实程度,也是通过这样一种管理模式进一步达到思想控制的目的,并非完全出于物质利益层面的考虑。针对官学的不同利益表现,可以从三个方面加以剖析,即考上不同等级官学的社会待遇,就读学习期间的

---

① 　陈薛俊怡.中国古代科举[M].北京:中国商业出版社,2015:74.

待遇，以及学成之后的前景，由此既可以看到学生待遇的不同，也可以体察政府对于学生的有效控制。

考上不同等级官学的社会待遇。读书人一旦考试高中，其人际境遇与社会声誉，马上就会有所改观。当你还是普通读书人，或是秀才的时候，人们称呼你为相公。一旦由秀才而高中举人，称呼立刻就变为老爷，且看范进中举，秀才之时，乡里邻舍对他最为尊敬的称呼，也就是范相公；高中举人之后，邻居乡亲马上改称范老爷，特别是其岳父老丈人胡屠夫，更是势利眼，"范老爷范老爷"的叫得欢。高中一级确实不同，一个人的社会地位立马发生变化，从一个大家瞧不起的落魄者，变成人人仰慕尊敬的老爷，其人充分感受了做人的尊严，可以充分地满足虚荣感与自尊心。而由举人高中进士，那就更加不得了，简直可以称得上一步登天，荣耀至极。一旦在进士科及第，就是一件十分荣耀风光的大喜事，就像鲤鱼跃龙门一样，"一登龙门，则声誉十倍"（见李白《与韩荆州书》）。新科进士常常被形容为头上有"七尺焰光"，成了天上的文曲星了。

这对个人而言，其社会地位明显改观，对于家庭或家族都是极大的荣耀，大凡高中进士的家庭，都会悬挂御赐"进士"或"状元及第"牌匾，以求光宗耀祖。富川瑶族自治县朝东镇秀水村，自唐以来，出现了二十六位进士，二十七位举人，因宋朝时的毛自知高中状元，于是秀水村便以状元村闻名。在获得社会声誉的时候，还可以得到实在的物质利益。通过院试的童生都被称为"生员"，俗称"秀才"，算是有了"功名"，进入士大夫阶层。生员有免除差徭、见知县不跪、不能随便用刑等特权，这也是实在可见的利益，既有声誉利益，也有物质利益。生员也有等级，共分三等：成绩最好的称"廪生"，由公家按月发给粮食。其次称"增生"，其意思是后增加的廪生，但并不供给粮食。"廪生"和"增生"是有一定名额的。三是"附生"，"附"有附属之意。意即附在生员的最后，是才考入学的附学生员。再看范进中举后，相邻马上送礼来贺，张乡绅既送银子，又送房子，虽然是势利套近乎，但对家徒四壁的范老爷而言，那都是实实在在的利益，怎不令人高兴？举人除享受秀才之特权外，清初沿明制，给予新科举人旗匾银及冠服之赏。旗匾银又称牌坊银、坊价银，共二十两，专供中试者竖旗、制匾、建牌坊之用，以荣耀乡里。冠服之赏，或为实物，或折银，视各省情况而定。此外，科举中试例赐出身，乡试中试之举人，亦称之为出身。以举人身份入仕者，同进士入仕一样，同为正途出身。由科举带来之出身，除有过错被黜革职者外，可以终身享用。

这些读书人境遇的改变，全部缘于科举考试，也即由政府拨付获得，或是皇帝赏赐得到，国家通过精神与物质的手段把读书人笼络到自己门下，成为政府忠实的帮手。

就读学习期间的待遇。官学自其诞生之初，学生就不同程度地享受国家的物质补贴待遇，可以说直至清朝结束，都没有真正中断过，只是补助的数额与方式有所不同。这应该也是可以理解的政府补助行为，因为能够就读官学的学生，都是统治阶级内部的成员，虽然还有其内部的分层区别，中央官学与地方官学的生涯自然不同，但是基本上没有社会底层的劳动民众，这是可以肯定的。

我们可以简单看一下各朝的官学补助情况。汉代太学生制作统一的学服，"俱曳长裙，游息帝学"。[①]唐朝国子监的"监生可以在监内寄宿，发给膏火，供给膳食，享有免役权利。明朝监生的生活待遇较为优厚。除了政府'广为号舍以居之，厚其衣食而养之'外，明太祖还钦定监生统一服装——'襕衫'，逢节令赐以'节钱'；有家眷的特许带家眷入学，每月支粮六斗。有时皇帝还特赐布帛给家长或妻子。例如，洪武十二年赐诸生父母帛各四匹。洪武三十年，赐监生家属每人两尺夏布"。[②]另有资料更加详细地说明，明代"南京国子监学生，不论是官生还是民生，享受着比较优厚的生活待遇。监生及所属家庭除可享有监生本身免除杂泛差徭、免其家两丁差徭的基本待遇外，监生读书期间还享有物质待遇，包括廪粮津贴、灯油课纸、衣被以及庆典年节时的赏赐等，并享有诸如省亲、侍亲、婚丧、事假以及学校法定假日等待遇"。[③]这就更加体现平等原则，不再区分学生来源，即使来自民间中下层的监生，也给予同等待遇，这也许与朱氏的出身有关，因为朱氏原本来自民间下层社会。到了清朝，也大体依例给予补助，清朝国子监监生在学习期间，由"户部岁发帑银，给膏火"，即使是外国留学生，也同样"月给银米器物"，学成则遣归。这又有所发展，清朝官学接纳了外国留学生，也同样给予国民待遇，显示一个民族的胸怀。其实，在唐朝也同样承担外国留学生食宿，有来自日本和朝鲜等周边小国或附庸国的学生，《登科记考》载："（唐）自天下初定，增筑学舍至千二百区，虽七营飞骑亦置生，遣博士为授经。

① 庄适，王文晖.后汉书[M].北京：崇文书局，2014：162.
② 刘生龙.中国古代教育的那些事[M].北京：国家行政学院出版社，2013：211.
③ 徐传德.南京教育史[M].北京：商务印书馆，2006：98.

四夷若高丽、百济、新罗、高昌、吐蕃，相继遣弟子入学，遂至八千余人。"日本派遣 5 次遣唐使及大批留学生来唐，著名的有阿倍仲麻吕、玄防、道照、智藏等，新罗人在唐及第的有崔彦㧑、金可纪、金夷吾等，他们都享受了官学学生的同等待遇。

学成之后的前景。就官学而言，只有进入会试与殿试，获得进士名分，才算得上学成，正如现代社会，只有考上大学且毕业之后，才算是学有所成。通过层层考试，获得了进士资格，随即就会获得社会上的崇高声誉，也开始可以进入官僚集团，实现读书人梦寐以求的"读书做官"的理想。隋唐最先举行科举考试，那么唐朝的进士是如何被安排工作的？唐代进士及第后的出路大致上包括这样几种情况：有的当了京官，有的补入秘书省担任校书郎、太子校书等职务；有的被授予国子监学官或补入太常侍，具体掌管礼乐、郊庙、社稷等事务；有的分管盐铁买卖与漕运、统筹政府财政支出、全国赋役等；还有的被派往各地的州县，担任知县、县尉、主簿、参军等。状元授翰林院修撰，榜眼、探花授儒林院编修。擅长文学书法的庶吉士，在翰林院内特设的教习馆(亦名庶常馆)肄业三年，期满举行"散馆"考试，成绩优良的分别授翰林院编修、翰林院检讨。即便是及第后不能通过释褐试者，也可按政府的有关规定，得到地方长官如节度使、观察使、团练使等的推荐，成为其幕僚，等待日后朝廷正式授官。应该说，都具有较好的出路，安排了相应的行政工作。当然，这是初始的职位安排，个人日后的发展，则看个人的际遇了，有的飞黄腾达，有的命运不济，各不相同。

进士之下的举人，基本上不会被直接授予官职，但是因为有了举人的"学位"，就有了做官的资格，并可以进入下一层次的会试。秀才的待遇，基本上是免徭役赋税，没有官职。

各个层级的学成待遇不相一致，这是正常现象，也是选拔考试的必然，只有规定不同层级的学校毕业生，其待遇各不相同，才能有效地调动学生学习的积极性达到选拔优秀人才的基本设想。这是一个金字塔式的学业选拔，通过层层选拔，可以有效地把控思想阵地，作为社会上有文化的一批人，自始至终地参加考试，以求博取功名，就没有其他心思从事可能反对政府的事情，统治者最根本的目标，确保家天下政权的安全与稳定，就比较容易达到，这也是帝王的驭人之术。

第二节　现代学校：培育社会新人

在传统文化里面，家庭供奉的神牌"天地君亲师"，教师豁然名列其中，教师地位之尊可见一斑。虽然一些家庭按照历史惯性依然竖起"天地君（或国）亲师"之牌位，但是在现实中教师已经走下神坛，致使许多教师感叹地位下降，今不如昔。其实教师走下神坛是历史的必然，也是历史的进步。

一、教师走下神坛

（一）走上神坛的历史背景

"师者，所以传道授业解惑也。"教师教人识字、传授文明的职业特殊性，使其能够区别其他工作对象为物的职业，容易获得人们的尊敬。春秋战国期间，既是思想异常开放、学术极为活跃之际，也是礼崩乐坏、纲常沦丧之时，各诸侯国及各学派都在依据各自的价值取向企图重构社会伦理秩序，"天地君亲师"的思想也在构建之中。钱穆认为："天地君亲师五字始见荀子书中，此下两千年，五字深入人心，常挂口头，其在中国文化、中国人生中之意义价值之重大，自可想象。"[①] 其实，荀子更多只是提出思想，且其排列顺序也非"天地君亲师"，而是"天地祖君师"。《荀子·礼论》云："礼有三本……上事天，下事地，尊先祖而隆君师，是礼之三本也。"到东汉末年，其顺序变成了"天地君父师"。东汉末年，张角创立太平道教，信奉经典是《太平经》，其中有云："夫天地中和三气，内共相与为一家，共养万物，天者主生，称父；地者主养，称母；人者为治，称子。子者，受命于父，恩养于母，为子乃敬事父而爱其母。""太上中古以来，人益愚，日多财，为其邪行，反自言有功于天地君父师，此即大逆不达理之人也。夫人乃得生于父母，得成道德于师，得荣尊于君。每独居一处，念君父师将老，无有可以复之者，常思行，为师得殊方异文，可以

---

① 钱穆.晚学盲言（上）[M].台北：台北东大图书公司，1987：377.

报功者。"① 这本道教经典第一次将"天地君父师"五个字整齐排列，构成了后世敬奉"天地君亲师"神位的雏形，虽然"师"的具体内涵与外延在不同时期有所不同，但是"师"作为群体的笼统概念已经在这个时候正式登堂入室走进神坛。在"师"的群体中，最为卓越的代表是孔子，其最早获得的称号是东周之时鲁哀公的"尼公"，其后历代王朝都加封孔子，大体是文宣王至圣先师之类，并且在全国各地都修建文庙，真正以"师"的名义进入神坛。借着孔子的灵光，广大从事传道授业教书育人的教师也由此崇高起来，在社会上树立起为人师表的形象，获得社会的普遍尊重与景仰。

教师的本职工作是传道授业教书育人，授业教书主要表现为知识传授，传道育人主要体现在思想品德熏陶，一个是显性存在，一个是隐性存在，两者都能够让教师崇高起来。当然，能够直观让民众感受老师工作内容者，就是显性的知识传授，民众也大多从这个层面认知教师。教师从事职业工作的基本平台是文字系统，文字具有祛魅与返魅的双重特征，这就决定了教师职业是一个具有专业技术性的工种，非经专业学习与训练不能胜任本项任务，这就奠定了教师崇高地位的基础。

人类历经了几十万年乃至于几百万年的历史，文字的出现却只有不到一万年，比较成熟的汉字系统殷商甲骨文至今也才 3500 多年，人类在漫长的历史中都处于蒙昧状态。如果将汉字出现上溯到仓颉造字之时，也就是黄帝时代，至今也不过 5000 年左右的历史，还是人类历史的一瞬。文字的出现是人类文明开化的历史性事件，全面标志着人类告别蒙昧时代，一个能够揭示宇宙秘密且可以传承知识，掌握自己命运的文明时代。为此，古人曾用形象的语言记述文字产生的历史性意义，《淮南子·本经训》云："昔者仓颉作书，而天雨粟，鬼夜哭。"唐代著名文艺理论家张彦远在《历代名画记》中解释说：那是因为有了汉字之后，"造化不能藏其密，故天雨粟；灵怪不能遁其形，故鬼夜哭"。李渔在《闲情偶寄》中也说过这回事："仓颉造字而天雨粟，鬼夜哭，以造化灵秘之气泄尽而无遗矣！"这都集中说明文字具有强大的祛魅功能，能够将人类从蒙昧状态中牵引出来，从自在王国逐渐走向自为王国，从自然的奴隶变成宇宙的主人，为人类开创一片文明的天空。但是，文字还具有与之相矛盾的返魅功能，因为文字是人为创造的复杂符号系统，一旦创生之

---

① 王明.太平经合校（第 47 卷）[M].北京：中华书局，1960：135.

后，文字也就自成组织系统，依照文字系统规律反映与揭示外在世界，任何个人都不能任意变更，只能根据与服从文字系统来认知世界，这就是文字的返魅性。如此一来，文字就由被人创造变成对人的控制，人需要遵从文字系统的音形义，才能有效地运用文字，于是，只有经过专门学习训练，才能掌握文字系统，这些人才能变成具有专业技术性的文化人。文字使社会开化，也使人变得文明，文明之人自然受到尊重，因此掌握文字也就具备使人崇高的基础。

文字是人为创造的符号系统，自从生成之后，自有其自组织性，非经专业学习不能掌握。那么谁有权力也有能力学习文字呢？不是每个人都有学习机会的。由于文字记录着人类发展的文明成果，于是掌握语言文字就意味着掌握话语权力，在社会分层已经出现的阶级社会，掌握社会权力的阶级不会轻易与人分享权力。

甲骨文虽然成熟于殷商时期，但是文字的诞生却在黄帝时代，基于官府具有体制性质的教育应当始于夏朝，体系化于商代，《礼记·明堂》有载："殷人设右学为大学，左学为小学，而作乐于瞽宗。""学术官守"是当时教育的基本特征，受教育者均是国子、王太子、王子等贵族子弟，属于典型的贵族教育。对此，清代学者章学诚《校雠通义》认为：因为"理大物博，不可殚也，圣人为之立官分守，而文字亦从而纪焉。有官斯有法，故法具于官；有法斯有书，故官守其书；有书斯有学，故师传其学；有学斯有业，故弟子习其业。官守学业皆出于一，而天下以同文为治，故私门无著述文字"。① "学术官守"的权力逻辑脉络已经非常清晰，法典出自官，文字记载法典，掌握语言文字就掌握了权力，权力必须世袭不能下移，因此贵族垄断教育是权力延伸的必然。受教者是贵族子弟，原本就享有尊贵的地位，施教者不可能是等级卑贱的平民或奴隶，应该也是现今或曾经的贵族，原本也具有尊贵的地位，由此更会得到尊重。贵族教育旨在培养未来的统治者，他们受教之时不仅可以规避徭役赋税，不像平民或奴隶必须承担徭役赋税，还可以得到官府资助，显示其独特的优越性。"封建社会的官学面向贵族，分为中央官学和地方官学。在中央官学中，从秦朝到清朝，国家不仅不向学生收取学费，还免费提供住宿、免其赋役，有时还发给薪俸。在地方官学中，从宋朝开始，并为元、明、清三朝长期沿用，统治者以赐田的方式举办地方教育，地方学校将

① 陈振风.章学诚的学术思想[M].自贡：大安出版社，2014：29.

学田收入作为学生生活和教师待遇的来源。官学生源等级分明，平民子弟被完全剥夺了分担官教育成本的主体资格。"[1]不说师本身已经尊贵，还可以师凭生贵，因此整个传统社会确实崇尚师道尊严，师能够走上神坛具有历史必然性。

（二）消解神坛的生存条件

引导教师走向神坛的初始条件很早就消解了，但是其他关联条件依然存在，"天地君亲师"神坛一旦树立，历史的巨大惯性依然维持着教师的神坛地位，教师依然可以明显感受"师道尊严"的心理体验。但是，随着历史的进步与社会的发展，基于神坛的"师道尊严"心理体验正在消解，在现实生活中正在将教师还原为普通人的形象，这是因为神坛的生存条件正在消解。因此，如要回答教师为何会走下神坛，就应当知道支撑神坛的生存条件已经不复存在，教师走下神坛具有历史必然性。

第一，人格平等化。"天地君亲师"牌位，我们至少可以从中读出两个信息，一是神圣化，二是等级化。神坛牌位供奉的列位属于天界人物，位于神仙系列，与之相对者是人间的凡人，属于尘世俗物，于是就拉开了两者的距离，一个在上，一个在下。"天地君亲师"本身是座次排名，次序不能颠倒，显示严格的等级序列，透露严酷的等级思想。这种牌位等级思想既是神仙座次，更是人间现实反映，相互印证，相互强化，使得等级秩序成为天理，成为本来应该如此的东西。但是，"人生来平等"的思想进入现代社会之后，经过仁人志士与旧势力的几次惨烈搏斗，人人平等的思想已经深入人心，并且化为一种常识性社会心理。神仙的神圣性已经不存在，教师的神圣性自然也无所依存，现实社会的所有公民一律平等，教师自然不能高居社会公民之上，都是普通公民的一员。应该说，人格平等理念使得教师神坛地位失去了思想基础，也失去了法理存在根基，这是釜底抽薪的消解，预示着教师走下神坛具有历史必然性。

第二，教育大众化。教师之所以能够走上神坛，一个现实的原因是教育贵族化与小众化，广大群众没有接受教育的机会，对教师只能仰视，教师形象自然崇高起来，就能够走上神坛被人供奉。随着社会的发展，社会生产需要有知识有文化的劳动者，不识字的文盲已经不适应社

---

[1] 杨昌锐.教育成本分担模式的理论与实证研究[D].中国地质大学博士学位论文，2013：19.

会生产的需要,不仅个人无法在社会上生存,社会也无法在文盲环境下发展,因此在社会与个人的双重作用下,教育大众化呼之欲出。当社会基本扫除文盲,完成义务教育之后,掌握基本文化知识已经成为常态,人人都能够识文断字,教师就不是"物以稀为贵"的少数人。据教育部官方网站 2015 年公报,幼儿园园长和教师共 230.31 万人,义务教育专任教师为 916.08 万人,特殊教育学校专任教师为 5.03 万人,高中专任教师为 169.54 万人,高等教育专任教师为 157.26 万人,全国职业技术培训机构专任教师为 28.42 万人,民办教育不统计教师人数(在校生达 4570.42 万人,如果以生师比 20∶1 估计,则教师约为 228 万人),总计专任教师达到 1506.64 万人。[①] 庞大的教师数量,再加上青壮年以下已无文盲,两个巨大数量叠加,必定产生"1＋1＞2"的效应,必然动摇教师的神坛地位。过去凭借掌握知识资源而拥尊显贵的教师,如今知识资源流失稀释,水落船低,其于百姓心中的尊贵地位自然下降,因为每个人都与之拥有大体相当的知识资源,你有我也有,你懂我也懂,自然不必仰视。网络有流传戏语,"教授满街走,讲师不如狗"。虽然有戏谑成分,但是也说明教育大众化之后,不仅义务教育得以普及,高等教育也趋向大众化,其因数量稀少而尊贵的条件随之消解,教师地位也相应下降。

第三,教师职业化。随着时代的发展,社会从理性层面划分职业类别,把社会生产中已然出现的工作,都归入一定的职业类别,使之各有所属。在逻辑关系上各行各业之间是并列平等的架构,教师作为 360 行中的一行,并无任何特殊性,教师只是属于职业分类,这就在法理上消解了教师的神坛条件。神坛具有神圣性,为常人所不能及,因而变得崇高,为人所仰视。在传统社会里,读书已经是少数人的专利,能够读书就令人羡慕,似乎就高人一等。教师是教书育人者,其尊更在读书人之上,所谓"一日为师,终身为父",从教就不是一般人所能为,因此其职业具有某种优越性。在现代社会里,教师的职业特殊性在法理上被清除,法律上明确规定,所有职业一律平等,没有高低贵贱之分,教师职业不具备特殊的优越性,这就堵住了教师走上神坛的通道,使之必然回归凡间。

第四,知识工具化。古人学习为了什么?学而优则仕。最初的贵族

---

① 教育部.2015 年全国教育事业发展统计公报[EB/OL].2016-07-06http：//www.moe.gov.cn/srcsite/A03/s180/moe_633/201607/t20160706_270976.html.

教育,学生本人属于贵族家庭,"学术官守"就是为了培养未来的统治者,因此统治阶级必须垄断教育,不能让教育下移而导致权力流失。这时,掌握知识对于统治阶级是必要条件,对于平民或奴隶则无此必要,既是因为没有受教育的条件,也是因为其生产劳作对此可以没有任何依赖,完全可以无知识而劳作生活。即使私学出现而导致教育下移,能够进入私学习者,也是凤毛麟角,不仅因为经济原因不能束修,也是因为日常生活劳作并不必然需要知识,现代社会不时泛起"读书无用论"就是这种社会心理的历史惯性反映。现代人学习为了什么? 为了获得一把进入社会的钥匙。不识字在社会上将寸步难行,因为任何一个生活角落,任何一个生产行业,识字是其必要条件,你可以没有高深的知识,但必须具备认识常用汉字的能力,如此才能走进社会,才能生活下去,因此识字已经变成日常生活的基本技能。这种情形意味着知识已经完全工具化,而且还是最为基础性的工具,属于生产生活不可或缺的基本技能,于是掌握知识者就没有任何特殊性可言,必然要从圣洁的神坛走入尘土的凡间,"专家"之谓"砖家"既是戏谑之语,也未必不是形象之谓也。

人格平等有效地唤醒了人的主体意识,原本跪着的小写之人,现在站起来了,变成了大写的人,于是大家可以平视,没有了高低贵贱之思想。主体意识觉醒只是思想平等,如果没有实质的支撑,那也只能是口号。教育普及大众,则是灌注百姓脊梁的钙,使其能够真正挺直腰杆站立起来,由思想而变成行动,由行动而变成真实的存在。百姓因为教育站起来,教师则因为职业化而回归正常。

(三)重塑形象的时代要求

教师是常人,但又不能是一般的常人,这既是教师的职业要求,也是社会的时代要求。大体而言,社会可以将职业划分为两大类别,一类工作对象是物,另一类工作对象是人。对象是物者,因为物是无生命的存在,没有人与人那样直接的情感交流,所以社会不会对其提出道德表率的要求。对象是人者,因为人是有情感的生命体,工作者与工作对象之间必然存在情感交流,因此社会就会对从业者提出道德层面的基本要求,至少是与人为善。其实,对象是人者,还可以细化三个基本类别,一是作用人的身体,例如医生;二是作用人的事情,例如售货员;三是作用人的精神,例如教师。在三者之中,对于从业者道德层面要求最高者,当属教师,既要求学识能够成为人师,更要求道德品质成为可以效仿的典范,简言之,能够为人师表。社会总是向着文明前进,这是时代的要求,于是需要专司教育学问与教养道德的教师,因此职业要求教师必须具有高于学生的学问,需要具有高于一般社会标准的道德品质,如此才能完成社会赋予教师的历史使命。虽然历史已经消解教师走上神坛的生存条件,但是社会也应赋予教师崇高的地位,因此教师不能等同于一般常人,还是需要高于社会一般标准的公民形象。这不是个人的要求,而是时代的需要,在消解教师的神坛地位形象之后,必须重塑适应时代特征的新形象,建构具有时代性的导师形象。

第一,占据道德文明制高点的需要。人类已进入文明社会,必须由文明维系,文明必须不断创新,才能推动社会进步。依照学术界对于文明的分类,基本上可以划分四种形态,即物质文明、精神文明、政治文明、生态文明,这些文明形态并非处在同一层次,也并非同时为人类所认知,它是一个不断认识客观世界、人类社会、主观世界的文明累积过程。这种累积在世界范围内不同国家不同族群之间并非同步前进,而是依据各自的历史独特性,自身文明发展传承性,文化内具创新性,各种因素综合作用,才能领跑世界文明。在无可阻挡的全球化面前,站在文明发展的第一梯队尤为重要,否则要么被同化失去自身的民族独特性,要么被异化排斥在主流社会之外成为另类,要么被顺化成为亦步亦趋的可怜虫,因此大凡具有民族自尊心和国家综合实力的文明形态,都会致力于领跑世界文明发展方向。我们知道,文明是历史的产物,道德是价值取向的呈现,谁具有社会主流价值话语权,文明就向着其所期待的方向发展,从而建构心仪的道德文明,因此,话语权历来是各个国家、各个利益集团争夺的焦点。话语权必须依托一定的平台来掌控,主流话语必须通过一定的职业人群来宣讲,只有充分利用一定的实体,才能将主流话语灌输给民众、普及社会。教师负有教书育人之责,且工作对象是“三观”(世界观、人生观、价值观)正在形成的青少年,青少年代表着国家与民族的未来,因此对于教师之道德文明的要求必须高于普通常人。古语说,“取法乎上,仅得其中;取法其中,仅得其下”。教师具有较高的道德文明素养,不仅是教书育人的职业要求,也是主流意识形态的历史使命,还是中华民族伟大复兴的历史赋权。

第二,传承职业道德内生力的基因。对于教师职业,韩愈做了简明扼要的表述,“师者,所以传道授业解惑也”,自此以后此标准就成为教师职业的基本工作内容,成为教师职业道德的基本要求。在教师工作内容的三个方面,传道占据第一位,这充分表明因为教师从事着人的灵魂的塑造工作,因此掌握社会权力的阶级总是要求教师传播社会主流价值,为主流社会服务。"概而言之,我国古代教师的核心价值观主要体现在弘道弘毅的人生价值观、修身为本的道德价值观、敬业乐教的职业价值观、仁智相彰的知识价值观、仁爱中和的人际价值观等方面。"[1]长期以来的职业要求,就会内化变成教师的自觉追求,教师就会成为社会主流价值的载道者或卫道士,自觉地承担传播者的责任。

第三,再铸为人师表新标杆的形象。新时代的教师已经不可避免地走下神坛,但是其骨子里的神性不能丢失,依然还需要在道德文明层面高于普通常人,必须还是一个为人师表的形象。当然,这个形象必须注入新内容,必须体现时代性要求,在现代社会的道德文明建设中树立新标杆,培育合格的社会主义建设者与接班人。

一是回归平民形象。传统社会祭祀"天地君亲师",在精神层面位列神仙班次,似乎高高在上。其实不然,除官学之师外,教师在现实生活中的地位并不特别高贵。官学之师,其身份首先是"官",因此能够享受朝廷俸禄,他们的待遇最好。例如汉代的太学博士享有较高的经济、政治待遇,开始时博士俸禄为四百石,宣帝时增加到六百石,月俸为五十斛,基本上属于"高官厚禄"职位。这是中央官学的待遇,属于极少数,地方官学待遇次之,大约相当于中等官吏职位。私学之师,大约可以分为两类,一类是具有书院性质的经师,另一类是私塾蒙师,他们都是"民"的身份。书院之师,其收入有两个部分构成,一是学生的"束修",二是官府或宗族的捐资,收入相对不错。私塾的蒙师,其经济地位最差,收入也不固定。一者是到豪门大户做家庭教师,即"西席",在"东家"长期居住,吃喝均由东家支付。二者是在宗族祠堂里教孩子的"社学",或把孩子送到老师家里的"私塾",其"束修"是些米面、木柴或蔬菜等,此类教师一般仅能糊口。由此可见,在古代社会,教师的宣传地位与现实地位原本就存在矛盾,其于总体而言,普通教师就属于平民百姓。

现代社会已经是一个公民社会,国家法律赋予每个人同等的权利与义务,职业不同只是社会分工的需要,不是社会分级分层的依据,在法理上也不允许将人划分为三六九等,因此标明等级的祭祀牌位,必然不可能在现实生活中发挥法理作用。教师既然不能从原本的等级祭祀

① 王家军.我国古代教师的核心价值观[J].江苏教育学院学报 (社会科学),
2013（6）: 1.

牌位中获取利益,不管是物质层面的利益,还是精神层面的利益,那就需要建构自身的公民形象,自觉去除一切可能的特权思想。最后,师生之间,还原主体。师道尊严强调师尊生卑,等级森严,这是有悖公民社会之公民原则的思想与行为,必须予以剔除,并还原人人平等的生态环境。学生是人,他们是主体存在,必须在学校课堂教学中得到充分体现,才能更好地植入主体意识,才能在将来更好地运用主体精神服务社会。学生由原来教师的附庸上升为主体,教师也需要以主体方式开展教学活动,于是师生获得平等地位,换言之,教师必须回归平民身份。

二是展现职业形象。职业不是从来就有的,而是社会发展的产物,大体经历了自然分工与社会分工两个阶段。社会分工也有一个发展历程,由粗犷分工到精细分工,现代社会则是将所有的社会劳动都纳入一定的工作类别,形成具有稳定意义的职业分类。从社会学层面讲,职业既是工作分类,也是群体分类,在社会大生产系统中,各个工作结成相互依存的关系,既相互区别,又形成一体。从一个产品制作看,流水线的生产方式使得每个工作都只是产品的一部分,都不是完整的产品,任何一道工序都不可或缺,每一道工序都影响产品质量,因此每道工序的员工都要树立典型的职业形象。从一个行业看,生产链的发展方式使得任何一个企业都只是整个行业的一个环节,都不可能独霸整个行业,不管是上游生产的缺失,还是下游生产的堵塞,都会影响行业各个环节的生产,因此每个企业都要树立基于行业的职业形象。如此看来,恪守自身的职业形象是各行各业的底线要求,既是基于自我发展的需要,也是利于行业发展的律则,应该予以广泛遵守。教育较之其他行业,教师的职业形象要求应当高于其他职业,因为教师从事塑造人的灵魂的工作,从白纸般天真的幼儿,到三观(世界观、人生观、价值观)基本成熟的大学生,人生最为宝贵的时期都由教师陪伴与引领,深刻地影响学生的一生,也影响国家的未来,因此教师必须树立良好的职业形象。为此,教育部于 2012 年颁布了《幼儿园教师专业标准》《小学教师专业标准》和《中学教师专业标准》试行版,为中小学教师职业形象制定了可以遵循的标准,明确了教师的职业特性。这种明确至少从三个方面对教师的职业形象进行了定位,一则教师与其他各行各业一样,都只是一种职业,相互之间是一种平行的并列关系;二则教师职业从事教书育人的工作,因此必须为人师表,其思想品德必须高于社会一般标准;三则教师专业标准是必须遵守的底线,只可高于标准,不可低于标准,因此具有引导教师不断提高修养,不断追求真善美的圣化态势。这种教师职业形象定位,既落地,肯定其只能作为普通职业人的存在,不可能走上神坛;又顶天,引导其履行灵魂塑造者的职责,不应该完全混迹于芸芸众生,这就是教师既俗又圣的职业形象。

三是复苏师表形象。如果说职业形象重在保底,那么师表形象则强调表率。人是具有个体意识的动物,也是组成群体的社会性动物,两者共同组成一个矛盾统一体。如果放任个体意识,没有必要的群体性规范,则必然是无政府主义的混乱,如果一味强调群体性,没有宽松的个体意识,则可能带来个体意识的缺失,社会就会缺乏创造力。为了实现两者的平衡,确保社会既有统一意志,又使个人心情舒畅,就需要既有宽松自由的环境,又引导前进的方向,因此表率是社会发展的必然要求。社会是一个错综复杂的大系统,因此包含多种类多层次的表率系统,所谓"三百六十行,行行出状元",状元就是所在行业的技术表率。教师的工作是教书育人,因此不仅需要行业内的领跑者,成为业内的表率,整个行业本身都要求具有表率特征,这是区别其他行业的不同点,一言以蔽之,为人师表。

几千年的传统文化塑造了教师为人师表的形象,不会被历史的尘埃埋没,一定会在适宜的历史条件下复苏,重新生根发芽开花结果,这是历史惯性使然。复苏不是复制,它是否定之否定的螺旋式上升,既继承符合时代需要的历史精华,也会剔除不合时宜的历史糟粕,重塑自我的师表形象。这个师表形象以规范性的文件体现,即《教师专业标准》确定的四个基本原则,学生为本、师德为先、能力为重、终身学习,既顶天又立地,这就是新时期的教师应该具有的形象。

二、学生成为主体

教学活动既包含认识关系,教师引导学生认知学习现有的知识符号系统,又包含实践关系,教师对学生起着"人的本质力量对象化"的作用,于是也就生成主体与客体的关系。客体是教学活动的对象,其指向似乎不言而喻,因此基本上不会引起争议与讨论。主体是教学活动的承担者,但其指向为谁,却有着不断深化的认识过程。首先认为主体是教师,表现为一种师道尊严的主体,而后认为主体是教师和学生,表现为一种双主体取向,但是我们认为教师不应该成为教学活动的主体,学生才是教学活动的唯一主体。

（一）从学校构成看，主体不是教师而是学生

自从建立现代学校制度以来，一所学校构成大体上包含四个基本要素，即教师、学生、校舍和教材，其他一些要素几乎都是从中派生出来的。分析这四个要素，可以简单地划分为两类，一类是人，一类是物。作为一个单位的学校，物当然是重要的，但不是主要方面，最重要者应当是人，有了人，才可以有一切，因此学校构成的主体是人。

学校之人主要区分两类，一是教师，二是学生，这两者谁能够成为学校构成的主体？这需要进一步考察学校、教师与学生三者之间的关系，如此才能更为适当地做出判断。在现代学校体制前提下，开办学校基本上是政府行为，为了实施普遍义务教育，学校并不因为教师而成立，却是因为学生而存在。

学校并非从来就有，现代意义的学校是近代工业化的产物，教师就是这种机制内的产物，学生似乎也是这种机制内的产物。但是，如果我们将视野放得更远，一直追溯到人类童年时期，那么也可以给予很好的启示。广义上说，所谓教师就是教授他人知识技能的人，所谓学生就是基于内在需要的学习者。从发生学层面上看，确实不能截然断定，是教师出现在前，还是学生出现在前。但是，从另外一个角度思考，最初的学习者应该是基于个体生存的需要，具有一定的生物本能性，因而体现更深层次的本原性。教授他人知识技能，感觉已经内生群体意识，其人的行为已经不是单纯为了个体，而是为了群体能够集团生存，显然具有更高的人类意识，因为群体意识的生成应当较之个体生存的本能意识更晚，这应当体现为生物本能性的摆脱，属于更高层次的发展。由此，似乎可以说明，没有学校之前，学习者较之教授者具有更为深层次的本原性，因此学生更应该成为学校构成的主体。

这个学校构成主体虽然不能等同于教学活动的主体，但是两者具有某种关联性，因为教学活动的主体不应该是学校构成的非主体。通俗地说，学校就是供人学习的场所，学生既然是学校的主人，教学活动的主体如果不是学生，那么学校置学生这个主人于何地？

（二）从师生关系看，主体不是教师而是学生

在现代学校体制下，学校构成四要素，作为人之存在的教师和学生，

似乎处于同等重要的层面。但是，只要稍微深入思考，教师与学生的关系大有深意。学校的存在不是因为有教师，而是因为有学生，因此两者相较，学生是主体而非教师是主体。这个学生主体还可以从两者的关系得到进一步确证，不说在没有学校之时，学生大约先于教师而存在，就是在学校体制下，学生也是可以没有教师却仍然是学习者，教师没有学生却不能称为教师，从这个意义上说，教师也不能成为主体，主体只能是学生。

但是，回顾历史，在学校体制内，长期以来教师一直被当作主体，且是占据绝对优势地位的主体，学生作为对象存在，被教师塑造着，没有任何的主体性。反省教师曾为主体的理由，大致有四个方面：教师是长者，教师是知识权威，教师是教学活动管理者，教师是常客学生是过客。试着剖析各个理由的内涵，它们都不是充分条件。教师是长者，这是历史的基本常识，因为知识是一个累积的过程，从历时角度看，后代总比前代累积更多的知识，因此知识的获取需要专门系统的学习；从共时角度看，年龄长者总比年龄少者累积更多的知识，因为长者占据时间优势，因此"其闻道也固先乎吾"。在传统社会里，传统伦理建立了长者为尊的社会秩序，不管是年龄的长者，还是职务的长者，抑或只是辈分的长者，都较其对立面为尊，于是在确立主体客体之时，潜意识层面也就确立长者主体的地位。以长幼确立主体，既不符合哲学常识，没有主体对应的对象，也容易导向主观性，因为并非全世界都是以长者为尊，如果长者为尊成立，那么一个区域内理论上只有一个人能够成为主体，因为溯源上去或拓展开去，最尊者大约只有一人。

随着民主和公民意识的增强，教师单主体的思想逐渐被抛弃，于是提出双主体思想，即教师和学生都是教学活动的主体。这种观点看似科学，调和了教师与学生主体论的矛盾，本质上是维护教师主体地位，并最终凸显教师主体。考察双主体之历史背景，核心还是人之平等思想的深刻影响，学生从传统附庸地位开始上升，在人格上取得与教师平等的地位，由此原来教学双边活动的教师主体思想就受到挑战。学生上升主体地位已经势不可当，教师只能心有不甘地接受现实，但又不想失去原有的主体地位，于是采取退守策略，机巧地提出双主体思想。因此，在强调双主体之时，特别表述教师是平等中的首席，其于平等的幌子下隐含着内在的不平等。这种不平等不是因为职业层面的差异，而是内隐对象性思维，首席具有最后的决定权，能够将自己的思想变成大家的共识决定,于是可以"塑造"学生。"当代教育理论强调'双主体',但局限于'主体—客体'关系无法对教育过程中的'双主体'做出合理的解释。因为教学过程有三个基本要素:教师、学生和教育内容。将教学过程仅仅看作是主体与客体之间的对象性关系,将实践主体'个体化''自我化',撇开了实践主体与主体之间的社会交往关系,只能揭示教育过程的两个要素:教师—学生或学生—教学内容。不仅主客体关系不能科学解释教育过程,更重要的是,教育中的主客体关系,一方为主体,容易形成对象性的思维方式、世界观和占有性的主体人格,把自身之外的一切都占为己有,为自己所用。"① 由此可见,在现实的教学活动中,双主体理论只是一种虚幻的理论空想,它是教师唯一主体思想的变形。

在教师主体思想已经不能为人所称道之时,转而提出"学生主体、教师主导"的观点,教师从单一单体退守双主体,再从双主体中退出,转而推出教师主导,似乎教师已经全然将主体之位让位于学生。其实不然,这与平等中的首席之表述没有本质区别,教师依然占有最终的话语权,依然可以将自己的本质力量强加给学生,使得学生事实上依然还是对象化的客体。因此,在师生关系中不仅需要交还学生的主体权,也还需要摒弃"教师主导"的思想,教师在教学活动中应当还原其在学生与知识之间穿针引线的线索人物地位,确保学生主体地位得到真正落实。

通过分析,可以确定在师生关系中,传统的教师主体思想是存在问题的,不能把教师当作教学活动的主体。既然不能以教师为主体,那就只有学生才能成为教学活动的主体。学生主体的思想,能够有效地在师生关系中凸显学生的地位,可以更好地达到教育教学目标。

（三）从教师职业看,客体不是学生而是知识

马克思很早就提出:"主体是人,客体是自然。"② 从发生学意义上考察,主体意识是人自觉为"人",并能够将自己从自然界中分离出来之时而逐渐生成,由此伴随着客体观念的出现。因此,主体总是与客体相伴而生,且客体属于对象性存在,总是直接或间接地携带物性。虽然客体的概念不断延伸,已经不完全限于自然或"物",才被当作客体,人也可

① 冯建军.主体教育理论:从主体性到主体间性[J].华中师范大学学报,2006（1）：116.

② 马克思,恩格斯.马克思恩格斯全集（第30卷）[M].北京:人民出版社,1995:26.

以进入客体行列，但凡客体必然内蕴物性特点，依然没有改变，都具有对象性的特征。

人已经变成与自然相对的存在物，因此必然包含主体性，但是并非每一个人都能够于意识层面显性地认识到主客体关系，一些人还是处于某种懵懂状态。虽然如此，并不影响实际工作中存在的主客体关系，因为一定的职业本身已经内在地隐含了主客体关系。当工作对象是物的职业之时，其表现为"人—物"关系，这时人是主体，物就是客体，物在对象化关系作用下体现着人的本质力量，物变成了主体之物。当工作对象是人的职业之时，其表现为"人—人"，作为工作对象的人不能被看成客体，因为客体是对象性存在，具有"物"的特性，如果将人变成客体，那么人就变成"物"，这个时候的"人"就是一种异化存在，是一个带有"物"性的非纯粹的"人"。因此，在"人—人"的职业中，作为工作对象的人，不能被看成客体，而是应当被看成具有主体意识的"人"。

教师职业属于培养满足国家发展需要的未来建设者和接班人的事业，其工作对象不是一般性质的人，而是决定着国家未来发展命运的人，因此教师职业还不是体现一般意义的"人—人"，而是具有灵魂建构意义的"人—人"关系。这种关系更是决定着不能将工作对象的学生看成客体，否则作为学生客体就必然包含物化性质，这样的学生走向社会之后，就不是纯粹意义的"人"，其刻烙的物性不仅影响学生本人的终身发展，还会影响着国家的社会发展。因此，从教师职业内隐的主体看，学生显然不能处于客体地位，应当居于主体地位。

从教师的职业看，教师在于教书育人，既然学生不能居于客体地位，那么就只有"书"，即依存于教科书的知识系统，才能成为教师职业的客体。教师职业在教学活动中的基本任务是传授知识，教师需要研究所传授的知识系统，以达到有效的传播效果，因此教师的直接工作对象是知识，通过知识而作用于学生，由此教师职业内隐的客体应当是知识而不是学生。知识具有"物"的特性，教师在研究及传授知识的过程中，不可能全然复制客观的知识系统，必定携带个人信息对其进行增减，因此包含着人的本质力量对象化的内容，也具有客体的基本特征。

客体是主体的对象性存在，是体现主体本质力量的观照对象，具有从属于主体的特性，教师直接作用的对象是知识系统，因此学生不是教师职业内隐的客体。虽然学生在教学活动过程中，必然携带教师的本质力量对象化特征，但学生不像"物"那样基本上处于全盘接收状态，虽然

"物"也可以与主体实现一种被动性的反馈或互动,但毕竟不能与学生主体的主观能动性相提并论,它们具有本质区别。教师职业的指向是服务学生,于是,学生理所当然就是教学活动的主体,学生的目标就是学习,将原本外在于自己的知识系统,内化变成自我系统的一部分,由此知识系统也就具有客体特征,可以成为学生主体的客体。教师在这个知识系统客体对象化的过程中,起着一种催化剂作用,教师既不是这个过程的主体,也不是客体,教师是这个过程的助产婆。

(四)教师是教学活动的线索人物

教师虽然不是教学活动主体,却是不可或缺的重要人物,在现在教育体制下,学校、教师、学生处于共生状态,三者缺一不可。学校为教学活动提供必要的时空,学生进入学校的基本任务就是学习,在教师的帮助下建构属于自己的知识系统,因此基于学生视角的教学活动可以表述为"学生—教师—知识",教师在这个系统中就是一个线索人物。教学活动的基本指向是"学生—知识",人虽然可以于自然状态下通过自学获取知识,但是在现代社会情势下,在现代庞大的知识系统中,需要在有限时间内高速高效地建构知识系统,教师的帮助必不可少,这也是学校之所以产生的基本原因。教师不能代替学生建构知识系统,其基本功能就是在学生主体与知识系统客体之间承担结构性的穿针引线任务,以便协助学生有效地建构知识系统。这种个体的独立性,也决定教师在"学生—知识"系统中只能出任线索人物角色,而不能居于教学活动中心成为主角。

教师传授的知识系统是为人所普遍公认的知识,学生在学校学习也是人类已有的知识,因此基于学生知识系统建构活动可以表述为"知识—教师—知识—学生—知识"。三个"知识"虽然在文字表述上一致,但内涵与外延都有着不同或差异。第一个"知识"是一种先于教师感知的客观外在系统,这个系统通过教师内化而变成携带个人特性的知识建构系统,这就必然有所损益,由此变成了第二个"知识"。教师将这样一种"知识"传授给学生,学生也并非照单全收,而是有所选择,依据自我取向建构自己的知识系统,于是生成第三个"知识"。学生进入学校学习的基本目的就是建构自己的知识系统,且倾向于复合第一个"知识"的内涵与外延,教师在这个过程中起到传授知识的作用,且努力还原第一个"知识"的内涵与外延,虽然实际上不可能完全做到,但教师的线索作用还是明显存在,因此教师就是一个线索人物。

学校的教学活动不是单一教师对单一学生的活动,而是一对多的群体活动,在这个"学生—学生"的学习活动中,教师也是属于线索人物。首先,教师不能代替学生的学习活动,学习只能由学生自己完成。其次,学生的学习群体不是自由组合,而是由学校统一编组,因此必须服从学校的群体管理制度。最后,教师是学校委派的学习活动组织者,将原本独立的学生个体串联成一个群体,是职业职责所在。

（五）学生是教学活动的唯一主体

现代教育体制下的学校是工业化的产物,学校的基本任务是培养社会生产需要的人才,因此传授知识是学校的基本功能,学校是有目的、有计划、有组织地向学生系统传授科学文化知识的时空场所。在这样一个传授知识的时空场所,学习就是第一要务,大凡进入学校之人都是冲着学习而来,他们当是学校学习的主体,这是由学校的性质所决定的。学生是基于学习目的进入学校的唯一群体,因此学生也是学校教学活动的唯一主体,其他的各类群体都是基于服务学生群体的存在,全都从属于学生,自然不能与学生主体地位相提并论。教师虽然也是学校不可或缺的重要群体,但是由于这个群体不是学习群体,而是典型的服务学生有效学习的群体,因此教师也不能成为教学活动的主体,于是只有学生才有资格成为教学活动的主体,并且成为唯一主体。

三、培养创新型人才

2018 年 9 月 10 日,习近平总书记在全国教育大会上指出:"教育是民族振兴、社会进步的重要基石,是功在当代、利在千秋的德政工程,对提高人民综合素质、促进人的全面发展、增强中华民族创新创造活力、实现中华民族伟大复兴具有决定性意义。"[1] 在中华民族强起来的征程中,作为教育人,必须认真领会习近平总书记教育思想精髓,勇于担当历史赋予的神圣使命。教育使命在于培养人才,培养能够担当中华民族

---

[1] 中华人民共和国教育部 . 坚持中国特色社会主义教育发展道路 培养德智体美劳全面发展的社会主义建设者和接班人 [R/OL]. （2018-09-10）[2019-03-21]. http://www.moe.gov.cn/jyb_xwfb/s6052/moe_838/201809/t20180910_348145. html.

伟大复兴的创新型人才。

（一）民族复兴的基础竞争力是人才

19世纪中叶以来的历史告诉我们,落后就要挨打,因此中国共产党人奋发有为、矢志图强,一定要实现中华民族的伟大复兴。民族复兴不是靠喊出来的,是奋斗出来的。习近平总书记多次强调:"当今世界的综合国力竞争,说到底是人才竞争,人才越来越成为推动经济社会发展的战略性资源,教育的基础性、先导性、全局性地位和作用更加凸显。'两个一百年'奋斗目标的实现、中华民族伟大复兴中国梦的实现,归根到底靠人才、靠教育。"①

1.人才是生产力最为活跃的要素

生产力发展水平是社会进步的重要标志,要实现民族伟大复兴,就必须推动生产力发展水平再上新台阶。后工业时代开始进入知识经济时代,西方发达国家已经着手"工业4.0"的布局,向着智能化、数字化方向发展。只有掌握科学理论与前沿技术,并且引领社会经济发展的人才,才能成为劳动者群体中最为活跃的分子。由此,习近平总书记才强调:"人才是创新的第一资源。没有人才优势,就不可能有创新优势、科技优势、产业优势。"②我们"要把人才工作抓好,让人才事业兴旺起来,国家发展靠人才,民族振兴靠人才"。③

2.人才是新时代知识经济的弄潮儿

中国已经迈入新时代,中华民族正在由富起来向强起来进军,正在为实现"两个一百年"的中国梦努力奋斗。人才应该站在历史的潮头,站在民族复兴伟大事业的前列,继承历代知识分子应有的责任感与担当精神,成为新时代社会发展的弄潮儿。

知识经济是依靠知识才能发展的经济,作为知识分子理应有所担当,责无旁贷地走到经济建设的第一线,指导与引领经济发展。知识不

① 人民日报社评论部编.政论中国:人民日报评说党和国家重大举措[M].北京:人民日报出版社,2015:872.
② 中共中央文献研究室.习近平关于科技创新论述摘编[M].北京:中央文献出版社,2016:116.
③ 余兴安.第一资源（2014年第5辑）[M].北京:建党读物出版社,2014:9.

能成为"掉书袋"，不能成为只是悬挂在胸前的金字招牌，必须将知识转化为生产力，而且是第一生产力，知识价值才能有效体现，人才价值和社会价值才能实现。习近平总书记告诉我们："中国是世界上最大的发展中国家，发展是解决中国所有问题的关键。要发展就必须充分发挥科学技术第一生产力的作用。我们把创新驱动发展战略作为国家重大战略，着力推动工程科技创新，实现从以要素驱动、投资规模驱动发展为主转向以创新驱动发展为主。"[①] 因此，人才服务国家经济建设，既是知识分子自我价值实现的需要，也是国家发展战略的深情呼唤，人才应当成为知识经济的弄潮儿。

3. 教育振兴才能成为人才强国

人才在新时代知识经济中的作用不言而喻，在民族复兴大业中的作用举足轻重。经过几十年的努力，中国已经成为人才大国，但还远不是人才强国。能不能成为人才强国，将影响我国在高端技术领域的竞争能力，能不能掌握核心技术，会影响民族复兴伟大事业的进程，因此我们必须成为人才强国。陆续出台的《统筹推进世界一流大学和一流学科建设总体方案》《关于实施卓越教师培养计划 2.0 的意见》《教师教育振兴行动计划（2018—2022 年）》《"六卓越一拔尖"计划 2.0》《中国教育现代化 2035》等文件，正式强调教育在民族复兴伟大事业中的主动作为，以及教育在人才强国战略中的主力军作用。

（二）人才的核心本质是创新

人才是一个动态发展的概念，其内涵与外延都会随着时代的发展而变化。在前工业时代，由于普通劳动者基本上是文盲，因此大凡能够识文断字者皆可称为人才。然而，当前的新时代人才观念发生了根本性变化，只有具备创新精神与创新能力者，才能被称为人才。人才的核心本质是创新，唯有创新才能站在知识经济的前沿，才能引领学科发展，这是新时代人才的历史使命。

1. 从知识领域看，只有创造新知识才是人才

第一，认知具有创新因子。认知是掌握世界的起点，通过感性认知

---

① 习近平 . 让工程科技造福人类、创造未来 [R/OL]. （2014-06-04）[2019-01-21].http://opinion.people.com.cn/n/2014/0604/c1003-25101839.html.

理解现象世界,运用理性思维把握世界本质。但是,认知也具有惰性特征,对于习见事物容易产生惯常化思维,于是以普遍性、模糊性、历史性遮蔽对其形成新认知,总是以旧面貌呈现。就像"人不能两次踏进同一条河"一样,所谓旧面貌一定包含新特质,因此作为人才应能够透过惯常现象洞察隐含的新特质,发现一个新世界。只有具备这样一种创新内涵的认知能力,才能不断地透过现象发现本质,不断深入地理解世界掌握世界,从而使人成为"自为的人"。

第二,人才应当能够创新知识。从历史角度看,由于已经普及了九年义务教育和高等教育,因此可以说现在每个人都是知识人。然而,人才在每个时代都应该是指向少数,如果所有人都是人才,也就无所谓人才,无法凸显人才的贡献,这种贡献即为创新,因此创新是辨别人才的最重要特征之一。

2. 从个人价值看,只有不断超越自我才是人才

第一,人才应能够战胜自己。每个人不是只有一个自己,而是有三个自己,即本我、自我和超我,而且三个自己经常打架。本我居于最底层,表现强烈的动物性,遵循享乐原则。自我居于中间层,属于现实的自己,遵循现实原则,处理现实事务。超我居于最上层,属于精神理想层面,遵循道德原则,规范人之为人。很显然,三个自己遵循的原则不同,利益诉求指向也有差异,于是必然存在矛盾。管理与解决三者之间的矛盾,在某种程度上取决于教育素养与自我修养。具有基于民族之大我思想,就能够以道德原则管束自我与本我;缺乏高品质素养,就会被小我裹挟,从而更多倾向于感官满足,不能实现自我超越。由此可见,教育使人之为人。

第二,教育对人才具有决定性作用。人才之所以能够实现不断超越,自身能力不可或缺,教育的外在推力亦不容忽视。教育是专门培养人才的机构,具有生成人才的基本氛围,在这种氛围的浸润下,可以激发潜在的学习基因,从而为人才涌现奠定基础。只有具备坚实的基础,在走向社会之后,才能服务社会造福人民,才能实现由小我到大我的过渡,由此成长为社会需要的人才。

第三,人才要勇于创新,不自满。真正有学问的人,在学习上永远不会满足,正如苏格拉底所言:"我唯一知道的就是我一无所知。"在知识经济时代,知识的更新速度与日俱增,互联网信息爆棚,一天不学习就

要落伍,因此需要不断充实自己,学习永远在路上。

（三）人才创新力养成基础在教育

习近平总书记在 2016 年的全国科技创新大会、两院院士大会、中国科协第九次全国代表大会上讲话时强调,要"努力造就一大批能够把握世界科技大势、研判科技发展方向的战略科技人才,培养一大批善于凝聚力量、统筹协调的科技领军人才,培养一大批勇于创新、善于创新的企业家和高技能人才"。"要完善创新人才培养模式,强化科学精神和创造性思维培养,加强科教融合、校企联合等模式,培养造就一大批熟悉市场运作、具备科技背景的创新创业人才,培养造就一大批青年科技人才。"[1] 这是党中央赋予教育系统的神圣使命,也是教育在民族伟大复兴事业中应有的担当,因为人才培养的基础在教育,人才创新力养成的基础也在教育。

首先,青少年时期是创新力养成的关键期。皮亚杰认为,一个人的认知水平不是始终如一的,而是不断发展的。儿童从出生到成人的认知发展不是一个简单累积的过程,而是认知结构不断再构的过程,认知发展形成按不变顺序相继出现,形成不同的时期或阶段。从个体认知水平发展阶段看,其发展阶段都在学校度过,其认知水平发展的重要阶段,都在学校时期完成,可见,一个人的认知发展水平与学校教育关系密切。

其次,学校应形成系统的创新力培养体系。既然学校教育对创新力养成具有基础性作用,就必须形成科学的创新力培养体系。第一,应形成哲学思维。哲学是一切学科之母,具有高屋建瓴之势,能够形成开阔且深邃的视野。第二,应开设思维学。如形式逻辑、辩证逻辑与数理逻辑等,旨在培养严密的科学思维逻辑。第三,开展学科课程创新。在分析哲学影响下,学科划分越来越细,因此没有扎实的学科专业创新训练,也难以取得突破性的创新成果。第四,应为学生提供创新实践平台。理论应与实践相结合,学校的创新创业实践能够帮助学生进行实际操作,为其进入社会实现真正创新、创业打下坚实的基础。第五,应培养"全人"。我们的社会主义建设者和接班人,应该是德智体美劳全面发

---

① 习近平.为建设世界科技强国而奋斗——在全国科技创新大会、两院院士大会、中国科协第九次全国代表大会上的讲话 [J]. 科协论坛,2016（6）: 9.

展的人,因此从幼儿园到大学,其课程体系建构都要遵循均衡发展的原则。培养"全人",即培养具有全科意识的人才,实现课程体系内的教育均衡发展。

再次,教师要成为学生创新思维的引路人。习近平总书记在"四个引路人"中明确要求,教师应当"做学生创新思维的引路人"。学校人才培养与创新教育必须落实到教师。学生不在于实现怎样的事实创新,重在养成创新精神,形成创新思维,为未来走向社会开展事实创新奠定坚实的基础。因此,教师重在保护与激发学生原有的创新能力,引导学生形成科学、系统的创新思维。习近平总书记指出,"一个人遇到好老师是人生的幸运,一个学校拥有好老师是学校的光荣,一个民族源源不断地涌现一批又一批好老师则是民族的希望"。"国家繁荣、民族振兴、教育发展,需要我们大力培养造就一支师德高尚、业务精湛、结构合理、充满活力的高素质专业化教师队伍,需要涌现一大批好老师。"[①] 第一,教师要保护学生的好奇心。好奇心是人类探知世界的兴趣起点,具有推动人类文明发展的重要作用,也是人类千百年进化形成的共同遗产。如果不注意保护与开发,好奇心就会逐渐衰减。没有兴趣就很难有创新,因此教师不但要细心呵护学生的好奇心,还要想方设法激发学生的好奇心,使之具备取之不尽的创新灵感。第二,帮助学生丰富想象力。想象力是事物之间的关联能力,由此及彼,这也是创新应有的思维方式,因此创新离不开想象力,其在某种程度上决定了创新能力的强弱。正如爱因斯坦所言:"想象力比知识更重要,因为知识是有限的,而想象力概括着世界的一切,推动着进步,并且是知识进化的源泉。"[②] 第三,提升学生的科研能力。好奇是兴趣,想象是关联,研究是实践,只有落实研究实践,好奇与想象才有意义。科研能力不是先天的能力,需要经过科学、系统的严格训练才能具备。基础教育阶段讲究探究性学习,这是科研能力的初步尝试。大学阶段则需要研究性学习,要求学生形成初步的研究能力,因此,高校的科学研究不仅指向教师,也应指向大学生,发现和培养潜在的科研人才。

最后,教师应具有民族复兴的担当。作为一种职业,教师必须履行

① 人民日报社理论部.人民日报理论著述年编(2015)[M].北京:人民日报出版社,2016:10.
② 李利凯.开放式创新 大协作改变世界[M].北京:生活·读书·新知三联书店,2016:60.

教书育人的职责,实践职业价值,这是职业道德的基本要求。教师的劳动虽然具有个体性特征,但培养什么人、怎样培养人、为谁培养人却不是由教师个人决定的,教师的职业价值就体现于其中。教师必须承担起教书育人的基本职责,必须履行高校人才培养的第一职能,这是工作职责的基本要求。在全国教育大会上,习近平总书记明确指出教育在中华民族伟大复兴中具有决定性意义,这是从未有过的高度评价,既是每个教师的荣光,也是历史的期待,更是时代赋予的责任。教师的担当就是培养民族复兴需要的人才,如果没有了人,特别是高素质的创新型人才,就会影响民族复兴伟大事业的发展进程。为了民族复兴,为了历史的责任,教师要扛起这个担当,为民族复兴伟大事业源源不断地输送高素质的创新人才。

一言以蔽之,万丈高楼平地起,民族复兴的大厦需要坚实稳固的根基,教育就是这个根基的重要组成部分。教育不仅是大厦的基础,而且还为大厦提供砖瓦,因此必须真正认识教育在民族复兴伟业中的决定性意义,并且在这个伟业中做出应有的贡献。教师是太阳底下最光辉的职业,教师是为人师表的楷模,教师燃烧了自己,照亮了学生,这既是教师的伟大之处,也是教师的人生价值。

四、建构生命课堂教学模式

课堂教学是教师与学生的双主体活动,教师不能把学生看成物化的客体,学生是有思想、有情感、有思维的生命主体;教师也不能自我降格为客体,教师是有目标、有计划、有策略的教学实施主体,因此教学行为是双向双边的互动活动。这个双主体互动的教学行为,构成了一个课堂教学活动系统,教与学是其中两个核心要素,决定着该系统的性质。当然,课堂教学活动系统并非只有教与学两个核心要素,还包括其他一些要素,所有这些要素的不同排列组合,就生成不同的课堂教学结构,由此可以建构不同的课堂教学模式,也使得这个系统具有不同的差异性系统质,并成为课堂改革的动力源。

（一）常规课堂教学环节与步骤

教育教学是一个复杂的大系统,课堂教学活动是其中一个小系统。虽然课堂教学是小系统,但是麻雀虽小五脏俱全,也有系统构成的基本要素。虽然课堂教学无定法,但还是有法有常规,常规课堂教学的基本环节与步骤,可以简化表述为:"课堂导入—学习新知—训练检测—课堂小结。"这四个基本环节就是课堂教学系统的基本要素,一般而言,不管何种课堂教学模式,都应当包含这些要素,因此是常规。课堂教学是有目标(教学目标)、有计划(教学计划)、有方案(教学设计)的行为活动,因此一节课堂教学活动必须有头有尾、有始有终,形成一个浑然一体的完整过程,"课堂导入"与"课堂小结"两个环节要素就是其完整性的标志。课堂教学属于教学系统,决定其系统质特征的是教与学两个核心要素,"学习新知"侧重于教,是旧知向新知的拓展,也是建构学生知识体系的基本过程;"训练检测"偏重于学,是新知学习的必要反馈,意在学生知识体系的巩固与补缺,因此这两个环节不可或缺,否则整个系统都会变质。当然,针对不同课型,"学习新知"与"训练检测"这两个核心要素表现形式可以有所不同,新授课的"学习新知"环节更强调教师的"教"且用时较多,然后安排适当的"训练检测"以巩固新知的学习;复习课与练习课主要是表征"学"的"训练检测"且用时较多,"学习新知"其实是"复习旧知"然亦含"教"且用时为少。不管两者的权重如何变化,"教"与"学"的核心内涵依然没有变化,从而确保系统质的本质特征,就是一个教学双边互动活动。

"课堂导入—学习新知—训练检测—课堂小结",这是课堂教学活动的常规步骤,体现由教到学、先教后学、先教后练的基本教学规律,当然更是初学者的学习规律。作为初学者,尤其是小学阶段,又特别集中在小学低年段,学生基础知识储备量有限,学习方法尚未完全掌握,自主研习能力不足,因此必须强调教师的"教",且应当是先教,授之以"鱼",教给学生基础知识和基本技能;然后才是学生的"学",巩固训练式的学,抓住教师所授之"鱼",由此逐渐掌握基础知识和基本技能。即便到了中学乃至大学阶段,学生已经掌握一定的基本理论、基础知识和基本技能,面对新授知识的时候,先教后学依然是可行的一般教学规律,因此成为常规。当然,此时的先教后学应该与小学阶段有所不同,毕竟学情不一样,虽然表征知识的"鱼"重要,但传授读书方法的"渔"更重要,因此需要向"学"倾斜,强调探究性学习。对此,陶行知先生有过十分精辟的见解:"我以为好的先生不是教书,不是教学生,乃是教学生学。教学生学是什么意思呢?就是把教和学联络起来:一方面先生要负指导的责任,另一方面学生要负学习的责任。对于一个问题,不是要先生拿现成的解决方法来传授学生，乃是要把这个解决方法如何找来的手续程序，安排停当，指导他，使他以最短的时间，经过相类似的经验，发生相类的理想，自己将这个方法找出来，并且能够利用这种经验理想来找别的方法，解决别的问题。得了这种经验理想，然后学生才能探知识的本源，求知识的归宿，对于世界一切真理，才能取之不尽，用之无穷。"[1] 由此而言，遵循先教后学的教学常规是基础，教与学各有侧重各有职责，教中有学，学中有教，两者不能分割必须统一，共同指向不教而教。

"课堂导入—学习新知—训练检测—课堂小结"，这是不可再简化的最基本的课堂教学环节，也是课堂教学系统不可或缺的基本要素，体现一种路径思维，表达做事的基本方向。但是，仅为如此，对于新手型教师则显得过于简略，甚至难以操作，于是需要更为翔实且完整可操作的课堂教学结构进行指引："课堂导入—复习旧知—学习新知—拓展延伸—训练检测—板书设计—课堂小结—布置作业。"比较两个课堂教学结构表述，前者侧重理论性逻辑，于是比较简化形成规律，后者偏重实践性逻辑，是在前者基础上的细化延展，使之更具有可操作性。换言之，在先教后学原则下，可以根据实际教学情况增添适当要素，丰富课堂教学结构内容，但并不改变系统的本质内涵，从而达到激发教师课堂积极性的作用。

先教后学符合学生一般学习认知规律，学生是进入体制内学校的学习者，具有明确地向老师学习的意识，因此先教后学符合学生学习的一般心理。学校则是基于体制的教学机构，配备着教书育人的教师，教学是教师的基本职责，因此教师也有先教后学的职业取向。由此看来，先教后学的常规教学步骤生成的课堂教学结构，并非主观的随意安排，而是有着某种客观的内在逻辑，既蕴含认知规律，也包含学习法则，因此长期以来得到师生认可，且发挥着作用。整个封建时期的教育，应该说，都是采用先教后学的课堂教学结构，据此培养了大量的人才，有力地确证了这种教学模式的有效性。即便进入近代社会，借助西方教育思想建立的学堂，乃至于现代意义的学校，在很长一段时间内，大体上也是采用先教后学的课堂教学模式，其培养效果也并不差。正因为有着长期的实践证明其有效性，也符合一般意义的认知规律，因此被称为课堂教学常规并被广泛遵守。当然，在现代学生主体观看来，先教后学的课堂教学结构突出了教的作用，隐含教师为本的思想，因此，整个课堂教学活

[1] 陶行知.陶行知谈教育[M].沈阳：辽宁人民出版社，2015：2.

动的系统质具有重知识传授轻学习体验的特性，其于某种程度上忽视了学生的自主性。这是不必回避的现实，也是课堂教学结构改革的动力所在，值得我们创新探索。

(二)新课堂教学模式基本环节

教学有法有常规，但是并无必然的定法，因此可以灵活创新课堂教学模式，推动课堂教学质量不断提升。即使作为课堂教学常规的"课堂导入—学习新知—训练检测—课堂小结"课堂教学结构，其"学习新知"环节也因学科不同而有所差异，比如语文一般是"粗读课文—精读课文"，数学一般则为"提出问题—分析问题—解决问题"，因此说教学有法无定法。即便是同一学科的常规课堂教学结构，也可以因为教学理念不同而有所变异，语文学科的"精读课文"环节，依据循序渐进原则，就可以采用顺叙方式，依次学习；依据中心突破法的教学模式，就选择采用倒叙方式直接学习文章主旨句段，然后再依次学习。由此可见，在先教后学的常规课堂教学结构之下，依然可以有所变化，当然，这些变化背后蕴含不同的教学理念，由此指向和而不同的系统质差异。

20世纪80年代以后，我们的课堂教学迎来了改革的春风，各种课堂教学模式层出不穷，展现出百花齐放百家争鸣的良好态势。经过几十年不断的实验改进，主要适用于数学课程的尝试教学法，根据创立者邱学华的高度概括，其课堂教学结构可以表述为：先试后导，先练后讲。我们将其转化为比较通用的课堂教学结构：课堂导入—复习旧知—前置训练(新知尝试)—学习新知(教师引导)—训练检测(巩固练习)—学习新知(精讲升华)—课堂小结。从这个课堂教学结构可以看出，既有常规教学的影子，又有所突破创新，把常规"训练检测"和"学习新知"拆解分成两个环节，使之具有不同的功能与作用。在"学习新知"前安排"前置训练"，让学生探索感知新知识，但不是完全呈现陌生的新知，而是运用旧知搭建桥梁，使之能够比较顺利过渡。在教师的新知引导之后，又进行巩固练习，由此获得螺旋式提升，有力地凸显了学习主体的作用，也提高了新知的学习效率。据此，我们可以看出，尝试教学法通过课堂教学结构要素的增减与重构，调整了常规课堂教学步骤，建构先学后教的课堂教学结构，从而有着异于常规课堂教学的系统质，凸显了学生的练，彰显了学生的主体地位。

基于现代教育信息技术的翻转课堂，即是对常规课堂先教后学的翻转,通过课前的微课学习,变成先学后教,其教学模式一般可以描述为:课程开发—课前学习—课堂内化—测试反馈—研讨总结。"课程开发"与"课前学习"在课堂教学之前完成,可谓之翻转的先学。"课程开发"是教师基于学的教材研读,然后将其转化为基于教的微课视频,提供给学生进行"课前学习",因此在课堂教学翻转之前其实还是先教后学。在课堂上则是后教,其课堂教学结构可以表述为:课堂导入—课堂内化(学习汇报—合作探究—新知指导)—训练检测—研讨总结,此时之教并不占主角,只是指导、点拨、释疑,主角还是学,强调合作探究巩固提高,整体结构依然还是先学后教。这是延伸到课前学习的课堂教学结构,从整体看,它是先学后教的翻转课堂教学结构,但在这个整体结构里面,先学的课前学习部分是先教后学,后教的课堂学习部分是先学后教,可见,在先学后教整体结构里面,既包含先教后学,也包含先学后教,形成相互交错的结构关系。

　　新时期,我们从以教师为中心的教育,开始转向以学生为中心的生本教育,并基于这个理念探索了许多课堂教学模式,包括高效课堂教学模式、导学式教学模式、EEPO有效教学模式、生本课堂等,可以说是层出不穷,充分展现教学改革的活跃性。高效课堂基本结构:前置学习(学习新知)—训练检测(学习汇报)—学习新知(精讲释疑)—训练检测(巩固训练)。导学式课堂教学结构:前置学习—自测训练—训练反馈(学习汇报)—精读释疑(学习新知)。EEPO有效教学课堂教学结构:导学新知(个体学习)—学习新知(合作探究)—训练检测(展示汇报)—拓展延伸。生本课堂基本结构:自学(定向预习)—互学(展示交流)—助学(精讲释疑)—固学(训练反馈)。经过比较剖析,我们可以发现,这些教学模式大同小异,其大同在于高度重视自学探究,充分发挥学习主体积极性,切实保障学生自学时间,教师退至课堂边缘,有力地彰显了学生的主体地位,这是生本课堂的重要表征;小异则只是教学环节小幅度增减,以及环节要素小范围重构组合,从而建构不同的教学模式。虽然教学模式有所差异,课堂教学结构也随之不同,不管先学是延伸到课前,还是安排在课堂,都属于先学后教的课堂教学结构;后教则强调精讲释疑,而不是"满堂灌",且安排巩固练习,突出教师的指导性,进一步强化学生的训练。

　　教学模式不必列举更多,不管是新模式,还是传统教学模式,其课堂教学结构的核心要素无非是教与学。教是一个总要求,教的方法样式可以很多,甚至可以无穷尽。可以是"满堂灌",也可以对半分或三分之一;可以是课前教,也可以是课中教或课后教;可以是教师教,也可以是师生合作教或学生自教;可以是事前教,也可以是事后教,如是则林林总总,不一而足,教师可以创生无数教的方法与样式,可以创生无数有关教的课堂教学结构要素。学也是一个总要求,学的方法样式也可以多种多样,比如:自学、小组合作学、师生探究学;尝试练习学、巩固训练学、试错反馈学;持续学、交替学;等等,大凡这些不同之学,都可以成为有关课堂教学结构之学的构成要素。基于教与学的核心要素之下,可以派生众多相关要素,于是,也就意味着可以运用排列组合规律进行有效的重构,形成基于不同教学理念的众多课堂教学结构。或者说,课堂教学结构能够自主排列组合,有力地证明教无定法,也充分给教师开展课堂改革提供了理论基础与现实依据,能够有效激发教师课堂教学改革的积极性。

(三)运用排列组合规律创新课堂教学模式

通过提炼课堂教学基本要素,对其进行排列组合,直观地呈现课堂教学结构,只是教学模式的外在形式,也是教学模式的表象,并非其实质。因为要素的排列组合不是随意行为,课堂教学结构也不能任意而为,系统结构必然生成系统质,系统质就决定着系统的本质,规定着我之为我的特质,使之具有区别于他者的能力与特征。正因如此,我们不能简单地从形式反推,只是着眼于创新或选用"教"与"学"的要素,如果没有明晰的教学理念或模式设计,只是依据教学要素进行排列组合,那么其所生成的课堂教学结构就具有盲目性或无目标性。或者说,这种教学改革只是为了新奇而创新,为了博取眼球而创新,是没有灵魂的创新,其结果必然是昙花一现。这也是现今课堂教学模式不断更新的原因之一,因为缺乏坚实的理论基础指导,没有事前的理论设计,只是课堂教学结构的更新,表现为形式上的更替,虽然教学模式层出不穷,却是你方唱罢我登场,各领风骚三两年。因此,我们需要在坚实理念的指导下有效运用排列组合规律,创新课堂教学模式,旨在提高课堂教学质量,激发学生主体意识,达到不教而教的学习效果。

教学是有目标、有计划、有方案、有意识的教书育人行为,因此教学模式的建构必须依托坚实的教育理论,至少需要基于一定的教学理念,在此基础上创生与筛选课堂教学要素,然后运用排列组合规律建构课堂教学结构,使之能够通过系统结构稳定地达成系统目标。虽然教学理论或教学理念属于上位层级,基于此可以创生教学模式,但两者之间并非一一对应关系,而是一对多的关系,即一种教学理论或教学理念之下,可以创生众多的教学模式。一个教学模式也不是只有一种课堂教学结构,而是可以依据学情不同与学科不一等具体情况创生出具有自我特色的课堂教学结构,因此一种教学理念之下的课堂教学结构完全可以各不相同各具特色。正如前文所述,生本教育理念之下,已经创生出高效课堂教学、导学式教学、EEPO 有效教学、生本课堂等不同的教学模式,它们的课堂教学结构也是随之各有特色。其实,即便是同一教学模式,也可以有着不同的课堂教学结构,如生本课堂教学模式有其基本结构:自学(定向预习)—互学(展示交流)—助学(精讲释疑)—固学(训练反馈),也还有其他结构:前置学习—小组合作—班级汇报—总结提高,自主建构—小组交流—问题探究,学(感知自学)—研(合作探究)—展(展示精讲)—达(当堂达标)—总(总结提升),等等,表现为同中有异各具特色。基于教学理念下课堂教学结构多样性的特点,能够给予教师充分的课堂改革自主性,也能够有效地激发教师创新的积极性。只要认真研究"教"与"学"两个核心要素的内涵,充分展开其外延,在教学理念指引下,完全可以创生出丰富多彩各具特色的课堂教学结构,激活课堂教学活力,提高课堂教学质量。

对广大一线教师而言,创新教学理论比较艰难,但是习得教学理念还是比较容易,特别是已经进入课程标准的教学理念,是必须掌握的内容,因此可以据此创生教学模式。教师专业标准明确提出"学生为本"理念,学生主体观念已经深入人心,前之所列教学模式也充分彰显了这个理念,这是我们创新教学模式应该遵循的基本原则。学生为本的本质为学生是学习主体,学习就是学生自己的事情,只有通过学生内化,才能掌握知识,任何人都不可能替代,包括老师,因此必须由学生亲自探究知识生成的过程,才能真正化入自己的知识体系。为此,课程标准明确要求采用自主、合作、探究的学习方式,自主指向学习主体,合作指向学习组织形式,探究指向知识生成过程,这是课堂教学改革应持的基本理念,换句话说,就是我们课堂教学改革的总原则总公式,现有的具体教学模式大体可以归源于此。秉持学生是学习主体的理念,就需要给予学生必要的学习时间与空间,使之能够自主支配与自我消化,由此强化"学"的要素领域,同时需要相对控制"教"的要素膨胀。合作既是一种学习组织形式,也是培养一种协作精神,合作精神在现代社会的学习、工作与生活的方方面面都不可缺少,特别是科学研究更是如此,已经不太可能以个体形式完成重大科研活动,因此需要在学生阶段培养团队意识。探究不是科技工作者从已知到未知的探索,而是中小学生在现有知识体系框架内,从旧知到新知的探索,重在体验知识生成的过程,旨在加深知识理解与养成学术精神。在自主、合作、探究的学习理念下,教师可以根据学情不同及自身条件,深刻领悟"教"与"学"的内涵,创造性地创生这两个核心要素的可能外延,然后在预设的系统质或教学目标(效果)统领下,有机地运用排列组合规律重构课堂要素,筛选优化建构课堂教学结构,使之达成最优化的课堂教学效果。

五、发展"互联网＋教育"

"互联网＋"从理念提出到产业实践,历经的时间非常短暂,只有不到三四年的时间,就已经上升到国家战略层面。2015 年,李克强总理在十二届全国人民代表大会第三次会议上,就在其政府工作报告中提出"互联网＋"行动计划,同年 7 月,国务院印发《关于积极推进"互联网＋"行动的指导意见》,使之从战略理念变成国家政策。教育行业也加入这个"互联网＋"大军,但是如何将这个新生事物从高大上的理念,变成可接地气具有操作性的实践行为,却是摆在众多教育工作者面前的课题。

(一)互联网的发展演变

或许可以说,人类社会中没有哪个行业具有互联网的发展速度,自 20 世纪 50 年代发端,至今不过六七十年的历史,互联网已经全面渗透社会政治、经济、文化、生活的各个层面。如果离开了互联网,人类的工作与生活各个方面就会陷入某种瘫痪状态,可见互联网已经渗入人类社会的毛细血管。反思互联网的发展历史,大致可以分为三个基本阶段,第一是作为信息通道的阶段,第二是发展演变成为一个行业,第三是目前升级成为行业融合平台的"互联网＋"时代,形成了三个具有明显性质的发展历程。

1. 互联网作为信息通道

作为信息通道的互联网,其基本定位就是工具,一种全新的信息传输工具。作为工具,互联网的附属性非常明显,服务范围也非常有限,最初主要是军事领域和高科技研究领域,完全属于高大上的东西。当然,互联网硬件建设的快速发展,以及软件开发的民用化,使之能够更好地服务社会行业不同用户,于是开始从军事领域走向民用领域,从高科技领域研究走向社会生产应用领域,互联网的工具性得到有效发挥。这种工具性的彰显也使得互联网内含的经济性,开始从隐性向显性转化,社会生产领域通过利用互联网的信息通道功能,使其人流、物流、资金流的速度明显加快,由此节约成本提高利润,于是互联网的经济含量开始提升,原本相对单纯的工具性开始向经济体转化,演变生成一种新的经济业态。

2. 互联网演变为经济新业态

互联网发展之初虽然是以信息通道的面目出现,但是随着互联网技术的快速发展,其所内含的经济基因被有效激发,不断显现经济特质,于是生成一种过去从未有过的经济新业态,即互联网经济。互联网经济是基于信息通道网络化,以信息为基本载体,通过推送信息来获取经济利益的新式服务型经济新现象,比较典型的互联网经济包括电子商务、互联网金融、即时通信、搜索引擎和网络游戏等。

3. "互联网+"升级为行业融合新平台

国内"互联网+"理念的提出源于易观国际董事长兼首席执行官于扬,他在 2012 年 11 月的易观移动互联网博览会上提出了这个概念。2015 年 3 月,马化腾在全国人代会上提出《关于以"互联网+"为驱动,推进我国经济社会创新发展的建议》的议案,并且在这次大会上,李克强总理在政府工作报告中正式提出"互联网+"行动计划。接着在 7 月4 日,国务院印发《关于积极推进"互联网+"行动的指导意见》,由此"互联网+"进入国家发展战略,这是互联网经济发展具有里程碑意义的事件。

"互联网+"是互联网经济的顺势延伸,因为互联网具有极强的链接功能,必然会从自体内部链接向体外链接过渡,于是链接伸向其他行业,构成基于互联网的行业融合新平台。这个"+"不是互联网与其他行业的简单相加,既不同于传统的行业经济,也不同于原来的互联网经济,而是一种融合生成的经济新业态。甚至由经济领域向国家管理机构、社会事业服务领域拓展,展现极强的链接性与生命力。在这个融合过程中,互联网自身的功能不仅没有削弱,反而得到加强,成为助力传统行业发展的推进器,也成为传统行业升级换代的新平台。

（二）"互联网＋"是一种思维方式

"互联网＋"在经济领域已经展现出它的作用,开始成为人们追逐的目标。其实"互联网＋"的真正魅力还在于它带来了新的思维方式,这是我们应该把握的核心所在。如果只是追求外在形式,没有掌握其内蕴的思维方式,也许就不能达到"互联网＋"应有的效果,甚至还会导致"换汤不换药"的现象。因此,我们必须透视"互联网＋"内蕴的思维方式,尤其是"互联网＋教育"更应如此,因为教育是培养人的事业。

1. 这是基于多方融合创造新质的思维

融合是"互联网＋"最典型的特征,融合追求的是"1＋1＞2"的效果,如果不能达到这个效果,那么也就没有必要"＋"。我们确实看到了很多"互联网＋"成功的案例,但是也不乏"互联网＋"失败的例子。究其失败的原因,自然是各不相同,但是只看重与互联网的简单相加,而没有融合两者的不同之质,缺乏创造新质的创新思维,也是不可忽视的因素。"＋"的精髓是创新,融合是实现创新的手段,它不是目的,因此必须生成创新思维。只有具备创新思维,才能克服两者的简单相加,才能有意识地追求"1＋1＞2"的"互联网＋"最佳效果。

2. 这是借助他者平台发展自我的思维

互联网作为信息通道,相对传统信息通道而言,其最大优势在于快捷,也被誉为信息高速公路。传统社会自给自足的农耕经济,对于经济信息的传输交流并不敏感,因为它们并不提倡商品经济,并不依靠通过商品交易获取增值。但是,现代社会属于商品经济,生产本身是为了交易,并且从中获取生产利润,交易的频率与速度都会直接影响生产利润,因此获取交易信息的快慢已经成为影响经济发展的重要因素,这也成为生成"互联网＋"的重要推手。

传统行业之所以"＋互联网",其根本目的在于发展自我,希望通过互联网这个平台,利用其高速快捷的信息通道,借助其无限延伸的链接功能,促使传统行业升级换代。由此看来,"互联网＋"蕴含一种借势思维,借助互联网平台,以期达到利用他者优势,克服自身短板,实现自我跨越性发展的目标。这是"互联网＋"应有的思维指向,如果不能实现自我的跨越性发展,就应当检讨平台利用所存在的思维问题。

3. 这是开放共享的包容性发展思维

互联网的基本特征在于开放共享,打破封闭性,可以无限链接,每个节点既是起点也是终点,创造一个扁平化的发展平台,可以包容不同层级的发展。"互联网＋"不应也不能改变这个性质,应当顺应并利用这个性质,打开我们行业的大门,面向所有人开放共享,这样就可以挖掘潜在的用户,促进自我的有效发展。这种开放共享带来的发展不是相互排斥的限制性发展,而是相互共存的包容性发展,这是我们应该坚持的一种思维方式。只有保持一种开放共享的思维,才能开阔我们的视野,更好地利用互联网的内在优势,实现"互联网＋"带来的倍增效应。

4. 这是个性化的人文关怀思维

互联网信息推送与传统信息传递方式的根本不同在于,互联网赋予用户更多的自主选择权,可以说用户由传统的客位上升为现在的主位,其主体性得到最大限度的张扬。因为用户位置的转换,信息推送者不能简单地从自己的视角进行单向推送,必须采取换位思维,以自己作为受众的假想用户来提供信息服务,如此才能获得用户的认可,因此互联网必然孕生人文关怀。因为每个节点都可以成为终端,每个人都可以占据一个节点,这种人文关怀不是空泛意义的关怀,而是可以落实到具体个人的关怀,因此更具有可操作性,也更具有个性化。这种思维方式必须体现在"互联网＋"里面,如此才能更好地发挥互联网点对点的优势,从而超越传统行业流水线标准化生产的同质化趋向,满足现代人的个性化需求。

（三）"互联网＋教育"的基本路径

"互联网＋"已经上升至国家战略,在行政层面积极推动互联网与各个行业的融合,旨在推动行业升级换代,培养创新思维,助力创新型国家建设。既然"互联网＋"已经向其他行业延伸,教育在国家发展中具有奠基性的地位,必须紧跟时代发展步伐,不能落在时代后面,否则就会拖累整个国家的发展,因此"互联网＋教育"是箭在弦上不得不发。

作为新生事物,大家都没有现成可资借鉴的经验,如何获得"互联网＋教育"的可能实现方式,我们试着从以下路径进行思考。

1. 互联网渗透教育,增加教学新手段

互联网具有强大的链接功能,不仅能够在各个节点之间进行链接,而且能够向其他行业拓展链接,于是就有了互联网向教育行业渗透的事实。这种渗透属于"＋"最为初始的阶段,即是直接运用互联网的相关技术,制作幻灯片 PPT,接着是多媒体 PPT,丰富了传统课堂的黑板和粉笔的模式,增加了课堂教学的工具性手段。如果分析这个时期"互联网＋教育"的特点,还不是真正意义的"互联网＋",只是它的雏形,说明原本互不关联的两个行业之间开始有了接触,教育行业开始使用互联网的技术成果。

第一,教育行业呈现被动性。一支粉笔、一张讲台、一本教材,这是最为经典的传统教学模样,它已经渗入师生及百姓的头脑,已经具有强大的行业惯性。这种历史惯性使得学校在面对互联网这个新生事物的时候,既有防范排斥心理,又显得手足无措,完全处于守势。但是,互联网并不因为教育的自我坚守,就放弃拓展自己的领地,还是以自己的韧性渗透课堂教学,以 PPT 等基本方式显示自己的存在。于是,相对教育的被动,互联网呈现一种主动进攻的态势,这是初始阶段的重要特征,也是互联网之链接本性使然。

第二,互联网呈现技术性。互联网原本就是一种技术,一种传输信息的技术,因此本质上互联网即是一种技术工具。既然互联网以技术形式出现,而且初入课堂的 PPT 等基本形式,也是相当于传统课堂教学的黑板粉笔之功能,具有传统教具的性质,因此确实是一种技术。这种技术有效地丰富了传统课堂的教具门类,增加了教学手段,虽然遭遇一定程度的抵制,但还是凭借自我的韧性逐步拓展了自己的领地,显示了互联网强大的链接功能。

第三,"互联网＋教育"呈现离散性。这个时候的"＋"并不紧密,喻之以水与油的关系亦不过分,两者呈现明显的离散性。PPT 课件在课堂教学中处于可有可无的状态,有之也可,但并不必然提高教学效果,互联网的优越性并没有得到有效体现;无之也可,但教学效果并不必然输给 PPT 课件,传统教学的优越性依然存在。这个时候的结合更多是一种形式的结合,不是内容的结合,因此,存在离散性是基于互联网内因的客观现象，其本质上还是传统课堂教学，只是增加教学新手段而已。

2.O2O互换课堂，创新教学新模式

O2O即Online To Offline（在线到离线／线上到线下）已经成为经济界的熟知概念，它是通过把线下商务机会转移到作为信息通道的互联网，使得互联网成为线下交易的平台，两者达成有效结合并使之一体化。这样一种基于互联网的生产销售模式，并不限于经济领域，而是通过互联网的链接功能，也延伸到了教育领域，出现了线上线下互换课堂的现象。我们所熟悉的课堂教学都是在教室开展教学活动，即线下课堂，如今借助互联网信息通道功能，学校亦把传统的课堂教学搬上网络，形成线上课堂，两种不同的课堂模式相互补充。线上课堂的表现方式很多，比较为人所熟知的有远程网络教室、网络共享课程、慕课、微课等，这些课堂教学既借鉴传统课堂教学的特点，可以有实体教学班，又借鉴互联网信息传输的特点，可以没有现场学生，于是拓展了传统课堂教学时空与对象，增加了课堂教学新模式。这个阶段对于互联网的运用显然较初始之时，具有质的飞跃性，它已经走出简单教具的范畴，而且占据了一节完整的课堂教学，甚至于一门学科课程或一个学制阶段。可见这个时候的"互联网＋教育"已经走出了离散性，显示两者之间的亲密关系，开始进入彼此相依的美好阶段。

第一，教育行业呈现主动性。早在2000年教育部就下发《关于实施"新世纪高等教育教学改革工程"的通知》（教高〔2000〕1号）明确要求："加强现代远程教育资源建设，其内容主要包括网络课程建设、素材库建设、远程教学实验试点、教学支撑平台、现代远程教育管理系统及信息网站建设、远程教育工作者培训、现代远程教育研究和法规建设等。开发风格多样、内容丰富、全国大部分地区可以共享的网上教育资源；建立较为完善的教学、指导、服务、管理体系；形成一支现代远程教育教学、技术和管理队伍；制定比较完善的现代远程教育政策、法规和管理办法；建立适应信息社会的教学模式，为构建终身教育体系奠定基础。"这是教育行政部门主动应对互联网挑战的战略举措，从政府层面明确借助互联网功能，建设现代远程教育体系，打破传统教育自我封闭的围墙意识，延伸学校课堂教学功能，形成开放式的课堂教学模式，服务并满足广大人民日益增长的教育需求，构建终身教育体系。基于政策引导,一些具有线上课堂性质的课程不断被开发出来,诸如精品课程、网络课程、共享课程等,一些新的线上课堂模式也不断被开发出来,诸如远程互动课堂、学术讲堂、慕课、微课等,这些现象都说明教育行业已经主动出击,充分利用互联网的全方位信息传输功能,努力创新教育教学新模式,致力于拓展教育的对象范围。

第二,互联网呈现平台性。线下课堂是面对面的实时教育,线上课堂一般是延时的远程教育,为了实现延时远程的教育功能,就需要借助互联网平台,因此从互联网角度看,其所呈现的是平台性特征。这种平台大约可以表现为三种样式,一是网络课堂,二是远程教育网站,三是网络教学资源库。首先,线上课堂是一种远程教育,互联网是一条信息高速公路,能够在线上承载这种课堂,因此互联网是一个平台。其次,线上课堂必须在线上才能存在,离开了互联网这条"线",它就是一种隐性的存在,不能以显性的方式呈现,因此互联网是其存在的平台。最后,远程教育不仅具有单向传输的功能,而且还能够开展在线的实时互动,这也需要互联网来支撑,因此互联网也必须是平台。在这个方面,我们可以看出其与初始阶段的不同,运用互联网相关技术的PPT等"互联网+教育"形式,可以脱离互联网本身而独立运用,不像基于互联网的远程教育,必须依托互联网才能存在,从而建立了两者之间的亲密关系。

第三,"互联网+教育"呈现嵌入性。互联网以课堂教学方式进入教育领域的时候,就已经深深地嵌入教育行业的肌体,成为教育事业的一个组成部分。虽然线下课堂依然是课堂教学主体,但是线下课堂也借助互联网向线上转移,成为一种线上课堂。虽然这种线上课堂与专门为互联网远程教育而制作的线上课堂存在技术层面的区别,但是那些形式上的区别并不具有本质的区别性,都体现一种相互的嵌入特点。这种互联网嵌入不是简单地增加了教学新手段,而是有效地拓展了传统教育的课堂教学外延,展现了历史上从未有过的课堂教学新模式。从面对面教学向影像教学拓展,从实时教学向延时教学拓展,从近距离教学向远距离教学拓展,于是,必然通过授课形式的变化逐渐引发教育内涵的变化。这种教育嵌入不是简单地增加互联网容量,而是丰富了信息传输的内涵,从单纯的技术性向人文性转变,从单向传播向互动交流转变,从传统教育向现代教育转变,总之,教育嵌入不仅拓宽了互联网的外延,而且增添了互联网的内涵,使之增添了内在的教育性,更好地实现了与教育的融合。

3. 互联网与教育融合，注入教育新思想

传统教育经历几百上千年的发展，已经形成自己的运行规则，拥有一套相对成熟且保守惯性的教育思想。如果没有强大的外部力量介入，教育依据自身惯性也能够自动化运转，只是缺乏创新性的教育思想。如今，互联网以一种区别于历史的新媒体身份强势介入教育，由课堂教学手段介入课堂教学模式介入，由教育的局部介入到教育的全面介入，由教育的技术层面介入到教育的思想层面介入，可以说教育正向着与互联网全面融合迈进，为传统教育注入新思想，促使教育发生质的变化。这种融合就是"互联网＋教育"希望达成的效果，由原来嵌入还能依稀看到两者的裂缝，到融合变成水乳交融不分你我的同一关系，从而产生不同于传统教育的新型现代教育，或者说，这是两种教育业态的分界线。这种深度融合还只是处于起步阶段，只是一种正在追求的进行式。虽然如此，却是未来教育发展的新趋向，凡是从事教育事业之人，都应该把握这个时代发展脉搏，避免被历史潮流所淘汰。

第一，教育行业呈现融通性。融通有着不同含义，本文取其融会贯通之义。总之，融通性就是不能执着一域，应该善于把不同事物甚至异质事物融合为一体，转化成自身的有机组成部分，并且推动自我的进化与优化。教育对于互联网的融通，从教学手段的利用到课堂教学模式的介入，从注重知识传授到关注人的全面发展，从互联网不断推进教育的深广度，就可以在形式层面看到教育行业具有良好的融通性。其实，教育对于互联网的融通，不仅体现在形式层面的接纳，更重要的是正在深刻地改变着自身的教育理念，从班级授课的普适性教育向因材施教的个性化教育转变，从界限分明的体制性学校向边界模糊的开放性教育平台过渡，从等级森严的知识层级权威的导师模式向扁平化的互动交往合作的学习模式迁移，由此产生不同于传统教育的新业态，也注入了传统教育所没有的教育新思想。这是"互联网＋教育"带给教育行业最为值得称道的融通性，使得教育被注入了新质，促使教育生成潜移默化的新内涵。

第二，互联网呈现要素性。两个事物是否已经成为一体化的有机整体，不在于是否在形式上进入对方，而取决于是否已经成为对方体系中的要素，因为系统由要素构成，要素的改变会直接影响系统质。在这个网络时代,我们一觉醒来,发现已经离不开网络,不管是工作,还是生活,不管是学习,还是休闲,不管是在家,还是外出,一旦离开网络,我们就会心里空落无所适从,这充分说明网络已经成为社会的一个存在要素。在教育行业亦是如此,没有网络,教师无法上课,不能搜集资料,不能制作课件,不能推送课堂教学;没有网络,学生无从学习,不能获得扁平化学习平台,不能完成课程作业,不能实现个性化学习;没有网络,教育者难以实施教育管理,不能及时精准地捕捉发现不良思想苗头,不能快捷有序地组织教育活动,不能有效地消除代沟融入学生群体,由此看来,教育已经离不开互联网,它已经成为教育系统的一个基本要素。

第三,"互联网＋教育"呈现一体性。教育以其融通性将互联网有效地化入,互联网则因其要素性而成为教育的有机组成部分,于是虽然以教育的面目出现,但是两者已然一体。"互联网＋教育"不是简单地嵌入教育,而是有机地融合教育,互联网依存于教育,互联网拓展了教育,互联网提升了教育。教育改变了互联网单纯的技术功能,教育提炼了互联网寓教于乐的品质,教育疏导了互联网众声喧哗的无序态势,教育构筑了民族文化的心理边界,因此互联网与教育已经不可分割,呈现水乳交融之势,这也是带给教育新思想的表现。

(四)"互联网＋教育"的实现策略

策略强调具体可操作性,需要提供一条技术路线,以便确保"互联网＋教育"能够真正落地,并且可以有效推广实施。当然,在"互联网＋教育"基本路径指引下,可以生成基于具体情况的实现策略,其于数量而言,可以是无数的。但是,依照现有的互联网基础技术,我们也试着推送几款实现策略,以飨读者。

1.利用大数据实施精准教育

自从班级授课制形成以来,其目标就是批量培养标准化的人才,因此这必然是抹杀个性的教育。虽然在认识到班级授课制的某些弊端之后,我们尝试着改变或减少这些弊端,试行小班化教学或流动班级教学等不同措施,但是依然不能从根本上改变工业化流水线式的标准化教育模式。自从互联网介入教育,成为教育要素之后,在不改变班级授课制的前提下,利用大数据技术,就可以在某种程度上消除抹杀个性的教育弊端,可以更好地实施精准教育,发展学生的个性,促进个人的差异性发展。

互联网是信息通道，可以在线存储大量信息，既可以实时地双向传输，表现为点对点的传输，也可以在线地整合传输，表现为多对一的传输，这就需要依托引擎技术。搜索引擎通过搜索关键词的引导，由机器向互联网各个存储服务器发出信息指令，然后汇总给信息搜集人，使之获得有价值的信息。如果搜索引擎不能提供理想的信息，还可以使用人肉搜索模式，广泛利用机器与人的两重搜索，更加精准地找到所需要的信息。这两种搜索模式都包含大数据技术，这种技术不仅包括庞大的信息量，而且包含数据信息的精准定位，就能够根据需要在海量信息数据中提取有价值的个性化数据，把这些个性化数据运用于教育领域，就可以实现精准教育，从而破除班级授课制同质化教育的魔咒。

标准化教育模式必然是同质化的教育，同质化教育不仅违背课程标准的教学要求，不能实现学生个性化差异化发展的目标，更违背了人之本性，因为任何一个个体都是独特的个体，不可能是同质化的，因此，孔子很早以前就提出教育应该因材施教。在"互联网＋教育"新业态前提下，完全可以利用互联网的大数据技术实现个人定制，达到一种前所未有的个性化、差异化的人文关怀。只要学生在网络状态下留下痕迹，不管是上网浏览网页，还是聊天、刷微信、上微博；不管是刷卡购物，还是电话聊天；不管是使用手机，还是使用计算机；等等，都可以成为大数据的基本信息，通过大数据筛选提取，就可以剖析个人的教育取向，于是可以有针对性地区别开设课程，达到人性化教育之目标，实现精准教育。

2. 利用云计算推送开放性课程

传统教育之课程载体多半是教材，而且教材还是直接指向教科书，因此这种意义的课程是一种封闭性课程。特别是在信息传播依赖人工传输的时候，由于传播的深度、广度和速度都严重受制于客观条件，不管是教师，还是学生，能够接触教材以外的课程信息极其有限，因此表现出某种程度的封闭性。但是，在如今的信息时代，各种信息传输工作异常发达，特别是互联网成为生活的必需品之后，课程已经不可能封闭在班级教室之内，一定会走向开放。这是时代的历史潮流。

互联网的云计算技术，更是助推了开放性课程的生成。首先，云计算具有强大的计算功能，能够拓展教科书的知识空间，使之从有限的封闭走向无限的开放。从理论上讲，课程是一个无限开放的知识空间，因为基于学科的课程总是处于不断的发展过程中，教材即使包括课本、教学辅导书、课外读物、音像资料、练习册等，也还是有限的存在，这是由其实物载体所决定的。云计算可以依托其计算能力，把能够上线的课程知识全部变成数字资源，于是可以克服实物资源的不足，使之可以走向真正的开放。

其次，云计算具有超强的耦合能力，通过整合而形成一台超级虚拟计算机，以云存储方式为课程开放性提供后备资源。开放不是简单地打开封闭空间，许可学生自由出入封闭的知识空间的权力，而是知识空间本身具有开放性，可以提供给学生无限学习与创新的可能。想要实现知识的创新，就必须提供开放性的无限量后备资源，云计算就可以调动线上一切可见与不可见的课程资源，形成超媒体课程，确保课程达到完全开放性的要求。

最后，云计算具有良好的自我管理能力，通过自主计算追踪用户需求，可以实时推送课程，实现有针对性的开放。传统课堂属于被动性课程，不会主动跟踪用户，但是基于云计算的开放性课程，却可以实现课程追踪用户，做到一种双向开放，即课程向用户开放，用户也向课程开放。

3. 利用网格结构打造无边界学校

传统学校都是拥有边界的单元，建有围墙，是实体边界；没有围墙，是虚拟边界，其实都有边界，只是呈现方式不同而已。因为传统学校是一个组织，不管是国家组织形式，还是民间组织形式，不管其性质如何，都具有保持自我性质的内敛性，也就是具有区别其他组织的制度性安排，因此即便同是学校，相互之间也还是具有独立性。从理论上讲，互联网不应该存在物理边界，不仅因为那是一个虚拟世界，还在于互联网使用网格结构，于是相互毗邻的单元具有相似性，表现某种复制性功能，因此具有无限延伸的延展性，也就是可以消除一般意义的物理边界，呈现一种无边界的现象。基于这种网格结构特点，其结构功能就能够把线上所有资源融合形成一个有机整体，如果从"互联网＋教育"视角出发，就可以打造在线的无边界学校，消解传统学校因为物理边界和组织边界带来的局限，真正做到有教无类的全民化教育。

网络结构的每个节点，既是起点也是终点，亦即无始无终，必然是一种无边界的存在。虽然孔子早在两千多年前已经提出有教无类的思想，但那只是一种理想状态，不仅因为制度上限制，不能转化变成现实，而且因为教育手段的物理局限，也不能深入每个角落普及每个人，因而也不能转化变成现实。在互联网的信息时代，互联网使得世界变成了地球村，网络结构又消解了现实生活的物理边界，于是在每个节点的普通人，都可以享受原本只能在体制内的学校教育，学校在这个虚拟世界中变成了一种无边界的存在。

边界不仅意味着界线，而且还包含着中心，边界内外就把这部分人与那部分人分割开来，边界远近就形成少部分人处于中心，大部分人处在边缘，于是传统学校制度必然导致不均衡的教育。但是，互联网的网络结构可以在技术层面实现去中心化的效果，因为网络结构相毗邻的单元具有相似性，可以实现自我的延展与复制，于是不仅可以去除唯一性，还能够渗透大众而达到普及性，所有人都站在同一平台，那就意味着没有了中心。网格结构的节点既是一种无始无终的存在，也同样意味着去中心，或者说任何一个节点都可以既是中心也是边缘。去中心也意味着去边界，无边界必然无中心。这种去中心的特性是建立无边界学校的思想基础，传统学校只有去除边界思维，才能真正有效地利用互联网功能，才能真正进入"互联网＋教育"的世界，才能真正开拓教育新天地。

4.利用扁平化信息获取方式消解知识权威

传统社会由于知识生产缓慢，知识传播速度也缓慢，因此知识积累呈现金字塔形文化土层现象。从社会层面看，社会层级越低，其所掌握的知识越是基础，社会层级越高，其所掌握的知识越是精粹。从个人层面看，年龄越低社会阅历越浅，其所掌握的知识越少，年纪越大社会阅历越广，其所掌握的知识越多。这种知识积累模式有效地造就了知识权威，从社会层面看，知识主要集中在居于统治地位的少数精英阶层，从个人层面看，知识主要集中于年长者，于是才有"师道尊严""一日为师终身为父"之说，也才有"吃过的盐比你吃过的饭还多""走过的桥比你走过的路还多"之语。但是，在互联网的信息时代，这种金字塔形文化土层正在瓦解，那种依靠岁月积累知识的历时模式正在消解，互联网信息以扁平化的方式进行传播，于是所有人都可以共时地获取新知识，传统教育生成的知识权威正在被消解，在知识获取层面的师生平等关系正在形成。

孔子早在两千多年前已经提出"教学相长"的思想，韩愈《师说》进一步阐述了这个观点,但是在学校教育的现实中,知识权威始终没有消退,学生始终处于知识被教育者和知识弱者的地位,因此师生的平等关系始终是一种理想化的理念。面对互联网推送的海量知识,以及信息爆炸带来的知识倍增效应,任何人在其面前都是渺小的一员,都是初学者,于是师生都处在同一平台,这是消解知识权威的历史条件。在新知识、新技术面前,甚至学生更加具有优势,于是学生就可以消除知识弱者的心理障碍,可以平视教师,这时不仅人格平等关系可以建立,而且在知识面前的平等关系也可以建立,这才是真正意义上的师生平等。正是互联网提供了一种历史上从未有过的扁平化全新的知识获取方式,必然带来教育理念的崭新变化,实现真正意义上的师生平等关系,这也是"互联网+教育"带给时代的教育思想新变化。

以上从四个方面讲述了"互联网+教育"的实现策略,其实这些有关互联网技术具有某种程度的交叉关系,并非泾渭分明的全异关系,之所以做出如此划分,只是为了更好地说明不同的策略。正因为技术之间具有关联性,因此这些实现策略也可以交互呈现,共同达成"互联网+教育"的目标。

(五)"互联网+教育"的可能误区

"互联网+教育"并没有进入一种成熟的业态,都在探索阶段,因此就有可能陷入某种误区。这种误区的关键点是简单的叠加,而不是真正的融合,因此需要我们提前加以重视。

1. 以多媒体教具取代传统黑板

多媒体教具进入学校,包括多媒体课件、多媒体白板等,历经一个由抗拒到接受再到全面更换的过程,在国家大量投入下,已经基本上取代了传统黑板,实现了一个新跨越。信息化的教学手段,确实是"互联网+教育"的基础条件,但它只是必要条件,不是充分条件,不能以此作为进入"互联网+教育"的标准。任何时候教学手段都只是手段,它必须服务教学目标,只有融入"互联网+教育"的目标,才能避免以多媒体教具替换"互联网+教育"的风险。

2. 以电子文本取代纸质文本

多媒体教具的普及必然催生电子文本,乃至于取代纸质文本,从而促成知识存储方式迈进新台阶。电子文本借助互联网使之具有纸质文本更高的传播速率,也成为新时代的一种崭新阅读方式,成为"互联网＋教育"信息存储的基本方式。但是,不管知识存储方式怎样变化,它都不是知识本身,不是教育本身,也不是"互联网＋教育"的本意,它只是"互联网＋教育"存在的必要条件,而不是充分条件。需要避免把海量的电子文本存储方式变成简单的知识蓄水池,消弭"互联网＋教育"知识创新本意,避免以电子文本替换"互联网＋教育",变成换汤不换药的花架子。

3. 以远程视频授课取代真人现场教学

借助电子文本的多媒体存储特性,依托信息高速公路的互联网,远程视频授课已经成为正在追求的新型教学模式,也成为"互联网＋教育"的重要载体。其实,这也只是一种教学模式,虽然是"互联网＋教育"的重要实现方式,但它只是必要条件,并非充分条件,不能取代真人现场教学。互联网说到底是物,其所承载的信息也具有物性,因此学生面对远程视频授课也还是对物学习。教育面对的是人,"互联网＋教育"始终也还是对人的教育,因此需要避免见物不见人的现象,避免以远程视频授课替换"互联网＋教育",必须坚持以人为本的教育,不能忽视真人现场教学。

互联网与教育是两个完全不同的行业,"互联网＋教育"不是两者的"拉郎配",而是有机融合。从本质上说,互联网只是作为一个要素进入教育,教育的本质并没有改变,依然还是教育,是赋予不同于传统教育业态的新型教育。这种教育新业态能够更加人性化,教育也更加有效,它是未来教育的发展方向。

主要参考文献

[1]《当代广西梧州地区》组委会.当代广西梧州地区[M].南宁:广西人民出版社,1999.

[2] 贺州市志地方志编纂委员会.贺州市志(县级)[M].南宁:广西人民出版社,2001.

[3] 黄成助.贺县志[M].台湾:成文出版社,1933.

[4]《钟山县志》编纂委员会.钟山县志[M].南宁:广西人民出版社,1995.

[5]《富川瑶族自治县志》编纂委员会.富川瑶族自治县志[M].南宁:广西人民出版社,1993.

[6]《昭平县志》编纂委员会.昭平县志[M].南宁:广西人民出版社,1992.

[7] 高其才.国家政权对瑶族的法律治理研究[M].北京:中国政法大学出版,2011.

[8] 玉时阶.瑶族文化变迁[M].北京:民族出版社,2005.

[9] 广西壮族自治区编写组.广西瑶族社会历史调查(第3册)[M].南宁:广西民族出版社,1985.

[10]《过山榜》编辑组.瑶族《过山榜》选编[M].长沙:湖南人民出版社,1983.

[11] 耿刘同.中国古代园林[M].北京:商务印书馆,1998.

[12] 蔡郅.瑶族源流史[M].梧州:梧州市政协文史资料委员会编印,1999.

[13] 胡起望.瑶族研究五十年[M].北京:北京中央民族大学出版社,2009.

[14] 宫哲兵.千家峒运动与瑶族发祥地[M].武汉:武汉出版社,2001.

[15] 龚荫.中国土司制度[M].昆明:云南民族出版社,1992.

[16][清] 谢启昆,胡虔.广西通志·民俗志[M].南宁:广西人民出版社,1992.

[17] 贺县人民政府.贺县地名志 [M].内部刊物,1985.

[18] 韦祖庆,杨保雄.贺州客家 [M].桂林:广西师范大学出版社,2010.

[19] 张声震.还盘王愿 [M].南宁:广西民族出版社,2002.

[20] 宫哲兵.千家峒运动与瑶族发祥地 [M].武汉:武汉出版社,2001.

[21] 严永通,凌火金.广西客家山歌研究 [M].南宁:广西人民出版社,1991.

[22] 钟文典.广西通史(第1卷)[M].南宁:广西人民出版社,1999.

[23] 陈小燕.多族群语言的接触与交融 贺州本地话研究 [M].北京:民族出版社,2007.

[24] 徐杰舜.雪球——汉民族的人类学分析 [M].上海:上海人民出版社,1999.

[25] 徐杰舜等.从磨合到整合 贺州族群关系研究 [M].南宁:广西民族出版社,2001.

[26] 苏斌,李辉.桂东客家人 [M].南宁:广西民族出版社,1997.

[27] 韦浩明.潇贺古道历史文化研究 [M].长沙:中南大学出版社,2012.

[28] 袁亚愚.乡村社会学 [M].成都:四川大学出版社,1990.

[29] 邱有源,胡庆生.鲜为人知的贺州 [C].南宁:广西人民出版社,2012.

[30] 韦祖庆.客家人生态性生存 [M].北京:光明日报出版社,2013.

[31] 钱宗范,梁颖.广西各民族宗法缺席研究 [M].桂林:广西师范大学出版社,1997.

[32] 袁同凯.走进竹篱教室 [M].天津:天津人民出版社,2004.

[33] 徐杰舜,刘小春,罗树杰.南乡春色 [M].南宁:广西人民出版社,1990.

[34] 陈毓山等.贺县乡土情 [M].南宁:广西人民出版社,1992.

[35] 农学冠等.瑶族文学史 [M].南宁:广西民族出版社,2001.

[36] 广西壮族自治区编辑组.广西瑶族社会历史调查 [M].南宁:广西民族出版社,1985.

[37] 张广修,张景峰.村规民约论 [M].武汉:武汉大学出版社2002.

后 记

　　我校小学教育专业于 2019 年成为省级一流专业(建设),专业定位是培养卓越的乡村教师,因此需要着力培养乡村教师的乡村教育情怀。作为贺州学院教育与音乐学院前院长和小学教育专业负责人,我自觉有责任和义务在师范生认同乡村教师身份方面做出努力,进行有关乡土文化教育传承与养成研究也理所当然,这是本书撰写的初衷。其实,还有一个天然有利的条件,学校位于多民族杂居的贺州市,这里是族群文化汇聚地,也是全国少有的活态语言博物馆,还是民族团结先进县区,在贺州的师范生能够非常便利地感知族群文化的多元融合,可以经常深入民族生活区域感受乡土文化,因此,贺州也成为培养乡村教育情怀的实践平台。感性文化丰富多彩,但还需要加以有机梳理,更需要理性探究,追寻族群文化内在的机理,于是科学研究不可或缺,本书即是一种探索。

　　文稿定名《守望乡愁:贺州乡土文化教育传承与创新》,其旨为守望乡愁,方式是传承与创新乡土文化,这是整体的逻辑框架。为了落实这个写作逻辑,确实基本的写作脉络:历史文脉—多元文化—传统传承—教育创新。历史文脉重在梳理历史,知晓来路,才能开创未来,文化之根,才能扎稳。从汉武帝元鼎六年开基,至今已经两千多年的历史,生活于其中的民族也几经流转,由此奠定多元族群的生活基础。南岭走廊又是著名的三大民族走廊之一,东西迁徙,南北交往,各种迁徙流转都汇聚于此,于是形成现今以汉语、瑶族和壮族为主体民族,包括苗族、侗族等近十个少数民族的民族杂居地区。不仅如此,各个民族还有不同的族群,汉族就有近 20 个族群,瑶族和壮族也有多个族群,多元的族群文化,形成难得的族群文化博物馆。各个族群都有自己的方言,于是在一个小小区域内部形成众多语言的现象,也成为全国难得一见的活态语言博物馆,这也成为本书关注的重要层面,成为写作的一大特点。丰富多彩的乡土文化能够和谐共处,不管是全体通用的交际语言(方言),还是只在千人中使用的濒危方言,都在历史长河中有效传承,并没有因为历史迁移而消失,那么这种传统的文化传承模式,自然值得关注与研究。于是,基于不同传承方式的古今比较研究,就是本书研究的一个视角,于传承基础上创新,在创新之时保持传统。这是我们的愿望。

通过认知丰富多彩的乡土文化,了解乡土文化传承的古今异同,旨在感受乡土文化的无穷魅力,从而转化成师范生的乡村教育情怀,这是深层的文本指向。当然,这个指向能否实现,不仅取决于师范生,还在于文稿的学术性,因此希望得到各方读者的批评指正,特别是关于贺州乡土文化研究的学理方面,还希望得到教育工作者的实践反证。总之,由于执其一端,不免存在偏颇之处,希望抛砖引玉,于此致谢。

2021年贺州学院获批广西新一轮硕士学位 A 类立项建设单位,教育学专业硕士建设也位列其中。作为硕点建设小学教育方向负责人,得到硕点建设项目的大力支持,并出资支持本书出版。在此特表谢意!

是为记。

韦祖庆于贺州学院

2021 年 10 月